国家社会科学基金重点项目"习近平总书记关于科技创新的重要论述研究"
（22AZD111）成果

以科技创新引领新质生产力发展

理论、政策与实践

刘冬梅 李哲 杨洋 等 著

中国财经出版传媒集团
中国财政经济出版社
·北京·

图书在版编目（CIP）数据

以科技创新引领新质生产力发展：理论、政策与实践 / 刘冬梅等著. -- 北京：中国财政经济出版社，2025.3. -- ISBN 978-7-5223-3921-4

Ⅰ.F124.3；F120.2

中国国家版本馆 CIP 数据核字第 20252JL407 号

责任编辑：张怡然　　　　　　责任校对：张　凡
封面设计：陈宇琰　　　　　　责任印制：张　健

以科技创新引领新质生产力发展：理论、政策与实践
YI KEJI CHUANGXIN YINLING XINZHI SHENGCHANLI FAZHAN：LILUN、ZHENGCE YU SHIJIAN

中国财政经济出版社 出版

URL：http://www.cfeph.cn

E-mail：cfeph@cfeph.cn

（版权所有　翻印必究）

社址：北京市海淀区阜成路甲 28 号　邮政编码：100142
营销中心电话：010-88191522
天猫网店：中国财政经济出版社旗舰店
网址：https://zgczjjcbs.tmall.com
涿州汇美亿浓印刷有限公司印刷　各地新华书店经销
成品尺寸：170mm×240mm　16 开　20.5 印张　283 000 字
2025 年 3 月第 1 版　2025 年 3 月河北第 1 次印刷
定价：98.00 元
ISBN 978-7-5223-3921-4
（图书出现印装问题，本社负责调换，电话：010-88190548）
本社图书质量投诉电话：010-88190744
打击盗版举报热线：010-88191661　QQ：2242791300

FOREWORD 序

从历史上看，每一次科技革命与产业变革都是先进生产力集中涌现、新旧生产力快速迭代的重要时期，都会带来整个社会生产力的大幅跃升。这种由技术进步引发的经济增长的波浪形变化，被熊彼特称为"经济周期"。这种经济周期的基础就是通过新科技的引入，尤其是新的通用技术的引入，实现经济质的变化，集中表现为新技术、新产业、新业态、新模式的集中迸发，这也正是新生产力快速形成的过程。

近十年来，以人工智能、新一代通信技术、量子科技、生物技术、新能源技术等为代表的新一轮科技革命快速孕育并深入发展。尤其是在人工智能技术的加持下，科学研究与技术创新开启加速时代，引发技术与产业的链式变革，新的"技术—经济"轨道与"技术—经济"范式加速形成，整个人类社会又一次迎来生产力大发展的重要历史机遇。面对新形势、新变化，我国提出以科技创新引领产业创新，加快形成新质生产力，是一项具有历史意义的重大发展战略。但如何加快推进科技创新，如何发挥科技创新在新质生产力发展中的核心要素作用，如何以科技创新推动产业创新，让技术更好、更快地融入和扩散至经济活动，都是需要深入研究的重要问题。

中国科学技术发展战略研究院（以下简称"战略院"）是我国科技创新政策研究的重镇。此时，战略院聚焦科技创新与新质生产力，组织编写本书，对于我国学术界和政策界进一步深化新质生产力的认识与研究具有重要意义。该书以推进新质生产力形成与发展为目标，不仅对新质生产力的理论基础、历史规律等宏观问题进行了分析，而且在创新要素、产业创新、体制机制创新、区域创新等不同层面对如何有效形成新质生产力作出了定量与定性相结合的研究，做到了理论与实践相结合、专业化与大众化相结合。

2025年4月2日

PREFACE 前　言

高质量发展是全面建设社会主义现代化国家的首要任务，发展新质生产力是推动高质量发展的内在要求和重要着力点，科技创新是发展新质生产力的核心要素。习近平总书记在安徽考察时指出，推进中国式现代化，科学技术要打头阵，科技创新是必由之路。党的二十届三中全会将健全因地制宜发展新质生产力的体制机制作为推进高质量发展的重要改革举措。科技创新之于新质生产力、之于高质量发展、之于社会主义现代化的逻辑机理与重要性显而易见。

2023年9月，习近平总书记在新时代推动东北全面振兴座谈会上首次提出"新质生产力"概念。2024年1月，在中共中央政治局第十一次集体学习时，习近平总书记系统阐释了我国发展新质生产力的主要背景、新质生产力的本质特征和加快形成新质生产力的重要路径与部署。新质生产力的提出是习近平新时代中国特色社会主义思想的重要丰富与发展，也是马克思主义中国化时代化的重要成果。自新质生产力提出以来，全社会对新质生产力的关注热度持续上升，研究成果日益丰富。

习近平总书记深刻指出，"新质生产力主要由技术革命性突破生产要素创新性配置、产业深度转型升级催生而成"，"科技创新能够催生新产业、新模式、新动能，是发展新质生产力的核心要素。"鉴于此，本书从理论与历史、政策与实践等多个视角，聚焦创新要素、体制机制创新、产业创新和区域创新等微观、中观和宏观不同维度，分析科技创新促进新质生产力发展的内在机理，探讨相关政策与实践，力图进一步丰富我国关于新质生产力的相关研究。

本书分为5篇，共计20章。具体如下：

第1篇为理论篇（第1~3章），主要分析新质生产力背后的理论基础、科技革命与生产力发展的历史规律等基础性、理论性问题，同时对全要素生产率的内涵与历史变迁展开分析。

第2篇为体制篇（第4~7章），从发展新质生产力的视角分析我国国家创新体系建设、健全新型举国体制、加快关键核心技术攻关和推进科技体制改革等方面的重点与方向。

第3篇为要素篇（第8~12章），聚焦人才、财税、金融、数据等创新要素，分析发展新质生产力对创新要素的新需求，以及优化提升创新要素质量与结构的重要方向与举措。

第4篇为产业篇（第13~16章），从现代化产业体系、未来产业和更为具体的文化创意产业等不同维度，分析科技创新对产业创新和新质生产力发展的重要影响与作用路径。

第5篇为区域篇（第17~20章），聚焦国际科创中心和区域科创中心等重要创新高地，重点对构建区域创新体系、因地制宜发展新质生产力展开分析。

本书由中国科学技术发展战略研究院组织编写，由刘冬梅、李哲和杨洋负责统稿。书中各章节作者如下：第1章，刘冬梅、杨洋、李哲；第2章，杨洋、韩佳伟；第3章，苏楠；第4章，杨洋、李哲、蔡笑天、韩军徽；第5章，韩军徽、李哲；第6章，徐海龙；第7章，刘志迎、郭瑞昭、李涵；第8章，许翾、李晨；第9章，张明喜；第10章，张俊芳、周代数、张明喜；第11章，苏志文、刘冉、刘传明;第12章,李华龙、李钟文、杨珂凡、高远东;第13章,李哲;第14章,刘如、邬亭玉、李佳娱;第15章,陈海鹏、金爱民、朱悦、周荣华;第16章,刘晨、李睿婕;第17章,伊彤;第18章,马虎兆、王梦瑶、王方、郭海轩;第19章,王红;第20章,肖松、林洪、梅雨晴、王锦民、李静。

本书在编写过程中得到了《中国科技论坛》杂志的大力支持,杂志编辑部迟凤玲主任为本书的统稿与修订做了大量工作,在此表示衷心感谢。

本书编写组
2025年1月

目录

第1篇 科技创新与新质生产力：理论与历史

第1章 科技创新作为发展新质生产力的核心要素：理论基础、历史规律与现实路径 …… 003

1.1 引言 …… 003
1.2 关于新质生产力内涵的三个基本问题 …… 005
1.3 如何理解科技创新是发展新质生产力的核心要素 …… 008
1.4 如何发挥科技创新的核心要素作用 …… 010

第2章 科学理解和运用全要素生产率：基本内涵、国际比较与政策启示 …… 013

2.1 全要素生产率（TFP）：基本内涵 …… 013
2.2 全要素生产率（TFP）的变动：全球对比分析 …… 017
2.3 我国的全要素生产率（TFP）：周期、追赶与停滞 …… 022
2.4 启示与建议 …… 025

第3章 抓住新一轮科技革命和产业变革机遇加速形成新质生产力 …… 028

3.1 科技革命驱动产业变革引致生产力跃迁的条件 …… 028
3.2 新一轮科技革命和产业变革下新质生产力形成的新特点 …… 030
3.3 加速新质生产力形成的着力点 …… 031

第2篇 科技体制改革与新质生产力

第4章 新质生产力视域下的国家创新体系建设思路与举措 ……… 035
    4.1 引言 ……………………………………………………… 035
    4.2 文献评述 ………………………………………………… 035
    4.3 发展新质生产力与国家创新体系建设的耦合 ………… 038
    4.4 支撑新质生产力发展的国家创新体系能力建设 ……… 042
    4.5 结论 ……………………………………………………… 051

第5章 发挥新型举国体制优势 促进新质生产力加快发展 ……… 054
    5.1 新型举国体制历史源流与内涵特点 …………………… 055
    5.2 以健全新型举国体制促进新质生产力发展的内在逻辑 …… 058
    5.3 围绕促进新质生产力加快发展，进一步健全新型举国体制 …………………………………………………………… 061
    5.4 结论 ……………………………………………………… 065

第6章 促进新质生产力加快发展的科技体制改革建议 ………… 066
    6.1 深化科技体制改革是发展新质生产力的必然要求 …… 066
    6.2 束缚新质生产力发展的科技体制机制问题 …………… 069
    6.3 改革建议 ………………………………………………… 073

第7章 新质生产力视阈下双链耦合的关键核心技术突破 ……… 078
    7.1 引言 ……………………………………………………… 078
    7.2 文献综述 ………………………………………………… 079
    7.3 既有技术范式支撑下的生产力的保护和提升 ………… 081
    7.4 技术实现突破式创新情境下的产业生命周期与新质生产力 …………………………………………………………… 086
    7.5 结论与展望 ……………………………………………… 091

第3篇 创新要素与新质生产力

第8章 建设创新型人才队伍支撑新质生产力发展：高校人才队伍建设与发展模型及生态环境 ⋯⋯ 095

8.1 引言 ⋯⋯ 095

8.2 文献综述 ⋯⋯ 096

8.3 发展新质生产力需要创新型人才 ⋯⋯ 102

8.4 构建基于人才成长规律的高校创新型人才队伍建设与发展模型 ⋯⋯ 105

8.5 4所C9高校的实践：构建支撑科技创新的最优人才生态 ⋯⋯ 107

8.6 结论与展望 ⋯⋯ 111

第9章 支持新质生产力发展的财税政策研究 ⋯⋯ 113

9.1 文献综述 ⋯⋯ 113

9.2 基于"技术—经济—治理"范式的财税政策支持新质生产力发展逻辑解构 ⋯⋯ 116

9.3 财税政策支持新质生产力发展已取得积极进展 ⋯⋯ 119

9.4 适应新质生产力发展要求的财税政策挑战与应对 ⋯⋯ 122

第10章 畅通金融资本向新质生产力高效配置的路径 ⋯⋯ 126

10.1 科技金融推动新质生产力发展的内在机制 ⋯⋯ 127

10.2 我国科技金融发展进入新阶段 ⋯⋯ 129

10.3 新质生产力对科技金融提出新需求 ⋯⋯ 133

10.4 政策建议 ⋯⋯ 136

第11章 数据要素市场化能否促进企业新质生产力发展——基于要素配置与组织运营视角 ⋯⋯ 138

11.1 引言 ⋯⋯ 138

11.2　制度背景与理论分析 …… 141
11.3　研究设计 …… 145
11.4　实证结果及分析 …… 148
11.5　结论与建议 …… 159

第12章　大数据能否催生企业新质生产力
　　——基于国家级大数据综合试验区的准自然实验 …… 161

12.1　引言 …… 161
12.2　制度背景与研究假说 …… 163
12.3　研究设计 …… 169
12.4　实证结果 …… 173
12.5　进一步分析 …… 178
12.6　结语 …… 182

第4篇　产业创新与新质生产力

第13章　为未来产业营造适宜的创新生态 …… 187

13.1　未来产业的内涵及创新生态特征 …… 187
13.2　营造未来产业创新生态的现实因素 …… 191
13.3　营造未来产业创新生态的政策方向 …… 198

第14章　现代化产业体系理论逻辑构建与路径选择研究
　　——基于发展新质生产力的视角 …… 201

14.1　新质生产力视域下构建现代化产业体系的逻辑揭示 …… 202
14.2　中国产业体系存在的问题分析 …… 206
14.3　新质生产力驱动下产业体系价值理论修正与突破 …… 209
14.4　新质生产力视域下构建现代化产业体系策略 …… 214
14.5　结论 …… 218

第15章　培育未来产业发展新质生产力的动力机制与对策 …………… 219
15.1　文献回归 ……………………………………………………… 219
15.2　发展动力分析：技术市场治理三重逻辑框架 ……………… 221
15.3　当前面临的主要挑战 ………………………………………… 226
15.4　培育未来产业的政策设计 …………………………………… 227
15.5　结语 …………………………………………………………… 228

第16章　科技创新促进文化新质生产力发展：理论分析与实证检验 ……………………………………………………………………… 230
16.1　文献综述 ……………………………………………………… 231
16.2　理论机制与研究假设 ………………………………………… 233
16.3　研究设计 ……………………………………………………… 237
16.4　科技创新促进文化新质生产力发展的实证分析 …………… 241
16.5　进一步分析 …………………………………………………… 244
16.6　结论与建议 …………………………………………………… 247

第5篇　区域创新与新质生产力

第17章　北京因地制宜发展新质生产力的观察与思考 ……………… 251
17.1　引言 …………………………………………………………… 251
17.2　因地制宜发展新质生产力的理论研究 ……………………… 251
17.3　因地制宜发展新质生产力的北京实践 ……………………… 254
17.4　对北京因地制宜发展新质生产力的进一步思考 …………… 261

第18章　新质生产力背景下新型区域创新体系：框架体系与构建路径
——以天津市为例 ………………………………………………… 265
18.1　新质生产力、创新范式变革与区域创新体系新框架 ……… 266
18.2　战略选择与建设路径 ………………………………………… 278

第19章 京津冀科技资源协同助推河北省新质生产力发展 …… 286

    19.1 引言 …… 286

    19.2 整合科技资源是加快形成新质生产力的关键 …… 287

    19.3 京津冀科技资源协同加快河北省培育新质生产力的三重逻辑 …… 289

    19.4 河北省依托京津冀科技资源协同加快培育新质生产力的实践进路 …… 296

第20章 湖北探索以"用"为导向发展新质生产力的案例研究 …… 299

    20.1 引言 …… 299

    20.2 创新链产业链深度融合的理论与实践探索 …… 300

    20.3 湖北以"用"为导向发展新质生产力 …… 304

    20.4 案例启示 …… 309

    20.5 结语 …… 312

第 1 篇

科技创新与新质生产力：理论与历史

第1章 科技创新作为发展新质生产力的核心要素：理论基础、历史规律与现实路径

1.1 引　言

自2023年9月习近平总书记提出"新质生产力"概念以来，学术界围绕新质生产力的研究急速增长。根据中国知网检索结果，截至2024年5月，以"新质生产力"为主题的各类文献已经超过7000篇，其中期刊文献超过2300篇；文章标题中含"新质生产力"的各类文献接近5000篇，其中期刊文献超过1600篇。这些文献聚焦科技创新、未来产业、高质量发展、经济体制改革等广泛议题，根据研究范式不同，大体上分为以下三类。

一是沿着马克思政治经济学框架展开，侧重理论源泉、理论创新、理论价值分析，从生产力、生产关系视角切入，重点对生产力要素（劳动者、劳动资料与劳动对象）以及生产关系展开研究，进而联系实际讨论战略新兴技术、未来产业、科技人才、政府与市场关系等问题[①]。目前，该类研究认为在新质生产力背景下，生产要素发生重大变化，高素质劳动者尤其是掌握了数字技术与人工智能技术等新技术的劳动者成为新的劳动力，数据成为新的生产要素等，同时提出需要构建新型生产关系适应和促进新质生产力发展。

---

① 赵峰，李雷.新质生产力的科学内涵、构成要素和制度保障机制[J].学习与探索，2024（1）：92-101+175；张林，蒲清平.新质生产力的内涵特征、理论创新与价值意蕴[J].重庆大学学报（社会科学版）：1-12；高帆."新质生产力"的提出逻辑、多维内涵及时代意义[J].政治经济学评论，2023，14（6）：127-145.

二是沿着产业经济学的框架展开，侧重产业体系与结构分析，从产业结构视角切入，重点研究战略性新兴产业和未来产业等，进而分析科技创新、数字化与智能化、市场环境、经济体制改革、人才等问题[①]。该类研究主要聚焦战略性新兴产业、未来产业、传统产业转型升级、产业数字化以及产业体系和产业链问题，认为发展新质生产力主要以构建现代化产业体系和抢抓主导产业发展机遇为载体。

三是沿着演化经济学与熊彼特经济学的框架展开，侧重科技体制与创新政策分析，从科技革命与产业变革的视角展开分析，注重科技与经济结合，聚焦讨论基础研究、前沿技术突破、科技成果转化、科技创新政策与生态、新型举国体制、科技人才等问题[②]。该类研究从科技革命与产业革命的逻辑出发，认为新一轮科技革命和产业变革是发展新质生产力的重要机会窗口，既强调产业结构优化与产业升级，也强调科技创新的引领作用。

综上所述，无论按照哪种理论框架展开，已有文献都认为科技创新是发展新质生产力的核心因素。然而，对于"为什么科技创新是发展新质生产力的核心要素"，以及"如何在新时代背景下发挥科技创新的核心作用"等问题的分析尚待深入。与此同时，不同逻辑框架下对于新质生产力的理论基础、历史存在和现实范围等问题的认识并不一致，这可能导致步入一些误区[③]。为此，本章从科技创新视角切入，聚焦科技创新，将理论、历史和现实多维度相结合，对新质生产力发展的上述基本问题进行分析。

---

① 湛泳，李胜楠.新质生产力推进产业链现代化：逻辑、机制与路径[J].改革，2024（5）：54-63；王健.新质生产力对中国式产业链现代化的影响研究[J].工业技术经济，2024，43（6）：3-11；叶祥松，殷红.产业结构变迁、产业互动与全要素生产率增长——基于动态结构的视角[J].经济学动态，2023（6）：44-62；刘志彪，凌永辉，孙瑞东.新型支柱产业：发展新质生产力的主阵地与政策选择[J].山东大学学报（哲学社会科学版）：1-14；洪银兴.发展新质生产力建设现代化产业体系[J].当代经济研究，2024（2）：7-9.

② 中国社会科学院经济研究所课题组，黄群慧，杨耀武，等.结构变迁、效率变革与发展新质生产力[J].经济研究，2024，59（4）：4-23；杨虎涛.从历史维度深化对新质生产力发展规律的认识[J].红旗文稿，2024（10）：29-32；方敏，杨虎涛.政治经济学视域下的新质生产力及其形成发展[J].经济研究，2024，59（3）：20-28.

③ 周文，许凌云.再论新质生产力：认识误区、形成条件与实现路径[J].改革，2024（3）：26-37.

1.2 关于新质生产力内涵的三个基本问题

习近平总书记在中共中央政治局第十一次集体学习中对新质生产力做出系统阐述，这是理解把握新质生产力内涵要义的基础与核心。在凝聚共识和推进实践过程中，需要在此基础上，进一步把握新质生产力的理论根基、历史存在和现实范畴三个基本问题。

问题1：从理论上看，新质生产力属于哪种理论范畴？从习近平总书记的重要论述看，新质生产力至少有三类理论基础，分别是马克思政治经济学、西方现代经济理论和习近平新时代中国特色社会主义思想。首先，生产力是马克思政治经济学的重要核心概念，新质生产力从根本上建立在马克思政治经济学基础之上。20世纪80—90年代，我国曾有过"新质"与"旧质"生产力的讨论，主要是在马克思主义政治经济学的框架内展开。习近平总书记提出新质生产力"以劳动者、劳动资料、劳动对象及其优化组合的跃升为基本内涵"等重要论断的基础就是马克思生产力学说。其次，西方现代经济学思想。由于马克思阶级分析的方法难以全面认识和解决社会主义市场经济条件下生产力发展问题，因此，新质生产力理论充分吸收了西方新古典经济学、熊彼特经济学、演化经济学等多个理论的精华。例如，习近平总书记提出新质生产力"以全要素生产率大幅提升为核心标志"[①]充分吸收了新古典增长理论关于全要素生产率在长期经济增长中起决定性作用的重要认识；总书记提出的"新质生产力是创新起主导作用"吸收了熊彼特经济学将创新置于经济发展核心的理念，"由技术革命性突破、生产要素创新性配置、产业深度转型升级而催生"吸收了演化经济学的突破性增长和动态演化思想。最后，习近平新时代中国特色社会主义思想。习近平总书记指出，新质生产力"具有高科技、高效能、高质量特征，符合新发展理念的先进生产力质态"，"特点是创新，关键在质优"。这些重要论述深刻蕴含了新发展理念、高质量发展、创新驱动发展等思想。因此，理解和实践新质生产力不应也不能局限于一种理论，需要多理论视角综合，但这并不

---

① 习近平.发展新质生产力是推动高质量发展的内在要求和重要着力点[J].求是，2024（11）.

意味着三类理论的作用和地位相同。马克思政治经济学与习近平新时代中国特色社会主义思想决定了发展新质生产力的初心与目的，具有指引方向的关键作用；新古典经济学与演化经济学等理论与马克思政治经济学一起，在聚焦领域重点、推进改革和构建体系过程中发挥着重要工具与方法作用。

问题2：从历史上看，新质生产力是否具有普遍性？生产力的革新伴随整个人类发展历程，从开始刀耕火种到第一次工业革命，再到新一轮科技革命，都是新生产力孕育和迸发的重要历史时期。如果将新质生产力界定为新时代背景下的生产力革新，那么新质生产力所蕴含的创新、协调、绿色、开放、共享等新发展理念与其他历史时期存在显著区别，这些区别正是发展新质生产力需要转变思维、凝聚共识的重要方面。如果从生产力革新的更广泛历史视角看，新质生产力发展呈现出一定的规律与趋势。例如，生产力发展过程中科学与技术的联系与互动问题、政府在其中的作用等。第一次工业革命的技术革新主要由工匠和个体发明家推动，与科学的联系并不大，政府的作用主要体现在专利权保护等方面。第二次工业革命则代表着科学与技术紧密结合形成崭新生产力的开始，形成了以职业科研人员和工业实验室为代表的制度化科研，政府也开始有意识地发展教育，资助农业等领域的科技创新活动。第三次工业革命进一步凸显了教育、人才、科学与技术的紧密联系，也凸显了政府在推进基础研究和战略研究中的作用。当前正在进行第四次工业革命，科学与技术的界限变得愈发模糊，科学与技术的互动（人工智能推动科研范式变革）与国家间的科技竞争（中美科技博弈）达到空前水平。因此，新质生产力是历史普遍性和特殊性的辩证统一，理解和把握新质生产力，既要聚焦新时代背景下新质生产力发展的重点方向与新要求，也要把握新质生产力发展的历史性规律与趋势，尤其是政府与市场的角色与作用变迁，遵循和利用客观规律推进实践。

问题3：从现实来看，新质生产力是否具有广泛性？新质生产力由技术革命性突破、生产要素创新性配置、产业深度转型升级而催生，突出表现为现代化产业体系的形成。因此，新质生产力的形成与发展是从"技术点"到"产业面"再到整个"经济—社会体系"的重大变革。评判是否为新质生产力要综合技术与经济（产业）二维视角，既要考虑技术本身的影响和前景，也要考虑技术革新所影响的行业特征,以及行业在国家发展与安全中的作用(见表1-1)。一般的增量型或渐进型创新可能是产生突破性、颠覆性创新的基础,但技术或产业不具有重大发展前景、不具有产业体系重塑能力等特征的不能称为新质生产力;局限在相对独立、狭窄领域无法扩散的技术革新,也不能称为新质生产力;处于生命周期末期产业的技术革新也难以称为新质生产力。例如,第二次工业革命时期(1840—1940年),钢成为比铁更具竞争力的重要材料并快速崛起,推动了包括铁路、海运、机械制造、汽车等一系列产业的兴起与发展,但由于铁冶炼技术的持续改进,直到19世纪末,主要工业国的铁产量依然高于钢,即便如此关于铁的技术革新和产业发展已经很难称为先进生产力。

表1-1　　　　　　　　新质生产力的技术与产业二维属性

产业性质	渐进性创新	颠覆性创新	说明
传统产业	否	是	处于产业生命周期末期且已经有更有前景的替代产业时,该产业即便有重大技术革新一般也不是新质生产力
新兴产业	是	是	具有开启或重塑"技术—经济"轨道的重要特征
未来产业	是	是	具有开启或重塑"技术—经济"轨道的重要潜力

注:表格中的"是"与"否"表示是否属于新质生产力范畴。

综上可见,新质生产力是具有强大生命力,能够显著提升产业增加值,变革产业体系和经济体系乃至改变整个社会和国际格局的技术革新与产业变革。在人类历史上,纺织产业、钢铁产业、汽车产业、电力产业、石油产业、通信产业、半导体产业等都先后成为塑造时代的"新质生产力"。在新时代背景下,新质生产力还有维护国家安全的重要特征。关于新质生产力范畴问题还有两点需要注意。一是在政府视角下,新质生产力有广义与狭义之分。其中,广义层面的新质生产力主要是中观和宏观层面关注的重点技术领域和产业领域,该领域内的任何创新活动与企业和产业的发展都可视为新质生产力发展;狭义的新质生产力则是指重点领域内的关键核心技术、产品、装备,以及重大产业变革和突破性创新。例如,集成电路产业的发展属于新质生产力,广义上,该产业所有部件、装备和环节工艺都属于新质生产力范畴,政府可以通过税收减免等政策支持整个产业发展;但在政府资源有限的情况下,政府需要集中力量发展的关键核心部件、装备与技术则属于狭义上的新质生产力。因此,新质生产力的广义与狭义之分也体现了政府支持产业发展与科技创新的方式和力度的区别。二是发展新质生产力并不意味着非新质生产力就可有可无。无论哪个国家（地区）、哪个时点都不可能实现社会生产力100%的大幅革新，正常情况下一定是新质生产力与非新质生产力共同存在并动态演化。区分和发展新质生产力是为了抓住重点和机遇，集中力量和资源扩大新质生产力在整个社会生产力中的比重。

1.3 如何理解科技创新是发展新质生产力的核心要素

把握科技创新是发展新质生产力的核心要素，需要从新质生产力的理论基础、本质形态和最终目标三个视角综合考虑，这三点充分反映了其背后的理论逻辑、历史逻辑与实践逻辑。

一是从新质生产力的理论基础看科技创新。从马克思政治经济学的视角看，马克思和恩格斯认为科学是一种在历史上起推动作用的、革命的力量，并认为科学的发展水平和它在工艺上应用的程度是构成生产力的五要素之一。邓小平同志将科学技术作为第一生产力，突出了科技在生产力要素构成中的特殊地位。从新古典增长理论来看，技术进步是经济长期增长的决定因素，从演化经济学和熊彼特经济学来看，创新是推动经济变革和演进的根本动力。从习近平新时代中国特色社会主义思想来看，"创新是引领发展的第一动力""中国式现代化关键在科技现代化""科技创新是核心，抓住了科技创新就抓住了牵动我国发展全局的牛鼻子"等都凸显了科技创新的核心作用。可见，无论基于新质生产力的哪种理论基础，科技创新都是发展新质生产力、推动经济增长的核心要素。

二是从新质生产力的本质形态看科技创新。新质生产力本质上是一种先进生产力。抽象看，先进生产力与传统生产力的核心区别是蕴含了新的科学技术知识，突出表现为新技术的应用和扩散。具体看，先进生产力以科技创新为核心，突出表现为主导技术推动"技术—经济"轨道和"技术—经济"范式形成与发展，遵循渐进性与突破性创新→"技术—经济"轨道→"技术—经济"范式的基本演进模式，进入不同的"技术—经济"轨道可能会影响一国的发展机遇与长期竞争力。第二次工业革命时期，由于铁矿石资源禀赋不同，英国占据先发优势，长期采用酸性工艺炼钢，并主要凭借经验对工艺进行微小改进；欧洲其他国家，尤其是德国作为后来者，着重采用碱性工艺，并集中力量对工艺进行长期研发与改进，最终生产出比英国品质更为优良的钢材，逐步获得全球竞争优势。由于钢铁产业是第二次工业革命时期的重要支柱产业，英国和德国钢铁产业不同的"技术—经济"轨道最终导致英国丧失冶金霸权，并丧失与钢铁产业密切相关的汽车、铁路、造船乃至武器制造等众多领域的发展优势，德国后来居上，成为钢铁与机械制造佼佼者的趋势延续至今。同样，第三次工业革命时期，美国在半导体和信息技术方面的优势让美国率先进入"信息经济时代"；在新一轮科技革命进程中，4G与5G技术的突飞猛进，使我国进入"移动互联"与"万物互联"时代第一梯队；面对蓬勃发展的"数智经济时代"，半导体技术、人工智能技术等成为塑造先进生产力、形成新"技术—经济"轨道和"技术—经济"范式的主导技术。

三是从发展新质生产力的最终目标看科技创新。发展新质生产力是我国统筹发展与安全，推进高质量发展的重大举措。新质生产力是一个战略性概念，发展新质生产力是实现中国式现代化的必由之路[1]。这一目标至少包含增长思维、赛道思维与底线思维三种重要思想，涵盖了发挥传统产业优势、打造新兴产业与未来产业新优势，以及提升发展的安全性、自主性等重要方面。增长思维方面，新质生产力发展以全要素生产率提升为根本标志。全要素生产率由科技进步、资源配置效率（管理与制度）、人力资本水平（教育）组成已成为共识，技术进步率与技术效率目前成为度量、分解全要素生产率的两大核心指标。可见，科技创新很大程度上决定了全要素生产率的水平。赛道思维方面，重点是抓住新一轮产业变革的历史机遇，突出表现为培育壮大新兴产业、布局建设未来产业，提升整个产业体系的持久竞争力。这些产业都以科技创新为引领，甚至很大程度上对基础研究形成依赖，科技创新成为这些产业能否顺利发展的决

---

[1] 郑永年.如何科学地理解"新质生产力"？[J].中国科学院院刊，2024，39（5）：797-803.

定因素。底线思维方面，重点是保障产业与经济发展的安全稳定，突出表现在提升自主可控水平上，重点是集中力量开展关键核心技术攻关。因此，无论从哪一个角度看，要实现新质生产力发展的最终目标都必须把科技创新放在核心位置。

1.4 如何发挥科技创新的核心要素作用

依靠科技创新推动发展新质生产力，要科学认识和运用新质生产力的理论基础指导实践，从新一轮科技革命与产业变革的时代背景和具体国情出发，聚焦主导技术与关键要素，把握科技创新的新规律、新特征，形成科技创新与制度变革紧密结合的"社会能力"，引领我国新质生产力发展。

第一，科学认识新质生产力理论基础的优劣势，防止产生轻视、忽视或过度强调科技创新的重要方面。新质生产力吸收了多种理论精华，但每种理论都是基于现实的抽象与概括，很难完全刻画现实复杂性，也难以直接套用于不同时代、不同国家（见表1-2）。目前来看，国内不同学派的交流与融合度还不够高，大部分局限于各自的理论框架内对新质生产力和科技创新进行阐释研究，进而提出建议对策，这样容易步入认识误区。聚焦到科技创新方面，马克思主义政治经济学容易忽视资本（尤其是风险资本）的重要作用及价值认可，同时易产生过度强调政府作用、过度泛化新型举国体制等问题，挤压市场机制的空间。新古典增长理论长期对政府战略规划和产业政策持保守态度，过度强调市场机制，忽视了企业等市场主体相对孱弱、创新积累不足的现实，易导致错失科技革命与产业变革发展机遇的风险；与此同时，还可能产生急于设计不合理的地方政府考核指标，产生扭曲性激励的问题。演化经济学与熊彼特经济学虽然聚焦创新，但对于伴随科技创新而产生的公平问题、污染问题等很少关注，这可能进一步异变为技术决定论，与新发展理念不符。因此，必须坚持马克思主义的基本世界观与方法论，结合实践充分吸收各种理论精华，通过丰富和发展习近平新时代中国特色社会主义思想来指导发展新质生产力的实践，避免落入固定单一的理论框架与思想体系。

表1-2　　不同理论框架下对发展新质生产力的理解

特征	马克思政治经济学	新古典经济学	演化经济学与熊彼特经济学
重视的方面	劳动力、政府的作用	市场机制、资本与劳动力的作用	企业家、市场机制、创新生态、各种正规和非正规制度
轻视的方面	资本，尤其是风险资本等资本性生产要素的作用	政府在战略规划和产业政策方面的作用、公平与绿色发展问题	公平、绿色发展等问题
局限于该理论框架的风险（与国情相关）	过度强调政府，导致政府过多干预市场、新型举国体制过度泛化	过度强调市场导致错失国家发展机遇与发展安全性、自主性；过度量化产生扭曲性激励	过度强调企业家、市场，导致错失国家发展机遇

注：作者自制。

第二，聚焦主导技术与关键要素的体系化能力建设，加速进入新的"技术—经济"轨道。技术史表明，新的通用技术和主导部门的形成是生产力质变的重要表征[①]。经济与技术相互关联导致每种主要技术类型的"锁定效应"，产生"技术—经济"轨道。未来5~15年是新一轮工业革命"技术—经济"轨道形成的关键时期。由于关键核心技术和高层次人才短缺，我国既面临传统制造业并入原有"技术—经济"轨道实现转型升级的挑战，也面临新兴产业和未来产业塑造形成新"技术—经济"轨道实现稳定发展的挑战。国家创新体系是知识系统与经济系统的耦合载体，也是"技术—经济"轨道的形成载体。因此，在提升国家创新体系效率的同时，更重要的是聚焦新一轮工业革命的主导技术（半导体技术、人工智能技术、数字技术、生物技术、量子技术、新能源技术等）和关键要素（数据、人才、能源等），提升国家创新体系的体系化能力。体系化能力建设重点包括加快战略科技人才、战略科技力量和新型举国体制建设，提升教育、科技、人才的三位一体能力，也包括极限条件下的抗压能力，以及防止和抵御"点错科技树"，进入错误"技术—经济"轨道的纠偏与复原能力。

第三，推进科研范式变革与深度技术创新创业，提升知识生产能力与知识配置效率。在新一轮工业革命进程中，科学、技术与经济的联系从未如此紧

---

① 方敏，杨虎涛.政治经济学视域下的新质生产力及其形成发展[J].经济研究，2024，59（3）：20-28.

密，技术变革推动产业变革，也推动了科研范式变革，而新的科研范式又进一步加速着技术突破。科研方面，智能化科研（AI for science）成为新的科研范式，人工智能在数学、物理学、化学、生物学、材料学、医药等科学和技术领域的研究中得到广泛应用，并取得重大成果。模型、算力和数据将成为推进科学突破与技术创新的重要因素。美国早在《2022年芯片与科学法案》中就要求对联邦科研项目的算力需求进行统计。2024年2月，美国启动NAIRR计划，构建国家级AI研究基础设施网络，面向全国科研界提供先进计算、数据集、模型、软件等资源。与此同时，具有颠覆性的非共识性研究也变得越发重要。为此，美国国家科学基金会正在探索无固定期限提交项目申请和保证有潜力的非共识性研究获得资助的"黄金门票"等制度。创新方面，新兴产业与未来产业的形成具有很强的深度技术创新创业特征，突出表现为高风险和资本密集性，需要更加耐心地长期融资，在融资方面存在重大的市场失灵。综上，我国需要围绕科技创新活动，加快人工智能资源公共平台、算力平台等新型科研基础设施建设，积极探索非共识性研究的评审与资助机制（如"黄金门票"制度），同时探索建立深度技术转化融资平台，引导社会资本向深度技术创新创业领域倾斜，提升知识转化为经济价值的能力与效率。

第四，以良性预期为导向构建新型生产关系，形成科技创新与制度革新密切结合的"社会能力"。新质生产力替代旧质生产力的过程是一个渐进式过程，也是存在抵抗的过程，通过深化改革建立新型生产关系就是要加速这一过程。重点是通过深化改革形成科研、创新、生产与个人发展的四类良性预期，有效激发创新创业活力。科研方面，通过持续稳定的经费支持、科学的项目评审机制和人才评价机制、良好的学术生态，以及优化开放创新生态，强化与欧洲相关领域合作，共同塑造良性预期。创新与生产方面，通过构建便利的融资机制、严格的知识产权保护、不断升级迭代的技术产品标准、充足的潜在市场空间、公平的市场环境和适时、适度的反垄断等塑造良性预期。个人发展方面，通过扩大终身教育的可及性、提升知识价值的获得感等塑造良性预期。这些方面正是我国进一步深化改革，形成新型生产关系的重点方向。

第2章 科学理解和运用全要素生产率：基本内涵、国际比较与政策启示

新质生产力以全要素生产率（Total Factor Productivity，缩写为TFP）大幅提升为核心标志。目前，全要素生产率是全球度量科技创新对经济增长贡献的重要指标。但全要素生产率的变化既有诸多客观特征，变化的背后也蕴含着复杂的科技、经济与政治等深层因素，同时TFP自身也存在局限。把握TFP的基本内涵与全球特征，总结分析我国TFP变化的现状，对于科学认识新质生产力与科技创新之间的关系，以及发展新质生产力与提升TFP之间的关系都非常重要。为此，本章利用Penn World Table 10.01的数据，对TFP进行了量化分析。

2.1 全要素生产率（TFP）：基本内涵

把握TFP的基本内涵是正确判断TFP与新质生产力、国家经济竞争力关系的重要前提，也是深入理解TFP与科技创新关系的基础。对TFP的理解需要关注以下4点。

第一，TFP的基本内涵和组成要素是什么？TFP也称索洛残差，由诺贝尔经济学奖得主罗伯特·索洛在20世纪50年代提出，用来衡量无法用资本和劳动投入解释的经济增长部分。从20世纪60年代开始，TFP成为度量经济增长过程中非劳动和资本贡献的核心指标，包含了技术进步、制度优化、管理改进、教育和技能改进、规模经济等。换句话说，TFP表征某个时点经济如何有效地利用了全部生产要素，这正是全要素生产率名字的由来。在实践中，这种

"有效利用"一般被分解为技术进步率和技术效率两部分。技术进步率是科学技术直接作用于经济增长的方面；技术效率是指资源和要素的配置效率，主要涉及制度与管理能力，这也是有效利用科学技术的重要前提条件。可见，TFP也可以被理解为表征经济如何有效地利用了全部科技创新能力，本质上是科技知识转化为经济价值的能力与水平。这主要通过科技创新自身水平的提升，以及围绕利用科技创新能力进行生产要素的有效配置两条路径来实现。TFP与一国的生产能力和财富创造能力密切相关。随着时间推移，这种相关性越来越高（图2-1中表现为数据的离散程度变低），表明科技创新和体制机制创新对国家财富创造的影响越来越大。

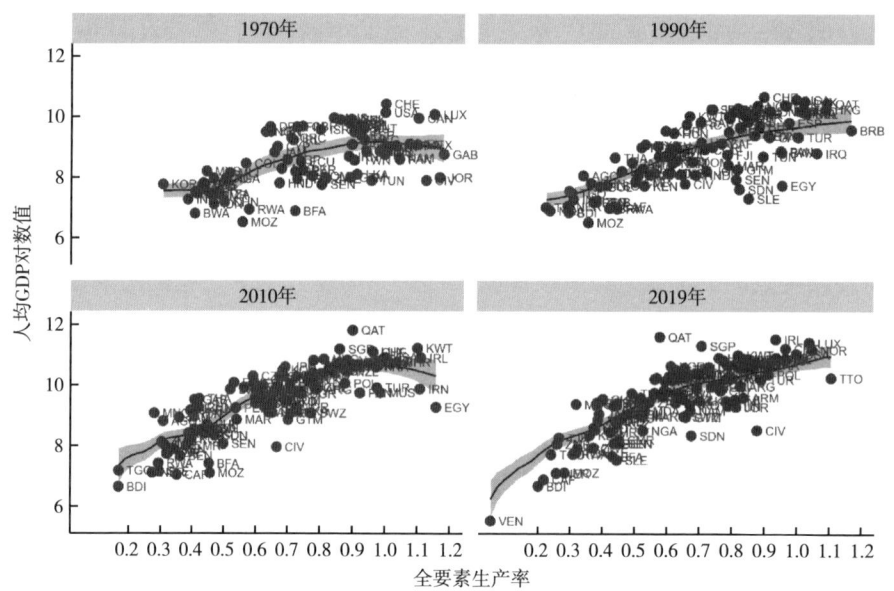

图2-1　世界各国人均GDP与TFP关系图

说明：人均GDP以PPP折算，TFP以美国为基准1折算；拟合曲线采用局部多项式回归。
数据来源：Penn World Table 10.01。

第二，TFP的波动受哪些因素影响，是否一定反映了科技创新水平？由于经济吸收技术的过程相对平稳、持续，TFP的长期趋势主要受科技创新驱动。但对于持续推进制度改革的国家，TFP的长期趋势中也包含了制度优化的部分。TFP的短期波动主要源于政治、经济、社会等方面的突发事件冲击，造成资源错配与产能闲置（如失业、工厂倒闭等），并不表示科技创新水平出现显著变化。例如，1998年亚洲金融危机和国企改革造成我国TFP短期大幅下降，2001年加入世界贸易组织导致我国TFP短期大幅提升；1973年和1978年的两次石油危机以及2008年的金融危机都造成了美国TFP的显著下挫（见图2-2）。此外，对于以自然资源为主且产业较为单一的国家（如卡塔尔、沙特阿拉伯等），TFP不能反映其科技水平。因此，对于制度稳定、有一定经济规模和产业复杂度的国家，TFP的长期变动趋势大体上反映了其科技创新水平，更确切地说是科学技术知识转化为经济产出的能力与水平。

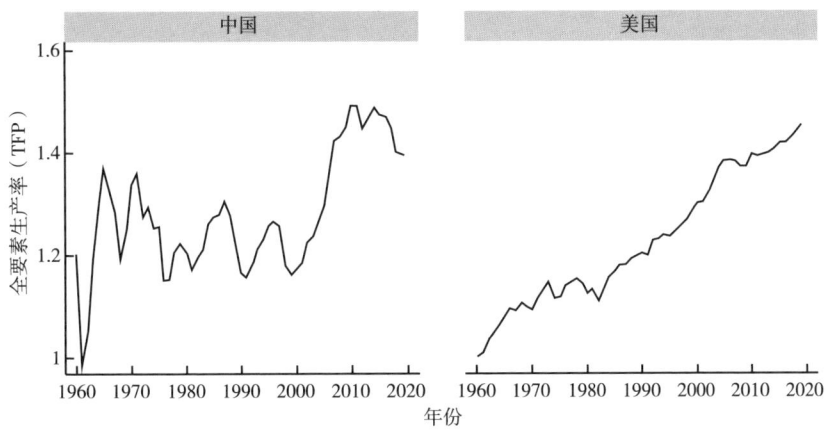

图2-2　中美两国全要素生产率（TFP）变动图（1960—2020年）

说明：TFP以1960年为基准1折算。
数据来源：Penn World Table 10.01。

第三，TFP与劳动生产率有什么区别与联系？劳动生产率是指每单位劳动产生的经济价值，既包括了TFP的贡献，也包括了资本的贡献，以及劳动力变动的影响。一般来说，TFP水平与劳动生产率水平正相关，TFP水平越高劳动生产率越高（见图2-3）。背后的逻辑是技术水平与管理水平越高，劳动效率就越高。因此，TFP的短期大幅增长或下降必然会导致劳动生产率增长的加速或停滞（见图2-4）。但TFP并不唯一决定劳动生产率的增长趋势，即便TFP长期增长较慢，也可以通过增加资本投入等方式显著提高劳动生产率（例如增加机器设备），这一点在中低收入国家表现得较为突出。而由于资本边际收益递减的客观规律，当劳动生产率达到一定水平后，继续提升将主要依靠TFP。从经济发展史看，落后国家和发展中国家可以通过大幅增加投资实现经济快速增长，但实现中等收入水平后,要实现持续快速增长,必须从依靠资本和劳动力投入等要素转轨到依靠科技创新和制度优化上来。如果不能成功转轨,就会落入"中等收入陷阱"。

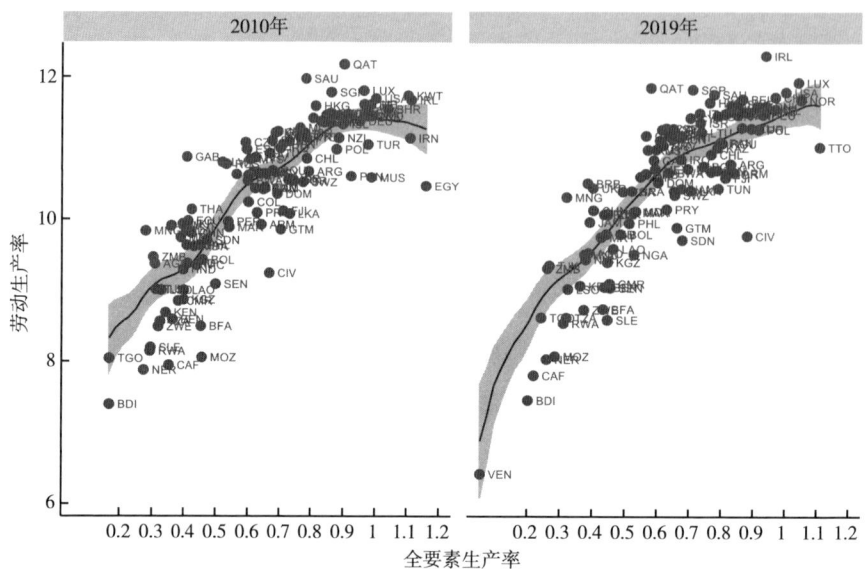

图2-3 劳动生产率与全要素生产率关系图(2010年、2019年)

说明:劳动生产率以PPP折算并取对数,TFP以美国为基准1折算。
数据来源:Penn World Table 10.01。

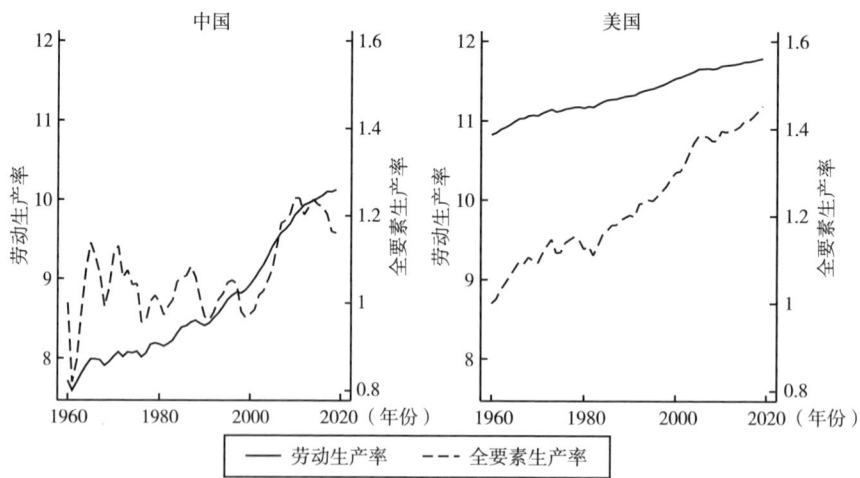

图2-4 中国和美国的劳动生产率与全要素生产率变动图(1960—2020年)

说明:劳动生产率以PPP折算并取对数,TFP以1960年为基准1折算。
数据来源:Penn World Table 10.01。

第四，用 TFP 测量科技创新水平与新质生产力状况有哪些不足？虽然 TFP 是表征科技水平与生产力水平的重要指标，但使用这一指标需要注意 4 个方面的问题。一是可能遗漏部分科技进步。当科技被物化在机器设备等投资上，并表现为投资的价格时，会被计入资本形成，而不是归为 TFP。二是可能错误估计科技创新能力。由于 TFP 是即时变量，当大幅增加投资时，即便这些投资是为了获得重大科技突破和生成长期的科技创新能力（重大项目攻关等）或产生长久的经济价值（如公路、铁路），都会导致当期 TFP 大幅下降。三是时间间隔过近或过远的两个时点不可比。当时间跨度太小或较大时，两个不同时点的 TFP 差别并不能反映科技创新水平的差距。政治、经济等重大事件的冲击会导致 TFP 突然出现大幅变化，但这并不表明科技创新水平发生显著变化，而是表明资源配置出现大幅变化；时间跨度较大时，TFP 的对比主要反映科技创新支撑经济发展的能力，并不直接反映科技创新水平。例如我国 20 世纪 80 年代的 TFP 高于 2000 年的 TFP，但科技水平正好相反。四是忽视需求侧作用。TFP 的计算依据的是生产函数，根据 TFP 得出的政策建议主要聚焦供给侧，会忽视需求侧，在当前我国构建双循环格局背景下，这一问题更为重要。

2.2 全要素生产率（TFP）的变动：全球对比分析

通过对 1960—2019 年的数据进行分析，可以发现全球 TFP 变化呈四大特征和趋势。

第一，60 年来，全球 TFP 呈上升趋势，但只有四分之一的时间增长显著。1960—2019 年，全球 TFP 增长了至少三分之一，但过程中出现回落往复，并呈现一定周期性（见图 2-5）。60 年间，全球 TFP 经历了 3 轮增长（其中两轮显著增长），中间间隔三段低迷时期。1960—1973 年是持续时间最长、增长最快的时期，全球 TFP 的年均增长率超过 1.5%，总增长超过 20%，其中 1963 年增速接近 3%（见图 2-5、图 2-6）；第二个显著增长时期是 1983—1988 年，年均增长率为 0.6% 左右，比 60 年代的增速大幅下降；第 3 个增长期是 2000—2007 年，年均增速超过 1%，总增长约 9%（见图 2-5、图 2-6）。

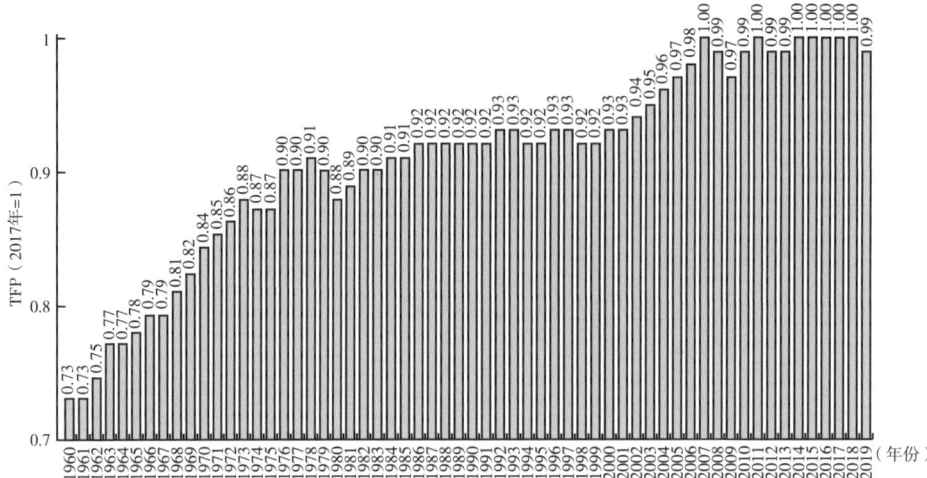

图2-5　全球全要素生产率（TFP）变动情况（1960—2019年）

说明：TFP以各国实际GDP为权重加权计算，各国2017年为基准1，其他年份据此折算。
数据来源：Penn World Table 10.01。

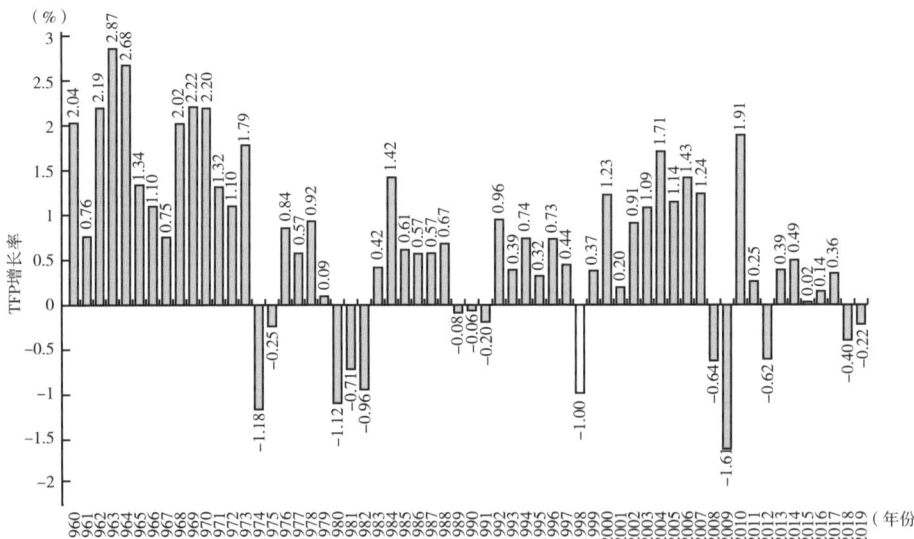

图2-6　世界TFP的增长率变动情况（1960—2019年）

说明：TFP以各国实际GDP为权重加权计算，各国2017年为基准1，其他年份据此折算。
数据来源：Penn World Table 10.01。

第二，60年来，主要经济体TFP都实现了增长，但国家间的增速差异较大。TFP水平的长期增长主要体现了科技知识和制度优化转化为经济产出的能力变化。图 2-7 显示，60 年间，韩国的表现最为突出，增长了约 140%；日本、印度、德国和法国的增长超过 60%，美国增长超过 40%，英国增长了 25%，我国增长了约 20%。整体而言，2008 年是一个重要时间节点，2008 年之前，大部分主要经济体的 TFP 增长趋势都比较明显，但 2008 年之后大部分经济体增速显著放缓。日本由于 20 世纪 90 年代的股市泡沫破灭，导致近 30 年来 TFP 增长近乎停滞；我国因为加入世界贸易组织以及制度优化等多种因素促使 TFP 出现了约 10 年的快速增长，进入新发展阶段后由于"三期叠加"和国际环境变化等因素，TFP 增长显著下降，出现长期低迷。

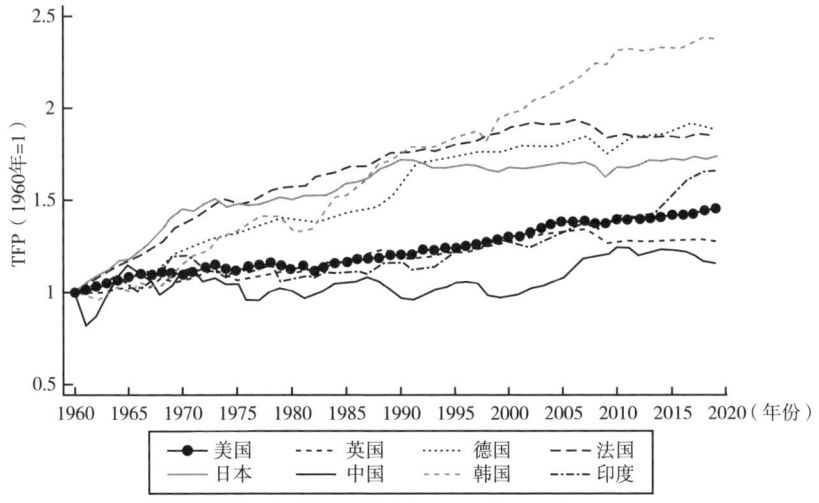

图 2-7 主要国家全要素生产率（TFP）变动情况（1960—2020 年）

说明：TFP 以本国货币计算，1960 年为基准 1。
数据来源：Penn World Table 10.01。
注：该图是以各国自己的 1960 年 TFP 为基准 1 的折算值，因此，同一年份的不同国家间的 TFP 水平不具备横向可比性。该图重点是展现各国 TFP 的增长趋势与幅度。

第三，美国 TFP 水平持续领先全球，近 40 年来不断拉大与全球的差距。1960—1980 年前后是全球 TFP 快速接近美国的时期，从相当于美国的 77% 增长到 88%（见图 2-8）。但此后，呈现被美国拉大差距的态势。从时间点上看，主要与重大经济冲击事件密切相关，包括第二次石油危机（1980 年前后）、互联网泡沫破裂（2000 年前后）、美国金融危机（2008 年）等。每次经济冲击都导致全球 TFP 的下降或增长乏力，但美国 TFP 受影响相对较小，导致全球与美国的差距不断拉大。到 2019 年，全球 TFP 水平只相当于美国的 70%，甚至不及 60 年前。

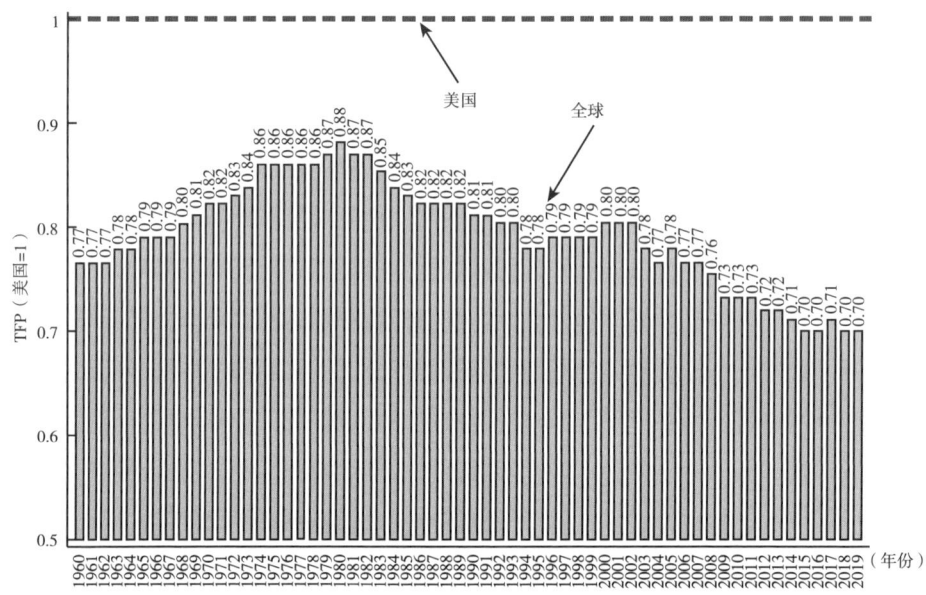

图 2-8　全球全要素生产率（TFP）变动情况（1960—2019 年）

说明：TFP 以各国实际 GDP 为权重加权计算，美国始终为基准 1，其他国家据此折算。
数据来源：Penn World Table 10.01。
注：该图是以美国历年 TFP 为基准 1 的折算值，重点是展现全球 TFP 相对于美国的变化。

第四，发达经济体对美国 TFP 进行了多次追赶，但每次追赶后均被美国再次拉开差距。60 年来，主要经济体的 TFP 有两轮快速增长，部分国家（地区）快速接近甚至超过美国（见图 2-9、图 2-10）。第一次追赶是 1960—1980 年，主要发达经济体 TFP 持续缩小同美国的差距，法国、瑞士、荷兰等经济体甚至一度超过美国。第二次追赶发生于 20 世纪 90 年代中期到 2000 年，部分国家（地区）甚至持续到 2008 年经济危机前，法国、德国、丹麦、荷兰、新加坡等经济体短期超越了美国。但无论是日本、德国、英国、法国、韩国等中大型发达经济体，还是在世界知识产权组织发布的《全球创新指数》中排名比美国更加靠前的小型发达经济体，其 TFP 均不能长期高于美国，甚至不能与美国持平。1980—1995 年前后，以及 2008 年后，这些国家（地区）的 TFP 两次出现下滑，与美国的差距再次出现甚至拉大。

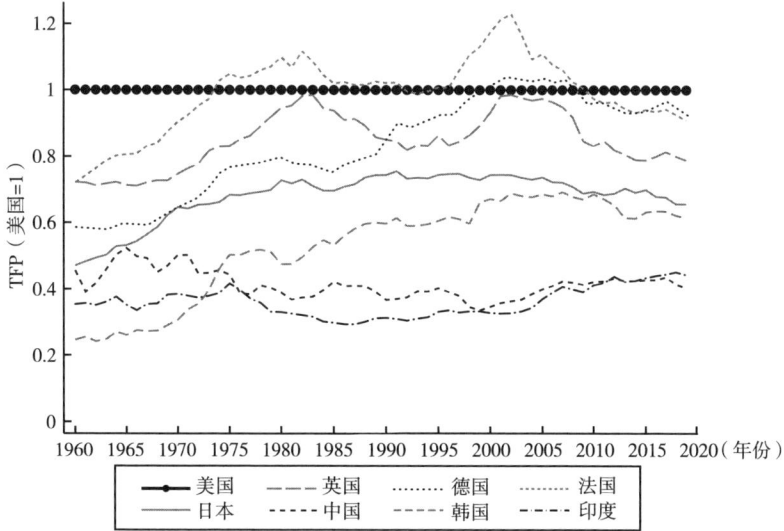

图2-9　主要经济体相对于美国的TFP变动情况（1960—2020年）

说明：TFP以购买力平价计算，美国为基准1。
数据来源：Penn Word Table 10.01。
注：该图是以美国TFP为基准1对各国进行折算。重点是展现各国相对于美国的TFP变动趋势。因此，同一国家不同年份的TFP不具备纵向可比性。

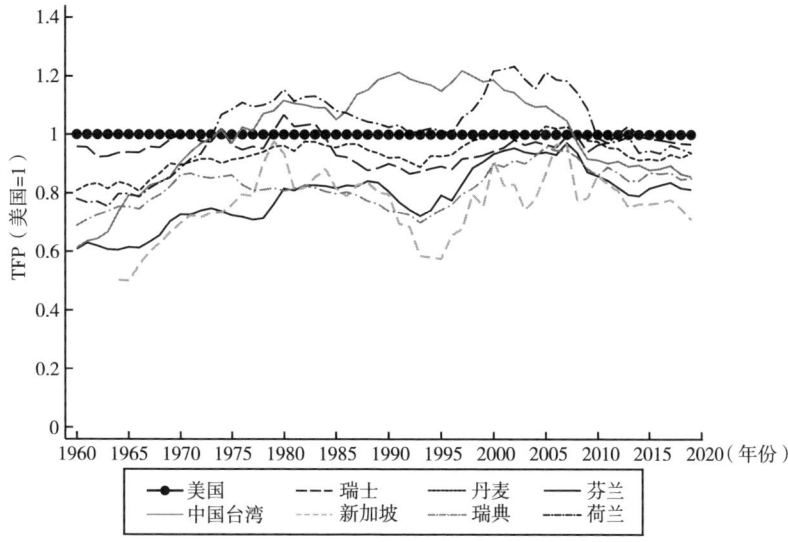

图2-10　小型发达经济体相对于美国的TFP变动情况（1960—2020年）

说明：TFP以购买力平价计算，美国为基准1。
数据来源：Penn Word Table 10.01。

这种追赶和落后的反复,背后可能隐藏着两种机理。一种与美国的金融霸权和美国跨国公司的全球布局有关。在面临全球性经济冲击时,美国能够依靠金融霸权与跨国公司具有更强大的抗冲击能力和恢复能力,同时将这些破坏性冲击转移到全球。另一种与科技霸权有关,主要表现为前沿技术与通用技术的开发和扩散。一方面,美国始终保有技术前沿优势,尤其是通用技术率先开发、改进和转化的优势。另一方面,新通用技术和前沿技术的全球扩散,让其他国家(地区)的TFP能够快速接近,乃至超过美国。当其他国家(地区)对新技术的吸收利用完毕后,与美国相比,缺乏对新技术的率先开发能力和对现有技术的重大改进能力,会再次被美国拉大差距。两轮追赶与反复恰好伴随着20世纪60—80年代电气化和自动化等技术的扩散,以及90年代中期以来信息技术和通信技术的扩散,而这些技术大多是美国率先开发与应用的。

2.3 我国的全要素生产率(TFP):周期、追赶与停滞

改革开放以来,我国经济增速举世瞩目,经济规模已经稳居世界第二。但与此同时,我国TFP与主要发达经济体差距明显。

一是我国的TFP增速呈现较明显的周期性波动,而且波动幅度明显大于主要发达经济体。我国TFP增长呈现周期性波动(见图2-11),从5年平滑值来看(见图2-12),这一现象更为明显。从改革开放到2000年前后,基本每10年一个周期,每个周期的下行阶段均有5年左右处于负增长,这导致我国TFP长期低水平徘徊。2000年后,中国TFP经历了近10年的快速增长时期,2010年后,中国TFP基本处于停滞与负增长态势(见图2-12)。对比中国,美国、德国和日本的TFP增长周期性不明显,且美国和德国只有个别年份为负增长(且程度小),尤其是美国基本处于正增长阶段。

二是中国的TFP水平、劳动生产率水平与主要发达经济体始终存在显著差距。图2-7和图2-9显示,60年来,我国TFP的绝对增长与相对增长情况都与发达经济体存在较大差距。与美国相比,我国的TFP水平始终相当于美国的

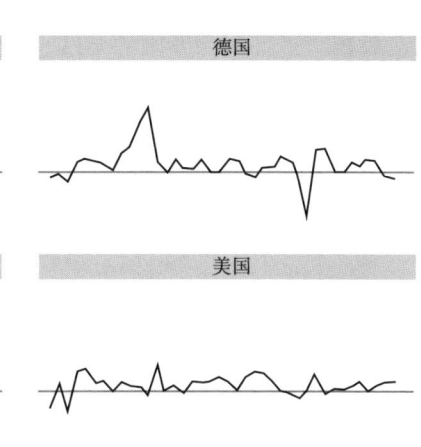

图2-11　中、德、日、美四大经济体TFP增长率（1960—2020年）

说明：各国TFP均以1960年为基期，其他年份据此折算。
数据来源：Penn World Table 10.01。

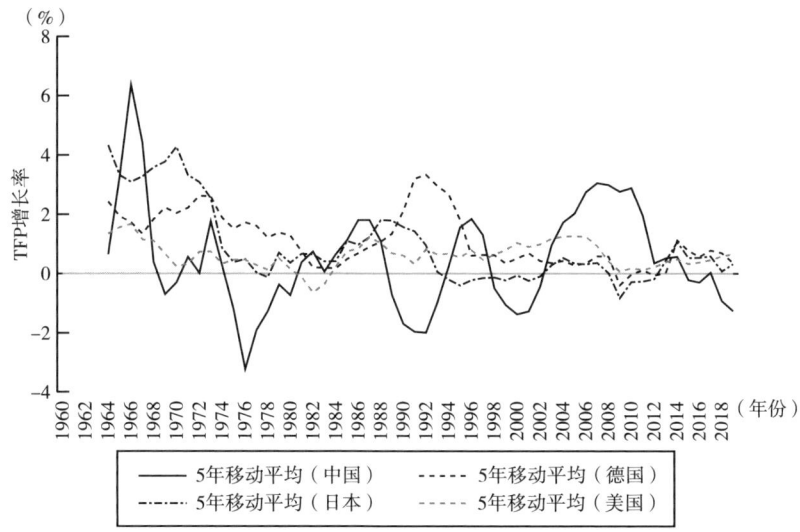

图2-12　中、德、日、美四大经济体TFP五年平滑增长率（1960—2019年）

30%~50%（见图2-13）。虽然我国TFP在2000—2010年持续快速增长，但美国TFP也实现了快速增长，且2015年以来美国再次出现显著增长。这导致我国自2000年以来的TFP水平仅相当于美国的40%，且这一趋势还在恶化（见图2-13）。在劳动生产率方面，虽然我国近20年来的劳动生产率翻了两番，但目前只相当于日本和韩国的40%、德国和法国的三分之一、美国的四分之一（见图2-14）。

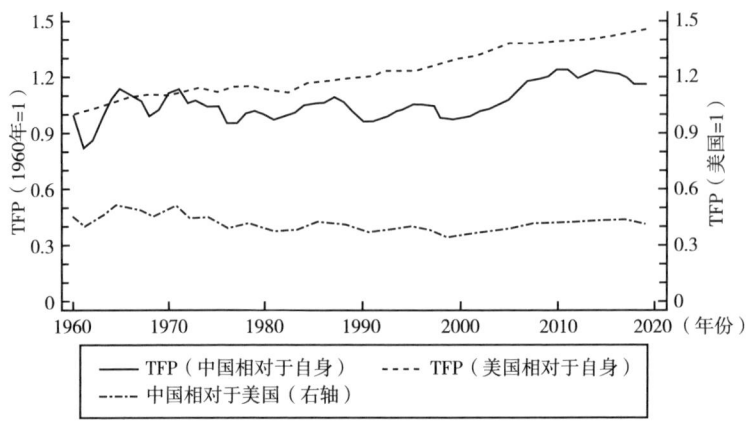

图2-13　中国相对美国的TFP变动情况（1960—2020年）

说明："相对于自身"指相对于自身1960年的比值。
数据来源：Penn World Table 10.01。

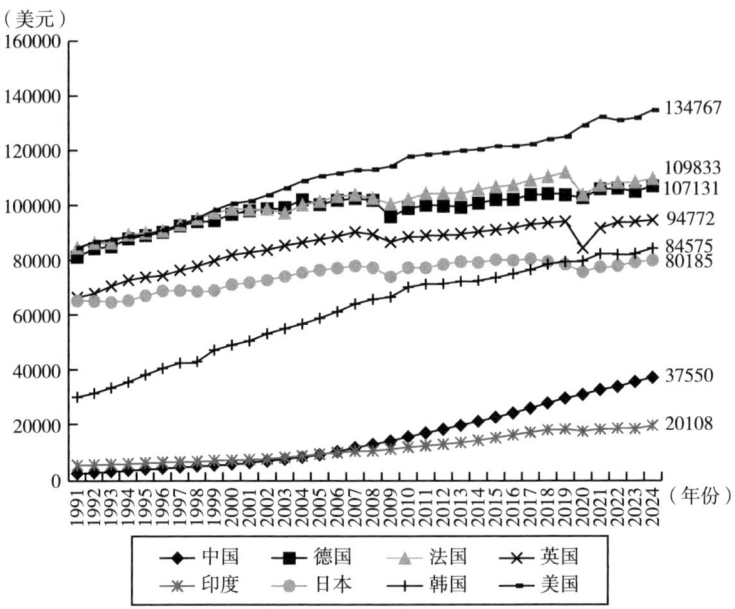

图2-14　主要经济体劳动生产率（1991—2024年，每人每年）

数据来源：国际劳工组织：*ILO Modelled Estimates and Projections（ILOEST）Database*，2024年3月；2024年为估计值，采用购买力平价计算。

三是 2008 年以来，中国 TFP 增长长期低迷，但对低迷原因未达成共识。与本章结论一致，已有研究均认为自 2008 年以来中国 TFP 增长出现长期低迷。将 TFP 分解为技术进步率与技术效率（资源配置效率）两部分后，有研究认为 TFP 增长率下降主要源于技术进步率的增幅大幅下降[1]（见图 2-15）；也有研究认为是要素配置出现问题[2]。本章认为两者都有重要影响。为了抵御 2008 年金融危机而实施的经济刺激政策，以及我国经济进入"三期叠加"的新常态，都对 TFP 造成一定的负面冲击。

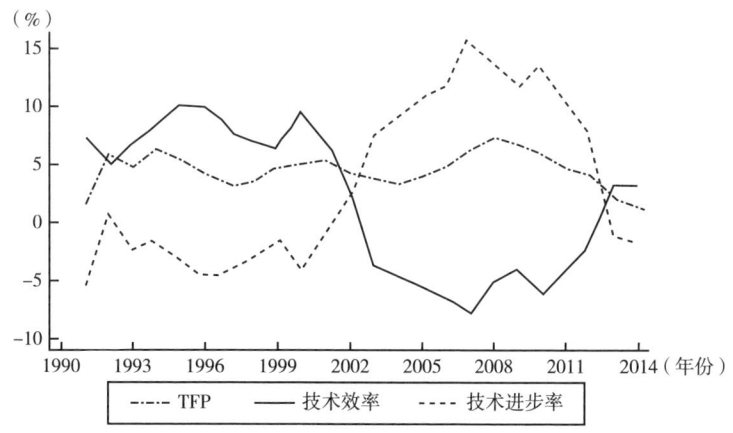

图 2-15　TFP 及构成部分的增长率变化（1990—2014 年）

资料来源：引自田友春，卢盛荣，李文溥：《中国全要素生产率增长率的变化及提升途径——基于产业视角》。

2.4　启示与建议

为更好理解和运用 TFP 促进新质生产力发展，要正视我国 TFP 与发达经济体的差距，以知识生产、配置和价值实现为核心，通过供给侧与需求侧协同

---

[1] 田友春，卢盛荣，李文溥.中国全要素生产率增长率的变化及提升途径——基于产业视角[J].经济学（季刊），2021，21（2）：445-464；范欣，刘伟.全要素生产率再审视——基于政治经济学视角[J].中国社会科学，2023（6）：4-24，204.

[2] 李小克，李小平.中国全要素生产率演变的测度和多重效应分解：偏向性技术进步视角[J].经济研究，2022，57（4）：191-208.

发力，加速新技术的扩散与吸收。同时，也要认识到TFP的局限性，慎用TFP的中短期表现评判新质生产力发展。

一是正视我国TFP与发达国家的差距，紧紧抓住新一轮技术扩散的追赶机遇。TFP是衡量生产力质量的重要指标，我国与发达国家存在的差距表明，我国经济发展质量整体上与发达经济体还有一定差距。新技术扩散与吸收时期，是发展中国家乃至发达国家TFP追赶美国的重要机遇期。当前，数字化技术、人工智能技术等新技术正处于走向成熟和迅速扩散的时期，而美国似乎也看到了这一点，对我国加大技术封锁与遏制。我国应聚焦数字技术和人工智能等具有通用技术特征的重要技术，加大研发投入、关键核心技术攻关与场景导入，推动这些技术向各行各业渗透与扩散，最终实现TFP提升。同时，要加大对前沿技术与未来技术（如量子科技、生物技术）等方面的研发力度，争取能够赶超美国在新技术与通用技术开发方面的能力，从根本上突破全球各国TFP"追赶美国→被美国拉大差距→追赶美国→被美国拉大差距"的历史怪圈。

二是将知识生产、扩散与价值实现作为核心，提升知识进入生产与服务的水平。从科技创新视角看，TFP的本质是知识进入生产或服务的能力与水平。中国与发达国家的TFP差距很大程度上也正是生产中含有的知识数量与质量的差异。因此，从知识的生产、扩散与应用视角加快完善国家创新体系建设，是推进知识与经济融合的重要举措。一方面，要通过战略科技力量、战略科技人才等建设，提升国家创新体系知识生产能力；另一方面，通过"政府引导""联合出资""业主制"等模式，在科研项目立项、科技攻关、产学研合作等方面，强化知识生产与知识需求的匹配，提升整个体系的效能。此外，针对知识在某些行业需要通过固定投资或人力资本的形式进入生产过程的情形，不能简单靠开发新技术解决，还需要大幅提升资本积累水平。因此，研发投入、固定资产投入、人力资本投入等都是推动知识进入生产必不可少的举措。

三是超越TFP的供给侧视角，强化需求与供给协同发力。由于TFP是基于生产函数计算，围绕TFP的思考与建议主要集中在供给侧。但这主要适用于供不应求的市场环境，而不适用于新技术、新产品，特别是自主创新产品的产业化环境。如果新技术、新产品无法实现产业化，再多的供给侧举措也无法提升TFP。在"双循环"背景下，尤其要充分利用好全国统一大市场这个"中国式创新"的重要优势。重点是围绕自主创新的新技术、新产品、新产业，加大政府远期采购、强制性技术标准迭代升级等需求侧政策力度，提供科技创新的良性市场预期。

四是多用劳动生产率而慎用 TFP 的中短期表现评判新质生产力发展。TFP 很容易受内外部冲击而出现短期波动，同时当经济下行且政府加大投资时，TFP 会显著下滑。此外，在第二产业比重下降、第三产业比重提升的产业结构转型过程中，由于服务业的 TFP 一般低于制造业，也可能出现 TFP 的下降，即"鲍莫尔病"。当前，我国正处于增长动力转换和产业结构变动的重要转型时期，同时正在加大研发投入、加速固定资产更新，以更好实现高质量发展。这一时期，很可能造成 TFP 低迷甚至下降。因此，短期甚至中短期的 TFP 低迷并不表示我国科技创新停滞不前、新质生产力发展停滞，而可能恰恰是新质生产力大发展黎明前的"黑夜"。但劳动生产率受影响相对较小，而且会对投资增加作出积极反应。所以，在中短期评价新质生产力发展成效时，应多用劳动生产率、增加值等指标，慎用 TFP 指标。

第3章 抓住新一轮科技革命和产业变革机遇加速形成新质生产力

习近平总书记在中共中央政治局第十一次集体学习时强调，新质生产力是创新起主导作用，摆脱传统经济增长方式、生产力发展路径，具有高科技、高效能、高质量特征，符合新发展理念的先进生产力质态。它由技术革命性突破、生产要素创新性配置、产业深度转型升级催生，以劳动者、劳动资料、劳动对象及其优化组合的跃升为基本内涵，以全要素生产率大幅提升为核心标志，特点是创新，关键在质优，本质是先进生产力。由此可见，新质生产力形成是以科技创新为起点，培育和发展新产业为路径，推动生产力发生质态跃升的过程。回溯历史，人类生产力发展呈现非线性过程，生产力重大变革的阶梯式突变和跃升主要发生在历次产业革命时期，而随着重大科技突破对驱动产业变革的先导作用愈加突出，由科技革命引发的产业变革成为孕育和形成新质生产力的主引擎。当前，新一轮科技革命和产业变革深入发展，正处于新质生产力孕育和形成的战略机遇期，需要在把握科技革命驱动产业变革历史规律与时代特点的基础上，探寻科学路径，精准发力。

3.1 科技革命驱动产业变革引致生产力跃迁的条件

科技革命是产业变革的源头和基础动力。一方面，科技创新催生新产业，为产业体系带来"无中生有"的新增量；另一方面，科技创新催生新生产方式和新组织方式，为经济社会体系带来"有中更优"的新模式和新业态。在此过程中，不断涌现的突破性或颠覆性科技作用于劳动者、劳动资料和劳动对象等生产力要素，通过乘数效应提升人类改造自然的能力和效率，通过融合效应改变生产力要素的组合结构带来生产力质变。可以认为，新质生产力是更高能级生产要素在更高层次和更高水平上的重新组织和再组合，这个复杂过程的发生需要一定的基础和条件。

先进基础设施是新质生产力形成的支撑条件。产业变革往往伴随能源、交通、信息等新型基础设施的出现，先进基础设施是新技术应用的载体，是新兴产业的重要内容，也是生产力的重要组成部分。例如，20世纪80年代到90年代初期，为推动计算机和互联网技术进步，美国克林顿政府实施"信息高速公路""因特网-Ⅱ""新一代互联网"等国家信息基础设施建设计划，加速了相关技术创新和应用，使美国率先进入信息技术时代。美国高校和产业界积极响应和参与相关计划，有效地推进了美国信息技术产业的发展，引领了以信息技术为主导的第三次产业革命。对于生产力而言，计算机和互联网等先进基础设施本身就是具有更高阶效率的新型劳动资料，同时它们也极大地提升了劳动者的生产能力和效率，使美国成为"新经济"时代的开创者，并创造了美国新一轮的经济繁荣。

大规模市场是新质生产力形成的空间基础。新科技应用需要以规模化市场作为依托，具有相当容量的市场为新兴产业形成提供需求空间，能够更有效刺激和加速新质生产力的释放，是新质生产力形成的加速器。例如，第二次产业革命的部分核心技术原创于欧洲，但由于欧洲市场狭小，无法支撑规模化生产；相反，美国不但拥有较大规模市场，而且实施了高水平的保护关税，为新技术应用提供了更广阔的市场空间。因此，在新技术被引入美国后，美国的科学家和工程师凭借市场规模优势，更快地将新技术转化为成本低于欧洲的新产品，成为产业变革的领导者和新质生产力的塑造者。

创新友好型制度是新质生产力形成的生态基础。新质生产力的形成是一场离不开制度创新的系统性和综合性变革，鼓励创新的制度体系为科技革命和产业变革提供更具包容性的社会生态基础。反之，若没有及时形成与变革相适应的制度，将阻碍新质生产力的形成。例如，英国在1865年最早发明了汽车，但按照当时的《机动车法案》规定，上路行驶的汽车至少要由三个人驾驶，其中一人必须在车前50米以外摇动红旗为车辆提供引导，而且车速不能超过马车。这些规定阻碍了汽车的推广应用，直到1895年该法案才得以解除。在此期间，德国、法国和美国的汽车产业则后来居上，作为第一次产业革命主导国的英国失去了引领汽车产业变革的机遇。

3.2　新一轮科技革命和产业变革下新质生产力形成的新特点

多层面融合为新质生产力形成蓄力。当前，新一轮科技革命和产业变革加速演进，新质生产力形成正以指数级速度展开，主要源于多个层面的高度融合为生产力质变赋能。在科技方面，主导技术方向更多、结构更为复杂，新一代信息技术、生物技术和新能源技术等同步取得多点突破，不同学科之间、技术之间交叉融合不断迸发颠覆性创新热点，为新质生产力形成提供更多动力源。在产业方面，新兴技术特别是数字技术驱动的创新打破了传统产业的边界，产业间耦合协同更加紧密，兼具制造和服务性质的新模式和新业态层出不穷，为新质生产力形成提供更丰富的路径。在组织方面，具有更强创新要素与产业资源集聚力和整合力的"平台型企业"出现，重新定义了供给与需求、生产者与消费者之间的关系，为生产力要素重新组合提供更高能级载体。

全新要素引入为新质生产力形成赋能。新一轮科技革命和产业变革最为显著的特点之一就是数据作为一种全新生产资料引入生产力要素体系。相比土地、劳动、原材料和能源等传统生产资料，数据具有更强的复用性、流动性和渗透性，与其他生产力要素相互结合和相互补充，将极大挖掘和释放生产力发展潜能。

体系化推进为新质生产力形成增势。新质生产力形成不是单点突破，而是系统性变革。世界主要国家都在通过加强体系化部署，增强竞争的整体势能，以抢占科技革命先机和产业变革制高点。例如，美国推动产业政策回归，并将重构产业创新体系作为战略重点。2022年通过的《芯片和科学法案》（*CHIPS and Science Act*）覆盖了增加前沿科技研发投入、加强基础设施建设、完善先进制造业网络、增加高素质劳动力供给、加速新技术商业化等创新链全链条。同时，新一轮科技革命和产业变革速度更快，在国家间扩散的周期变短，科技和产业竞争与规则竞争同步，技术标准和治理等方面的规则之争成为体系化竞争的焦点，谁掌握了规则制定的主动权和主导权，谁就掌握了生产力进步的方向，进而形成塑造新质生产力的竞争优势。

3.3 加速新质生产力形成的着力点

持续推动重大科技突破，点燃新质生产力孕育新引擎。更加有组织地开展科技革命驱动产业变革方向和趋势的跟踪与研判，强化对突破性技术和颠覆性创新的评估和预警，主动探寻变革拐点和破局点，为重大科技突破和产业新赛道的前瞻和及时布局提供科学支撑。聚焦人工智能、量子技术、人形机器人、卫星互联网等潜力巨大的未来产业，全链条部署重大科技项目，在相关前沿基础理论和关键技术上取得重大突破，为新质生产力形成提供持续动力。

加强高质量要素供给，创造新质生产力形成新基础。以系统观念加强教育、科技、人才一体化发展，创新科教融合、产教融合人才培养模式，培养具备新一轮科技革命和产业变革相关知识和技能的劳动者，最大限度发挥其在新质生产力形成中的主体性能动作用。完善数据产权、数据标准、数据开发利用等机制，加快培育发展数据要素市场，最大限度激发数据要素潜能。超前谋划和部署引领科技革命和产业变革的新型基础设施，夯实新质生产力发展的基础条件。

强化重点制度创新，释放新质生产力形成新潜能。推动国内市场规则、标准和制度统一，促进商品、要素和资源在更大范围内畅通流动，全面落实"全国一张清单"管理模式，充分发挥我国超大规模市场在促进新质生产力形成中的加速器作用。构建多元主体参与的创新治理体系和平台，完善创新试错、容错、纠错机制，为新质生产力形成营造更加包容审慎的治理环境。进一步提高参与全球创新治理的能力，提升"中国方案"在国际标准和规则制定中的影响力，构筑新质生产力形成的国际竞争优势。

第 2 篇

科技体制改革与新质生产力

第4章 新质生产力视域下的国家创新体系建设思路与举措

4.1 引 言

高质量发展是全面建设社会主义现代化国家的首要任务,发展新质生产力是推动高质量发展的内在要求和重要着力点,党的二十届三中全会将发展新质生产力放在推动高质量发展任务的首位进行改革部署。科技创新作为发展新质生产力的核心要素,推动新质生产力大发展,催生新产业、新模式、新动能,必须提升知识的生产能力与配置能力,这些能力由国家创新体系的能力与水平所决定。此外,随着全球主要经济体围绕新质生产力的国际竞争日益激烈,国家创新体系建设需要从传统的支撑"经济发展"与"经济赶超"范畴,进一步扩展到支撑"经济安全""战略需求"等维度。

4.2 文献评述

当前,围绕新质生产力的研究迅速增长,已经覆盖经济学、管理学、哲学、社会学、教育学等多个学科领域,其中以经管类文献最为丰富。在经管类文献中,部分研究从科技创新与新质生产力关系的视角切入,分析科技创新推动新质生产力发展的路径[①]；部分研究从产业层面切入，分析数字经济等新兴产业或产业变革过程中科技创新对发展新质生产力的重要影响[②]；还有部分研究聚焦全要素生产率[③]、数据[④]、人才[⑤]等更为具体的问题展开分析。这些文献大大丰富了对科技创新与新质生产力关系的理解。截至目前，从国家创新体系视角分析发展新质生产力的研究较为匮乏，虽然部分研究从技术生态系统和数字经济系统的视角进行了研究[⑥]，但这些研究的切入点往往停留在中、微观层面和具体产业层面，缺乏更为宏观的综合性、系统性分析。

国家创新体系的系统性研究开始于20世纪80年代Freeman对日本经济起飞和赶超的研究[⑦]，一定程度上继承了19世纪李斯特关于德国经济赶超的"国家体系"学说。因此，与产业竞争力和经济竞争力密切相关的"技术—经济"系统分析，包括知识（或技术）的产生、引进、改进和扩散，成为国家创新体系关注的重点。从这一视角看，国家创新体系的提出本质上是对"能力"尤其是"国家赶超能力"的一种探讨。随着对国家创新体系中科技创新的要素、主

---

① 谢梅.科技创新为新质生产力"蓄势赋能"[J].人民论坛，2024（5）：66-68；刘冬梅，等.新质生产力与科技创新[J].中国科技论坛，2024（3）：1-5；刘志迎.新质生产力"核心要素"与"核心标志"关系的经济学解析[J].财经问题研究，2024（9）：34-47；刘冬梅，杨洋，李哲.科技创新作为发展新质生产力的核心要素：理论基础、历史规律与现实路径[J].中国科技论坛，2024（7）：1-7.

② 陈梦根，张可.新质生产力与现代化产业体系建设[J].改革，2024（6）：58-69；李晓华.构建适应新质生产力发展的产业政策体系[J].人民论坛·学术前沿，2024（9）：35-42；李律成，曾媛杰，彭华涛.数字创新生态系统驱动新质生产力发展的组态路径研究[J].科研管理，2024，45（8）：1-10；中国社会科学院经济研究所课题组，等.结构变迁、效率变革与发展新质生产力[J].经济研究，2024，59（4）：4-23.

③ 蔡湘杰，贺正楚.新质生产力何以影响全要素生产率：科技创新效应的机理与检验[J].当代经济管理：1-15.

④ 杨虎涛，唐瑜.新质生产力的数据要素：特质及其适宜性制度基础[J].中国特色社会主义研究，2024（4）：23-34+94；李弦.数据要素赋能新质生产力的理论逻辑与实践进路——基于马克思劳动过程理论的分析[J].上海经济研究，2024（5）：25-36.

⑤ 许翔，等.面向新质生产力需求的高校人才队伍建设与发展模型及生态环境[J].中国科技论坛，2024（9）：156-165；吴江，冯定国.加快形成新质生产力的人才驱动策略[J].当代经济管理，2024（5）：1-11.

⑥ 李律成，曾媛杰，彭华涛.数字创新生态系统驱动新质生产力发展的组态路径研究[J].科研管理，2024，45（8）：1-10；梁炜，朱承亮.颠覆性创新生态系统视角下新质生产力的逻辑内涵及监测框架[J].西北大学学报（哲学社会科学版），2024，54（3）：38-47.

⑦ Freeman Christopher.Technology policy and economic performance: lessons from Japan[M].London: Frances Printer Publishers, 1987.

体、环境、制度等具体问题分析的深入,国家创新体系研究的焦点从能力问题慢慢转移到效率层面。近年来,随着全球科技竞争的日益加剧,尤其是大国激烈科技博弈的再次出现,对能力问题的研究再次趋热,聚焦国家创新体系效能的研究开始增多[1]。但整体而言,长期和平稳定的国际环境导致国家创新体系研究中重"效"轻"能"问题[2]依然较为明显,聚焦国家创新体系能力问题的研究偏少。与此同时,针对"效能问题"的研究,主流文献对国家创新体系能力的分析与评估更加侧重经济性和发展性指标[3],较少涉及安全性、战略性分析,一定程度上模糊了能力与效率的区别。实际上,涉及经济安全、产业安全和地缘竞争时,能力优先还是效率优先往往在创新资源配置、创新机制设计和创新结果产出上存在显著区别。以往适用于和平发展条件下后发国家追赶先进国家的背景,目前难以满足和适应发展新质生产力的迫切需求,尤其是中美战略博弈背景下我国竞争战略性新兴产业、未来产业优势,维护产业安全、科技安全等方面的需求和挑战。

鉴于此,本章从支撑新质生产力发展的知识生产与配置视角切入,以国家创新体系为基本分析框架,将发展新质生产力所需要的知识生产与配置需求映射为对创新资源、创新主体、创新机制和创新环境的需求,将国家创新体系建设与发展新质生产力相耦合。为满足和实现这些新需求,国家创新体系需要大幅提升满足国家战略需求的能力、支撑经济发展的能力,以及推进原始创新的能力,对创新主体、创新资源、创新机制和创新环境进行系统性优化与调整。本章通过知识生产与配置将国家创新体系建设与发展新质生产力相耦合,形成对已有新质生产力研究的重要丰富与补充。

---

[1] 贺德方,等.国家创新体系的发展演进分析与若干思考[J].中国科学院院刊,2023,38(2):241-254;赵彬彬,陈凯华.需求导向科技创新治理与国家创新体系效能[J].科研管理,2023,44(4):1-10;倪君,李瑞,梁正.中国特色国家创新体系的时代特征与治理逻辑[J].中国科技论坛,2023(10):1-10;温军,王思钦.中国式现代化指引下的国家创新体系建设探究[J].现代经济探讨,2023(8):1-9.

[2] 雷小苗.提升国家创新体系效能的机制与路径——基于"科学—技术—产业"协同视角[J].科学学研究,2024,42(7):1504-1512.

[3] 李雨晨,陈凯华.面向创新链的国家创新力测度体系构建研究——多维创新指数的视角[J].科学学与科学技术管理,2019,40(11):45-57;陈凯华,张超,薛晓宇.国家创新力测度与国际比较:2006—2020年[J].中国科学院院刊,2022,37(5):685-697;穆荣平,张婧婧,陈凯华.国家创新发展绩效格局分析方法与实证研究[J].科研管理,2020,41(1):12-21.

4.3 发展新质生产力与国家创新体系建设的耦合

4.3.1 国家创新体系与知识生产和知识配置

国家创新体系以创新环境为基础，以创新主体、创新资源和创新机制为支柱。传统上，国家创新体系的主要功能是将知识与经济融合，将知识物化为无形的技术与工艺以及有形的产品与服务，实现科技创新体系与经济体系融合演进。但具体到不同时空、不同国情，国家创新体系的功能会有所不同，如超越一般意义的经济发展，涵盖经济安全等方面。

创新主体是构成国家创新体系的骨干，也是知识生产与配置的主体。创新主体是创新要素的基本依托，也是创新活动的基本载体。创新主体的目标方向、数量质量、分工合作、竞争与活力等直接影响知识生产的数量与结构。虽然政府不是严格意义上的创新主体，但在实践中，政府在创新资源配置、创新主体激励、创新机制演进和创新环境塑造等方面非常重要，深刻影响着知识生产与配置活动。创新资源是国家创新体系的基础要素，是知识生产与配置的核心投入要素。创新要素的数量与质量直接决定着知识供给的数量与质量。虽然政策与制度也可被视为一种创新资源，为便于分析，本章将其作为创新环境的一部分。创新机制是将创新主体与创新资源相结合的作用机制，是知识生产与配置的关键环节，也是重要的驱动力量。这些机制不仅包括市场环境下以经济利益为导向的自组织机制、学术界追求个人价值与好奇心驱动的自组织机制，还包括政府为实现战略目标与需求的组织机制等。创新环境是构成国家创新体系的隐性力量，也是关乎知识生产与配置效能的重要因素。创新环境包括正式制度（如法律、制度、政策）和非正式制度（如文化、氛围等），对创新资源流动、创新主体活力等具有重要影响。

综上所述，国家创新体系本质上是创新主体、创新资源、创新机制和创新环境的系统集成，国家创新体系建设需要这4个方面有机融合、良性互动，才能有效提高知识的生产与配置的整体效能。

4.3.2 新质生产力与知识生产和知识配置

新质生产力主要由技术革命性突破催生而成，科技创新催生新产业、新模式、新动能，是发展新质生产力的核心要素。而科技创新以及新产业、新模式、新动能的形成过程，本质上是新知识的生产与配置过程。我国目前推动新质生产力发展的知识生产和知识配置需求，在时间纵向维度上与空间横向维度上与一般性的知识生产与配置都存在显著不同，突出表现在知识数量与结构方面。对知识需求的不同衍生出知识生产主体与配置的资源、主体、机制和环境等方面的新要求。

知识生产的数量与结构方面，发展新质生产力需要更多的知识注入经济体系，尤其是与主导技术相关的原创性知识和与解决"卡脖子"问题、实现绿色发展相关的原创性知识。发展新质生产力的关键是抢抓新一轮科技革命与产业变革机遇，完善现代化产业体系，既包括产业体系竞争力也包括产业链的安全与韧性等。一方面，聚焦能够形成新的"技术—经济"轨道和新的"技术—经济"范式的主导技术，提升知识生产与配置能力，为培育壮大新兴产业和布局建设未来产业提供支撑。例如，人工智能、集成电路、新一代无线通信技术、量子科技、生物技术，以及交叉学科领域的知识。另一方面，聚焦"卡脖子"领域、绿色转型、数字化转型等方面的显性与隐性知识，尤其是我国传统制造业转型升级所必需的知识。以上两方面知识已经很难沿用传统的引进、消化、吸收和集成的方式获取，甚至部分知识具有"无人区"性质，属于典型的原创性知识范畴，其生产和配置资源、主体、机制等需求与一般性的知识将存在显著差异。在知识配置与价值实现方面，发展新质生产力不仅需要将原创性知识更好配置到经济活动中，而且需要大幅提升全要素生产率，这对知识注入经济的能力提出了更高需求。此外，考虑到中美大国博弈和国内经济社会发展的需求，也需对这些知识的生产与配置区分轻重缓急，平衡好有限资源在战略价值和经济价值领域的投入。

在知识生产与配置的资源需求方面，发展新质生产力对创新资源的质量提出更高需求，同时对数据、算力等新型资源提出更多需求。生产更多的原创性知识必然要求更高质量的创新资源。其中，顶尖的科研人才和团队、充足的科研与创新资金、更大更强的科研设施与平台，以及满足新型研发范式（AI FOR SCIENCE）和主导技术研发的庞大数据与算力资源等，成为今后一个时期的重点。在知识生产与配置的主体方面，发展新质生产力不仅要求创新主体具有强大的知识生产与配置能力，而且要求主体间能够实现更为有效的分工与合作。这不仅对科技领军企业、高水平大学与科研机构、国家实验室、全国重点实验室、新型研发机构等创新主体的建设与能力提出了更为迫切的需求，而且对不同主体的分工与协作也提出了更高要求。同时，政府也需要更好地引导和统筹创新主体开展目标导向的原创性知识生产与配置。在知识生产与配置的机制方面，对如何促进原始创新和颠覆性创新更多涌现，如何强化有组织的战略导向的基础研究、应用基础研究，如何让原创性知识更好与经济社会发展和国家战略需求相匹配，更快更好实现转移转化等方面提出了新要求。在知识生产与配置的环境方面，需要遵循高创新性知识的生产与配置规律，构建更为开放、公平和有活力的创新创业生态，以及能够让科研人员潜心研究、勇于突破的科研生态和评估评价等激励机制，为知识生产与配置活动提供更好的良性预期。

4.3.3 国家创新体系能力与新质生产力发展

发展新质生产力对知识供给数量、质量和结构的新要求，衍生出对创新资源、创新主体、创新机制与创新环境的新需求，与国家创新体系建设的基本架构、重点和方向高度耦合。因此，以国家创新体系建设为载体，能够有效统筹发展新质生产力对创新资源等4个方面的新需求。在实践中，关键是按照发展新质生产力的要求确定国家创新体系的建设目标与重点方向，以目标为牵引完善和强化国家创新体系建设，提升我国科技创新与经济发展的整体效能。笔者认为，发展新质生产力产生了对前沿探索类原创知识、"卡脖子"类原创知识和支撑"绿色""数字化"转型发展的原创知识的更多需求，以及与生产和配置这些知识相关的创新资源、创新主体等方面的新需求，这些需求可以映射为国家创新体系满足战略需求的能力、支撑经济发展的能力以及推进原始创新的能力（见图4-1）。

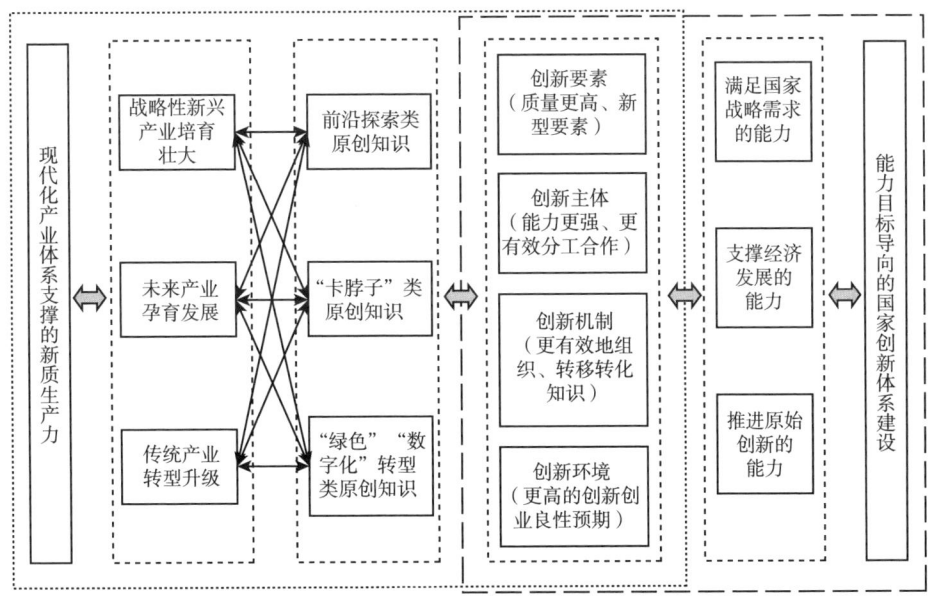

图4-1　新质生产力与国家创新体系耦合示意图

推进原始创新的能力重点是更好平衡自由探索与战略需求导向的基础研究活动，把一部分科技前沿探索同国家重大战略需求和经济社会发展目标结合起来，更有效开展有组织的基础研究与应用基础研究；保障国家战略需求的能力重点是建设壮大和组织动员战略科技力量，发挥新型举国体制优势，解决国家面临的重大、急迫问题的能力，尤其是与经济安全密切相关的关键核心技术攻关问题、抢占战略性新兴产业与未来产业制高点等问题；支撑经济发展的能力，重点是增加知识生产要素在经济活动中的比重，提高知识的配置能力，提升全要素生产率，实现经济高质量、高效率发展[1]。

三种能力目标既相互联系又有所区别。在统筹发展与安全的背景下，原始创新、国家战略需求和经济发展等问题必然存在交叉。因此，三种能力建设必须一体部署、同时推进。同时，不同能力建设的重点与方式有所差异。保障国家战略需求的能力要求国家创新体系建设以强化组织动员能力开展重大任务攻关为重点；支撑经济发展的能力要求国家创新体系建设以加强科技与经济融合

---

[1] Choi H, Zo H. Assessing the Efficiency of National Innovation Systems in Developing Countries [J]. Science and Public Policy, 2019, 46 (4): 530–540.

为重点；推进原始创新的能力要求国家创新体系建设以加强基础研究的布局与组织为重点。

4.4 支撑新质生产力发展的国家创新体系能力建设

4.4.1 保障国家战略需求的能力建设

当前，我国经济安全问题与国家安全问题交织，对原创类、"卡脖子"类知识的需求陡然提升，并集中指向科技自立自强问题。与此同时，我国在关键核心技术攻关等方面依然存在部门合力难形成、战略科技力量协同性不高等问题，国家创新体系保障国家战略需求的能力不足日益凸显。以保障国家战略需求的能力为目标的国家创新体系建设，重点是满足关键核心技术攻关、抢占战略新兴技术与产业制高点等方面的知识生产与配置，形成体系化的能力与运行机制，包括探索完善新型举国体制[①]、促进产学研用协同攻关[②]等。国家战略需求集中在国家安全、经济安全和卫生健康等国计民生领域，战略任务具有重、急、难、专等特征，这些特点决定了顺利实现国家战略目标需要在一定时间内组织动员全国甚至全球可用资源。这跨越多个政府管理部门，涉及多类主体、多种资源，需要通过创新主体、创新资源、创新机制、创新环境4个方面的优化调整，构建强有力的组织动员能力，科学、及时、有效地组织开展重大任务与攻关活动，尤其是发挥国家作为重大科技创新组织者的作用[③]（见图4-2）。

---

① 李哲.面向国家战略需求的关键核心技术攻关组织模式研究[J].人民论坛·学术前沿，2023（1）：12–22.

② 王钰莹，原长弘.产学研融合管理策略与关键核心技术突破[J].科学学研究，2023，41（11）：2027–2037.

③ 李维维，于贵芳，温珂.关键核心技术攻关中的政府角色：学习型创新网络形成与发展的动态视角——美、日半导体产业研发联盟的比较案例分析及对我国的启示[J].中国软科学，2021（12）：50–60.

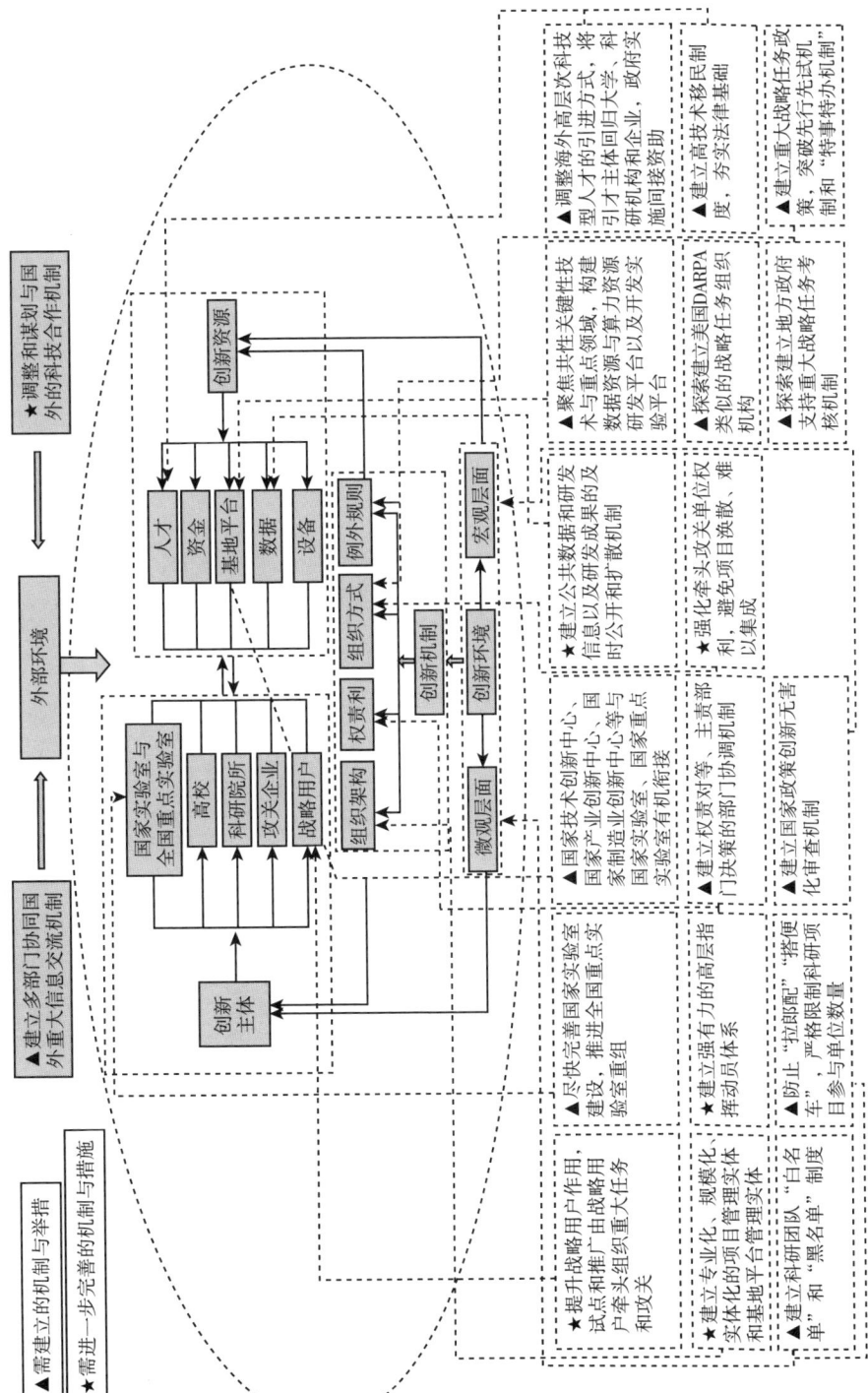

图 4-2 面向国家战略需求的国家创新体系能力建设示意图

创新资源方面，重点是面向战略性、"卡脖子"类原创知识，推动科技创新资源的质量提升与数量增长、优化资源配置与共享，同时及时弥补新型创新资源的不足。一是进一步整合科技创新基地等优势资源与平台，将国家技术创新中心、国家产业创新中心、国家制造业创新中心等与国家实验室、国家重点实验室有机衔接、相互支撑，加强跨区域、跨领域创新力量优化整合，统筹项目、基地、人才等创新资源布局。二是建立研发信息、数据与成果的及时扩散机制，形成重大研发项目研发进展与成果数字化共享体系与机制。三是调整海外高层次人才引进方式，将引才主体回归大学、科研机构和企业，尽快建立高技术移民制度，同时探索培养和发现"帅才"型科学家的体制机制。四是聚焦国家急需的共性关键技术与重点领域加快建设数据资源和算力资源平台，以及实验验证平台。

创新主体方面，重点是瞄准知识生产与价值实现的薄弱环节，强化国家战略科技力量建设，提升战略用户在重大科技攻关中的作用。一是尽快完善国家实验室建设和推进全国重点实验室重组，发挥好重要院所高校及重点企业的国家队作用。二是提升战略用户作用，将战略用户纳入科研攻关体系，发挥其在技术研发、成果应用和优化迭代中的重要作用，在集成电路等与上下游利益主体和用户密切相关的领域，探索和推广战略用户牵头主导科技任务，提升成果可用性。

创新机制方面，重点是创新知识生产与配置方式，探索完善新型举国体制，形成平战结合的科研攻关体系和能力。一是完善落实党中央决策部署，建立强有力的高层指挥动员体系与重大事项督导机制，建立权责对等、主责部门决策的部门协调机制。二是建立权责明确的项目组织制度，明确和强化牵头攻关单位的权力，提升科研攻关的体系化与集成化水平；同时建立专业化、规模化、实体化的项目管理实体和基地平台管理实体等实体，并探索建立与美国 DARPA 相类似的组织主体。三是建立地方政府支持重大战略任务的考核机制，强化央地协同，调动地方政府力量围绕国家战略配置资源、创造环境。

创新环境方面，重点是形成适配推进完成国家战略任务的科研生态与激励机制。一是建立政策创新无害化审查机制，加快调整制约我国科技创新能效的人事、工资、国有资产管理等制度中不合理的部分。二是通过"黑名单"等制度严肃重大项目验收评估,构建良好的科研和学术生态。三是采取精神与物质相结合的人才激励政策,在大力倡导科学家精神的同时,提供符合市场规律的物质保障,吸纳优秀人才参与国家战略任务。四是提升对外部环境与重大冲击预判能力,建立多部门协同的国外重大信息通报与应对机制等。

4.4.2 支撑经济发展的能力建设

国家创新体系是现代化经济体系的筋骨。科学技术知识(以下简称"知识")是重要的生产要素,能否将知识有效配置于各类经济活动,是一个国家经济发展的决定性因素之一[①]。科学技术知识的生产、扩散和应用是一个无法割裂的整体,只有从创新体系角度进行整体、系统的组织和制度设计,才能建立不同类型知识之间的有效关联,激发知识扩散的积极性,使各类相关创新主体及时获得知识资源[②]。当前,新一轮科技革命和产业变革加速孕育,全球技术与经济竞争加剧,推动全球产业链重构加剧,同时我国经济由高速增长阶段进入高质量发展阶段。只有进一步完善国家创新体系(见图4-3),将不同类型的知识要素有效配置,才能使其最大限度地实现经济价值,更好地带动经济实现高质量发展。

创新资源方面,重点是围绕知识生产与价值实现合理配置具备公共品属性的创新资源[③],加大对企业创新的资源支持。一方面,对于人、财、物等创新资源的配置应该兼顾效率至上和重点领域优先原则。对于数据和信息则应在保证国家安全的前提下尽可能扩大共享范围,拓展创新资源流动范围和渠道,避免重复工作导致的资源浪费。另一方面,继续加大对企业创新投入的财税支持,对企业关键核心技术研发实行税收优惠,将研发投入强度、重要技术成果等指标作为税收优惠的主要依据,探索设立中小企业创新发展基金,加大政府与企业共建研究基金和项目,促进创新资源向企业有效流动;建立公共数据和研发信息及时公开和共享机制,支持和引导企业集成技术、资本、人力等资源。

---

① Ivanova I, Leydesdorff L.Knowledge-generating Efficiency in Innovation Systems: the Relation Between Structural and Temporal Effects [J].Arxiv Preprint Arxiv: 1502.05145, 2015.

② Guan J, Chen K.Modeling the Relative Efficiency of National Innovation Systems [J].Research Policy, 2012, 41(1): 102-115.

③ 李哲.技术经济范式变化对国家创新体系的影响和启示[J].中国科技论坛,2017(7):28-32.

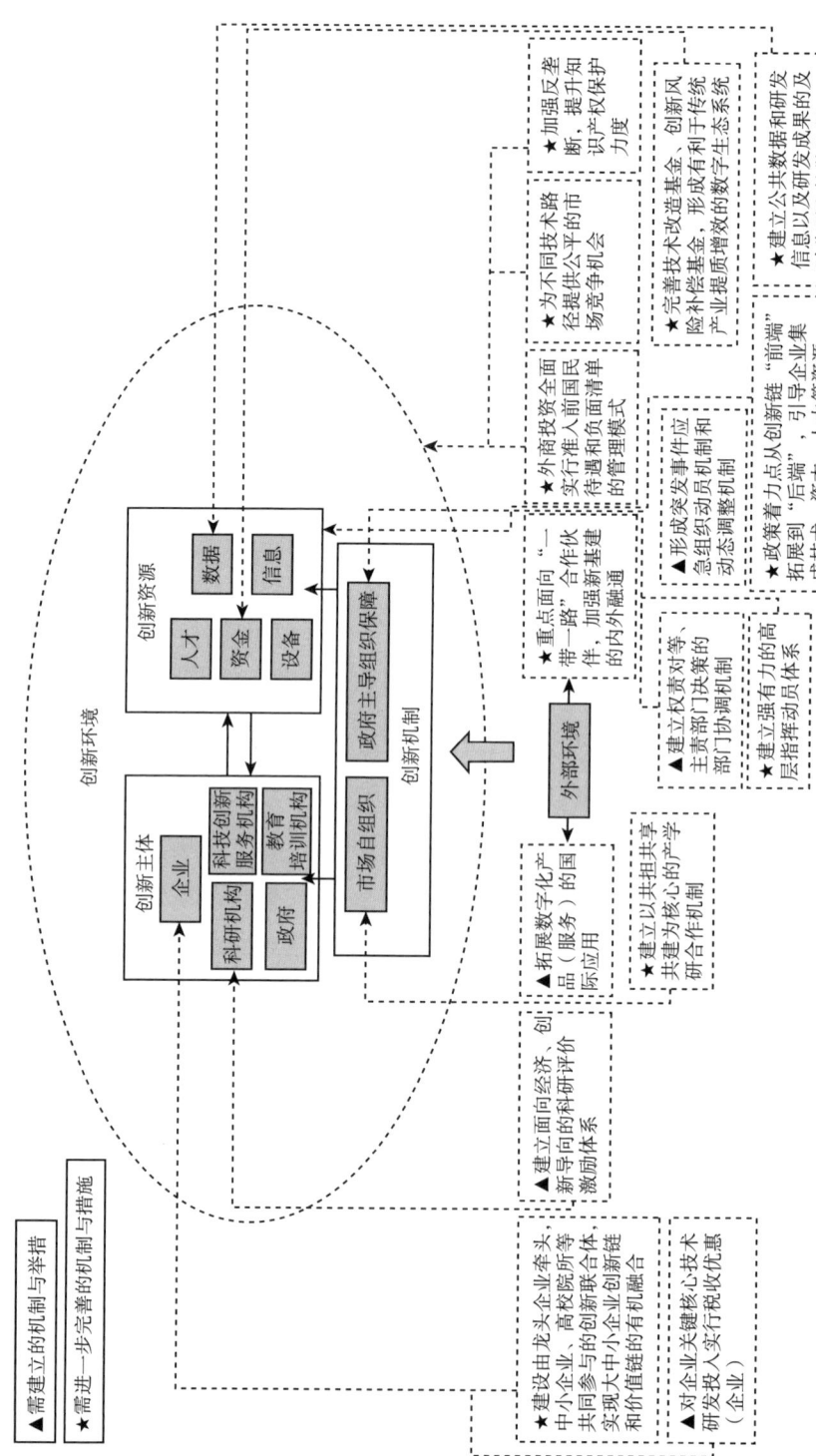

图 4-3 面向经济发展的国家创新体系能力建设示意图

创新主体方面，根据知识生产与配置主体的不同类型，以企业为核心实施更为精准的支持。在支撑经济发展的体系化能力建设中，企业是主导力量，各类主体互动协同最终目标是提升企业创造经济价值的能力。针对进入创新"无人区"的科技领军企业，要支持其承担和牵头产业目标导向的重大科技任务，提升其对大学和科研院所的协同能力，以知识价值实现为目标组织研发活动，同时政府机构需为企业营造良好的营商环境。针对处于全球价值链中低端的量大面广的制造企业，政府需强化对企业、大学和科研院所的一体化协同，推动应用性知识和大量技能型人才的供给。针对初创企业，科技创新服务机构主要提供一揽子孵化支持[①]，政府机构则需为这类企业提供指向性政策支持[②]。

创新机制方面，区分常态与非常态情况，提升知识生产与配置的效能。正常市场环境下，常态化机制以企业为主对创新资源进行配置，政府更侧重营造良好的制度环境。这类情况下市场成为组织的主导者，重点是加强市场自组织过程中的产学研合作和专业化分工，围绕知识流动价值链加强专业化分工，培育一批专业化知识运营机构，促进技术与资本、技术与产业的深度融合；政府机构则扮演监管和仲裁的角色。当出现市场失灵现象时，政府通过干预保障经济发展。重点是增强产业链供应链自主可控能力，针对产业薄弱环节，实施好关键核心技术攻关工程，重大项目的组织实施必须让利益最关切方"自带干粮"，防止联盟流于形式，进一步加强与完善龙头企业牵头，中小企业、高校院所等共同参与的创新联合体，实现大中小企业创新链和价值链的有机融合。

创新环境方面，要以市场预期为导向，提升知识生产与配置活力。支撑经济发展的国家创新体系建设应更注重营造利于知识生产与流动的预期环境，消除各类市场准入壁垒。一是适度降低市场准入门槛，健全市场退出机制，为不同技术路径提供公平的市场竞争机会。二是加强反垄断，提升知识产权保护力

---

① 曹洋，陈士俊，王雪平.科技中介组织在国家创新系统中的功能定位及其运行机制研究[J].科学学与科学技术管理，2007（4）：20-24.
② 马松尧.科技中介在国家创新系统中的功能及其体系构建[J].中国软科学，2004（1）：109-113+120.

度，创造平等、公平的竞争条件。三是推进行政管理体制改革和投融资体制改革，对外商投资全面实行准入前国民待遇和负面清单的管理模式。四是多方位创造条件，面向"一带一路"合作伙伴，加强新基建的内外融通，拓展数字化产品（服务）的国际应用。

4.4.3　推进原始创新的能力建设

基础研究的知识生产是整个科学体系的源头，是所有技术问题的总开关。随着新一轮科技革命和产业变革加速演进，学科交叉融合不断发展，科学研究范式发生深刻变革，基础研究转化周期明显缩短。应对国际科技竞争、实现高水平科技自立自强，对基础研究提出了新的更高要求。提升基础研究水平要坚持目标导向与自由探索"两条腿走路"，把世界科技前沿同国家重大战略需求和经济社会发展目标结合起来[①]。当前，我国基础研究发展呈现自由探索为主、目标导向不足的特点，与国家重大战略需求的对接不够紧密，对经济社会发展目标的支撑不够有力[②]。增强国家创新体系引领科学技术水平的体系化能力，关键在于突出需求导向和问题导向，提升基础研究的组织化水平[③]。要围绕服务国家重大战略和支撑引领高质量发展，以目标导向类基础研究带动自由探索类基础研究，进而由自由探索类基础研究促进目标导向类基础研究，逐步强化两者的高效互动和有机融合，并最终实现基础研究水平的整体跃升。

基于当前形势，需要构建"中心—边缘"互动的基本架构，重塑国家创新体系开展基础研究的组织模式（见图4-4）。其中，"中心"主要开展目标导向类基础研究，具有高度的组织性，由国家实验室、全国重点实验室等承担；"边缘"则主要开展自由探索类基础研究，由研究型大学、科研院所等承担。学会、协会、科学共同体等则作为科学家的自治组织为科学家之间的

---

① 陈志.回归纯科学还是走向综合？——基础研究概念的演变与启示[J].人民论坛·学术前沿，2023（5）.
② 黄卫.加强我国面向世界科技强国的基础研究基本布局和若干思考[J].中国软科学，2017（8）；柳卸林，杨培培，常馨之.问题导向的基础研究与产业突破性创新[J].科学学研究，2023，41（11）.
③ 方新.关于我国发展基础研究的几点思考[J].中国科学基金，2019（5）；潘教峰，鲁晓，王光辉.科学研究模式变迁：有组织的基础研究[J].中国科学院院刊，2021，36（12）.

交流合作提供非正式的平台和渠道。政府、企业和社会在基础研究组织架构中也扮演着重要角色。构建基础研究的"中心—边缘"互动基本架构，关键在于不同圈层主体之间的互动机制。不同主体之间的互动应以研究任务为牵引、研究成果为纽带。具体而言，中心圈层的国家实验室、全国重点实验室承担国家委托的战略性基础研究任务，除组织自身力量开展科研攻关之外，还要调动其他主体进行协同攻关，将战略性基础研究任务分解为若干规模及复杂程度各异的子任务，以"揭榜挂帅"等方式将部分子任务委托其他圈层的主体完成。任务攻关完成后，国家实验室及全国重点实验室集成自身及其他圈层主体的研究成果，实现满足战略性基础研究任务要求的根本性突破。需要指出的是，以上圈层划分并不绝对，而仅为示意性地说明未来我国基础研究组织体系中各主体的角色差异与职责分工。这种圈层式组织结构并非固化的、僵硬的，而是随着研究任务委托关系的变化而变化，具有较强的弹性和韧性。

创新资源方面，聚焦原始创新必需的知识生产，提升对高水平人才、定向资金、资源流动等方面的政策支持。一是积极推进研究型大学人才培养模式改革，从规模扩张优先向注重素质提升和结构优化转变。二是破除限制人才流动的各种障碍，促进基础研究人才在不同创新主体间合理流动。三是进一步加大政府对基础研究的支持力度，并通过设立联合基金、社会捐赠等方式，吸引企业、社会支持基础研究，形成多元化投入机制。四是加快建立科学数据开放共享的统一标准、统一规范，完善科学数据开放共享机制。

创新主体方面，区分自由探索导向和应用导向的原始创新需求，分别强化创新主体功能。针对自由探索类原始创新，加强研究型大学建设，完善内部治理结构，扩大办学自主权，健全以学术委员会为核心的学术管理体系与组织架构，积极探索教授治学有效途径。针对应用导向与战略导向类原始创新，充分发挥企业基础研究生力军作用，围绕关键核心技术重大需求，吸纳企业参与国家重大基础研究任务凝练；支持企业牵头组织实施有明确应用前景的基础研究项目，支持行业领军企业参与国家实验室建设，牵头建设或参与共建全国重点实验室。

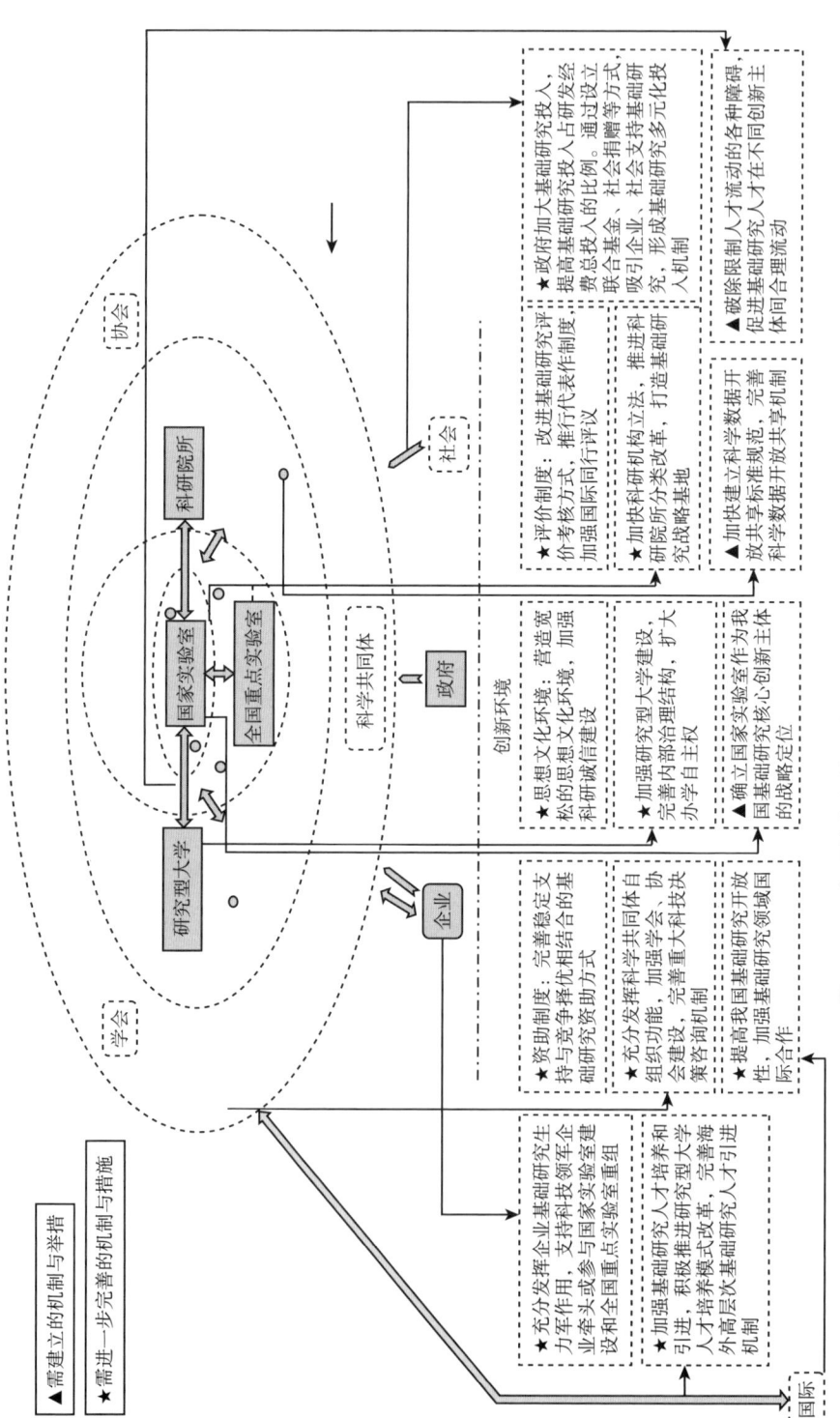

图 4-4 面向原始创新的国家创新体系能力建设示意图

创新机制方面，进一步完善有组织的基础研究，并加大国际交流合作。一是确立国家实验室体系作为我国基础研究核心创新主体的战略定位，以国家实验室为总抓手组织和推进我国基础研究。二是充分发挥科学共同体自组织功能，加强学会、协会建设，汇聚科学共同体战略共识，健全决策咨询机制，在国家科技战略规划和政策制定、项目评审、监督评估、奖励评价等工作中充分发挥科学共同体作用。三是通过提高基础研究开放性，放宽国外研究机构、研究人员承担或参与我国科研计划、项目的限制，鼓励国家实验室、全国重点实验室等研究机构面向全球招聘实验室主任和领军人才，通过设立流动岗位等方式吸引国外研究人员开展合作研究。

创新环境方面，完善竞争、考核等激励机制，营造良好科研生态。一是进一步明确基础研究不同经费来源的功能、定位与相互关系，对目标导向类基础研究增加稳定支持比例，对自由探索类基础研究坚持竞争择优。二是探索完善变革性、非共识基础研究项目的资助机制，弥补同行评议在此类项目评审中的不足。三是改进基础研究评价考核方式，在基础研究评价中推行代表作制度，加强国际同行评议。四是营造宽松的思想文化环境，倡导百家争鸣、百花齐放、容忍不同思想的社会文化，建立鼓励创新、宽容失败的容错纠错机制。五是加强科研诚信建设，形成全流程、全覆盖的科研诚信和科研伦理管理，严肃查处违背科研诚信和科研伦理的行为。

4.5 结 论

发展新质生产力提出对知识生产和配置的新需求，进而引发对国家创新体系能力建设的新需求。发展新质生产力必须以科技创新为核心要素，构建现代化产业体系，培育壮大战略性新兴产业、孕育未来产业与改造升级传统产业，迫切需要的前沿探索类原创知识、"卡脖子"类原创知识以支撑绿色发展和数字化转型的原创知识，这些新需求最终需要靠完善国家创新体系实现。聚焦新需求，要求国家创新体系大幅提升满足国家战略需求、支撑经济发展和推进原始创新等方面的能力，需要对创新要素、创新主体、创新机制和创新环境进行系统性优化与提升。这就涉及极为复杂和艰巨的科技体制机制改革，从而大幅提升科技创新治理水平。为了更好推进改革，加快提升国家创新体系能力，需要充分利用科技发展新趋势，提升对重要科创资源和主体的统筹能力，对重大项目组织实施的管理能力，以及对部分前沿、关键交叉类知识生产的突破性能力。这些能力可以通过构建"一个平台"（国家创新体系数字平台）、"三根支柱"（项目管理专业机构、科研平台管理机构、技术攻坚机构）来实现。

一是建立国家创新体系数字平台。以重大工程方式组织推进平台建设，加强顶层设计，强化统筹协调，有效统一各部门利益，充分调动相关资源。首先实现中央财政资助科技创新活动所产生科技创新数据的互联互通、融合应用，在此基础上逐步纳入地方财政、社会、企业等资助进行的科技创新活动所产生的可开放共享的数据。成立专门的科技创新数据管理机构，统筹科技创新数据的收集、存储与利用，统筹推进国家创新体系数字平台建设工作。加快建立科技创新数据统一标准、统一规范，加强相关数据分析和技术研发。在平台基础上，逐步实现建立国家创新体系数字化仿真系统。

二是统筹项目管理专业机构。完善专业机构联席制度，建立协调管理各专业机构的部门，进一步完善科技计划（专项、基金等）管理部际联席会议等有关科研监管宏观统筹协调的职能，重视专业机构之间的统筹管理。进一步强化外部监督，建立起联系政府与各专业机构的监管部门，就各专业机构日常管理、发展导向、项目管理、经费使用状况等进行评估和监督。引入市场力量，创新科研项目管理方式，探索将人力资源、后勤保障、计算机服务等相关工作外包给专业公司，保障专业机构集中精力进行项目管理。

三是建立科研基地和平台管理机构。在统一指挥、资源配置、组织实施、政策配套等方面加强管理。进一步完善科研平台人事管理、科研奖励等相应的配套的制度，引进外界有经验的高水平人才参与平台的运行。对于各类科研基地和平台专管共享。通过专管增强业务技能、开发仪器功能，通过共享，提高财政资金使用效益，促进学科交叉，提高使用效益。依托信息技术建设的集成化科研平台，不受时空限制，能高效获取测试数据，便捷获取最需要的信息。

四是建设技术攻坚机构。针对前沿性、战略性交叉类知识，设立类似美国 DARPA 的技术攻坚实体单位，将机构设立为行使公共管理职能的管理实体，采取主任负责制，自主确定业务构架、部门设置、人员规模、岗位聘用、薪酬、考核等制度。采取扁平化、专业化敏捷管理，建立"主任—领域主管—项目经理"的组织架构，根据任务需要灵活进行领域间交叉融合。实施"项目经理"制，一切资源配置都围绕有关责任人开展，机构所有人员采用合同制，研发组织主要围绕"项目经理"开展。人员薪酬参照国际化薪酬待遇体系，人员考核应以实际贡献为导向，实现能进能出。

第5章　发挥新型举国体制优势　促进新质生产力加快发展

高质量发展是以中国式现代化全面推进强国建设、民族复兴伟业的首要任务，发展新质生产力是推动高质量发展的内在要求和重要着力点。2024年1月，习近平总书记在中共中央政治局第十一次集体学习上的重要讲话对新质生产力的主要特征、内涵要义等基本理论问题进行了深入阐释，指出科技创新能够催生新产业、新模式、新动能，是发展新质生产力的核心要素。新质生产力本质上是以科技创新为主导和支撑的先进生产力，由技术革命性突破、生产要素创新性配置、产业深度转型升级而催生，科技创新通过不断创造新的生产要素组合，作为倍增器为发展新质生产力注入内在动力。发展新质生产力必须加强科技创新，特别是原创性、颠覆性科技创新，打好关键核心技术攻坚战，并及时将科技创新成果应用到具体产业和产业链上，改造提升传统产业，培育壮大新兴产业，布局建设未来产业，完善现代化产业体系。新型举国体制作为社会主义市场经济条件下组织国家战略科技力量、汇聚高端创新资源开展重大科技攻关的重要方式，能够支撑我国破解关键核心技术"卡脖子"困境，并带动基础前沿突破和产业技术提升，从而为加快新质生产力发展提供强大助力。因此，加快发展新质生产力要充分发挥新型举国体制优势，聚焦新质生产力发展方向凝练实施一批重大科技项目，引领带动我国相关领域科技水平整体提升。

5.1 新型举国体制历史源流与内涵特点

在百年未有之大变局加速演进的时代背景之下，新型举国体制是我国加快实现高水平科技自立自强、建设科技强国的重要制度保障。党的二十大报告将健全新型举国体制作为完善科技创新体系的重要内容进行统筹部署，充分体现了新型举国体制在新时代我国科技工作中的战略地位。当前，围绕新型举国体制的内涵特征已有深入研究[1-5]，为健全新型举国体制的政策实践提供了有力的理论支撑。与此同时，既有研究对新型举国体制内涵特征的理解主要延续了对传统举国体制的相关认识，对新型举国体制相较传统举国体制的发展和突破把握不够准确。实际上，新型举国体制并非在传统举国体制的组织实施架构的部分环节中简单引入市场机制，而是在社会主义市场经济条件下围绕发挥"集中力量办大事"的制度优势对传统举国体制组织实施架构的全面重塑。

5.1.1 举国体制的历史沿革与"新型举国体制"的提出

中华人民共和国成立之初，我国所面临的国内外环境极为严峻[6]。国际方面，当时冷战格局基本形成，但局部热战频仍，特别是朝鲜战争的爆发，严重威胁我国安全；国内方面，工农业基础非常薄弱，国家经济极度困难。在此背景下，为捍卫国家安全，我国充分发挥社会主义"集中力量办大事"的制度

---

[1] 李哲，苏楠.社会主义市场经济条件下科技创新的新型举国体制研究[J].中国科技论坛，2014（2）：5-10.

[2] 封凯栋，陈俊廷.新型举国体制下的政府与市场关系：共识与机制探索[J].学术研究，2023（12）：89-97.

[3] 游光荣，蒋金利.新型举国体制的特征、分析框架与实施路径[J].科技导报，2023，41（6）：6-12.

[4] 高菲，王峥，王立.新型举国体制的时代内涵、关键特征与实现机理[J].中国科技论坛，2023（1）：1-9.

[5] 张富文，王亚萍.科技创新新型举国体制的基本内涵、内在机理与实现路径研究[J].中国矿业大学学报（社会科学版），2024，26（1）：29-40.

[6] 唐亚林，郝文强.新型举国体制：历史演变、时代特征与模式构建[J].华东理工大学学报（社会科学版），2021，36（4）：1-15.

优势，探索形成重大科技攻关的举国体制，确保了"两弹一星"等重大科技工程的成功。当时的举国体制建立在计划经济基础之上，本质特点是为实现国家意志由政府以计划指标和行政指令的方式组织调动科技力量、集中配置科技资源，从而将有限资源快速向战略目标集聚。

改革开放之后，我国经济体制由计划经济向市场经济转型，市场机制也开始在举国体制中发挥作用。在运用举国体制开展重大科技攻关过程中，不再单纯依靠行政命令方式调动资源，而是逐步引入招投标、申报立项、技术交易等方式。从组织实施角度看，这在某些方面增加了相关工作的难度。但从长远来看，市场经济的发展大大提升了各类科技创新资源的丰富程度，夯实了运用举国体制"集中力量办大事"的物质和能力基础。

随着我国社会主义市场经济体制不断完善以及科技体制改革不断深化，"新型举国体制"应运而生。2011年7月，科学技术部发布《国家"十二五"科学和技术发展规划》，提出"将实施国家科技重大专项作为深化体制改革、促进科技与经济紧密结合的重要载体，加快建立和完善社会主义市场经济条件下政产学研用相结合的新型举国体制"。这是"新型举国体制"的提法首次出现在政府文件中。2015年10月，习近平总书记在党的十八届五中全会上作《关于〈中共中央关于制定国民经济和社会发展第十三个五年规划的建议〉的说明》，提出"已经部署的项目和新部署的项目要形成梯次接续的系统布局，发挥市场经济条件下新型举国体制优势，集中力量、协同攻关，为攀登战略制高点、提高我国综合竞争力、保障国家安全提供支撑"。这意味着"新型举国体制"正式上升为党中央对科技创新领域战略布局的重要内容。2019年2月，习近平总书记在会见嫦娥四号参研参试人员时提出，"嫦娥四号任务，坚持自主创新、协同创新、开放创新，实现人类航天器首次在月球背面巡视探测，率先在月背刻上了中国足迹，是探索建立新型举国体制的又一生动实践"。这体现出党中央对探索建立新型举国体制的高度重视。2019年11月，党的十九届四中全会审议通过《中共中央关于坚持和完善中国特色社会主义制度推进国家治理体系和治理能力现代化若干重大问题的决定》，提出"弘扬科学精神和工匠精神，加快建设创新型国家，强化国家战略科技力量，健全国家实验室体系，构建社会主义市场经济条件下关键核心技术攻关新型举国体制"。这标志着新型举国体制作为我国科技创新领域重要基础制度的战略地位正式确立。2024年6月，习近平总书记在全国科技大会、国家科学技术奖励大会、两院院士大会上的重要讲话将"充分发挥新型举国体制优势，加快推进高水平科技自立自强"作为我国科技强国建设的"五大战略部署"之首，凸显了健全新型举国体制的关键性和紧迫性。

5.1.2 新型举国体制的内涵要义

无论新型举国体制还是传统举国体制，均以支撑国家战略目标实现为出发点和落脚点，依据国家战略目标凝练提出重大科技任务是运用举国体制的前提。相较传统举国体制，新型举国体制强调在发挥好党和国家作为重大科技创新领导者、组织者作用的同时，充分发挥市场在科技创新资源配置中的决定性作用，实现有为政府与有效市场的有机结合，以提升国家战略科技力量的协同攻关能力和高端创新资源的统筹配置效率。因此，新型举国体制的内涵要义可以概括为"聚焦一个着力点，发挥两方面作用"，即以重大科技任务为着力点，充分发挥政府和市场两方面作用。其中，政府作用与市场作用的关系体现为"政府统筹、市场发力"，即政府围绕重大科技攻关需求强化战略规划统筹、政策措施统筹、重大项目统筹、科技力量统筹、资源平台统筹、区域创新统筹等方面，搭建起新型举国体制组织实施框架，在此框架之上，充分发挥市场机制激发活力、提高效率、应用牵引的重要作用。

具体而言，在新型举国体制组织实施过程中，政府作用主要体现在三个方面：第一，凝练国家战略需求，提出重大科技任务，全链条设计任务组织实施模式；第二，聚焦重大科技攻关，制定出台战略规划和政策措施，强化央地、军民和部门协同，布局重大科技攻关项目，动员组织国家战略科技力量，保障高端创新资源供给；第三，针对市场机制难以解决的关键环节、重大阻碍、紧缺资源问题加强行政引导，疏通重大科技攻关组织实施堵点。市场作用也主要体现在三个方面：第一，科技领军企业在市场需求把握、创新资源投入以及攻关成果转化等方面的市场主体作用；第二，公开竞标、合同研发等市场化组织方式对凝聚攻关合力、提升攻关效率的市场激励作用；第三，我国超大规模市场和丰富应用场景对攻关成果转化应用的市场牵引作用。

基于上述分析，"新型举国体制"的概念内涵可大致界定为：围绕国家战略目标，协同发挥政府和市场作用，动员组织国家战略科技力量、高效配置所需科技创新资源，通过开展重大科技攻关解决关乎国家安全与发展全局的重大科技问题，为强国建设和民族复兴伟业提供有力的科技支撑。

5.2 以健全新型举国体制促进新质生产力发展的内在逻辑

改革开放特别是党的十八大以来，我国科技事业取得长足进步，科技创新整体水平实现大幅跃升，为加快发展新质生产力奠定了坚实基础。根据《2023年全国科技经费投入统计公报》，2023年我国研究与试验发展（R&D）经费投入达3.33万亿元，仅次于美国稳居世界第二位，占国内生产总值（GDP）比重达到2.65%。世界知识产权组织（WIPO）发布的《2024年全球创新指数》（Global Innovation Index 2024，简称GII 2024）显示，我国全球创新排名位居第11位，是10年来排名上升最快的经济体。与此同时，面对实现高质量发展的迫切需求，我国在为加快发展新质生产力提供科技供给方面仍存在不足。健全新型举国体制，能够支撑我国加快突破科技创新领域的各种"瓶颈"，从而促进新质生产力加快发展。

5.2.1 对标新质生产力发展要求，我国科技供给仍存在不足

对标发展新质生产力对科技创新的需求，我国在原创性和颠覆性科技创新、关键核心技术、科技创新成果应用于具体产业和产业链方面均存在不足。

第一，基础研究和原始创新能力仍不强，特别是推动范式转变的突破性研究、颠覆式创新较少[1]。近年来，我国科学研究快速发展，取得多项重大原创性成果，展现了强劲实力。但是，由于我国现代科学起步晚、积累少，基础研究和原始创新能力依然不足。例如，在作为新一轮科技革命和产业变革核心的人

---

[1] 柳卸林，杨培培，常馨之.问题导向的基础研究与产业突破性创新[J].科学学研究，2023，41（11）：2062-2072.

工智能和量子信息领域，奠定领域发展基础的重大突破仍主要由欧美科学家完成。在人工智能领域，生成式人工智能（AIGC）的突破使人工智能进入新的发展阶段，而AIGC的基础算法和模型优化大部分由欧美科学家引领，我国大模型在模型复杂度和性能表现上仍存在一定差距。在量子信息领域，我国在量子通信和加密技术领域具有一定优势，但在更为核心的量子计算方面与加拿大、美国差距较为明显[1]。这是由多方面原因造成的，包括学科基础、人才储备、资金投入以及科研环境等。面对发展新质生产力对原创性、颠覆性科技创新的迫切需求，我国亟须增强基础研究和原始创新能力，勇闯科技"无人区"，抢占科技制高点。

第二，关键核心技术自主可控水平仍不高，"卡脖子"困境依然严峻。实际上，早在世纪之初我国就清醒认识到，在关系国民经济命脉和国家安全的关键领域，真正的核心技术是买不来的[2]。因此，我国坚持走中国特色自主创新道路，不断提升关键核心技术自主可控水平。2018年以来，美国不顾国际基本规则挑起对华贸易战、科技战，对我国科技发展进行围堵打压、封锁遏制，企图迟滞甚至中断中华民族伟大复兴历史进程。美国的遏制打压暴露出我国在关键核心技术自主可控方面存在短板，特别是在集成电路、工业母机、特殊材料、科学仪器等领域面临"卡脖子"困境。为打赢关键核心技术攻坚战，我国动员各方力量进行重点攻关，取得一系列重大突破。同时，必须承认，我国面临的"卡脖子"困境依然严峻，关键核心技术自主可控之路仍然漫长。

第三，应用于具体产业和产业链的科技创新成果规模和水平难以满足建设现代化产业体系要求[3]。当前，我国产业链中低端竞争加剧，为在国内竞争中脱颖而出，并通过参与国际竞争打开新的增长空间，大量企业试图向产业链中高端攀升，从而产生了对科技创新成果的迫切需求，对科技创新成果水平的要求也越来越高。然而，目前我国企业作为科技创新主体的作用仍不突出，有研发

---

[1] 颜学明,刘建明.基于专利计量的中美量子计算技术发展态势研究[J].科技管理研究,2022,42（23）：152-159.

[2] 路甬祥.论自主创新的基础与关键[J].发明与创新（综合版）,2006（5）：20-21.

[3] 雷小苗.提升国家创新体系效能的机制与路径——基于"科学—技术—产业"协同视角[J].科学学研究,2024,42（7）：1504-1512.

意愿和研发能力的企业数量少、水平不高,部分高端产业缺乏科技领军企业,大量中小企业缺乏研发活动。同时,高校和科研院所虽然有大量科技创新成果,但往往实用性较差、可转化性不强。上述多种因素作用之下,我国企业对科技创新成果庞大而多样化的需求难以得到有效满足,极大制约了我国建设现代化产业体系的战略部署。

5.2.2 发挥新型举国体制优势,增强科技创新对发展新质生产力的支撑引领作用

围绕加快发展新质生产力强化科技创新供给是一项系统工程,需要久久为功。以健全新型举国体制为突破口,通过集中力量开展重大科技攻关,能够加快破解关键核心技术"卡脖子"困境,并带动实现更多原创性、颠覆性重大突破和取得更多、更高水平应用于具体产业和产业链的科技创新成果,从而为加快发展新质生产力奠定坚实基础、提供有力支撑。

第一,运用新型举国体制打赢关键核心技术攻坚战。破解关键核心技术"卡脖子"困境涉及大量不同主体、不同领域、不同环节,其科技攻关难度、资源投入强度以及组织协调复杂度均超过了单一创新主体或少量创新主体自发协作的能力范畴。打赢关键核心技术攻坚战,要充分发挥社会主义集中力量办大事的制度优势,运用新型举国体制组织动员国家实验室、国家科研机构、高水平研究型大学、科技领军企业等国家战略科技力量,汇聚高水平科技人才、经费投入、科研仪器设备、科学数据等创新资源,破除部门间条块分割、职能交叉、多头管理等体制机制壁垒,切实形成科技攻关的强大合力。通过运用新型举国体制开展重大科技攻关,将支撑突破关键核心技术对发展新质生产力的制约,推动新质生产力更好更快发展。

第二,以重大科技攻关带动实现原创性、颠覆性科技创新突破。在运用新型举国体制开展重大科技攻关的过程中,将对基础研究和原始创新提出明确需求,并提供有力的高水平科技人才和经费投入支撑,从而带动实现原创性、颠覆性科技创新突破。具体而言,在需求明确方面,基础研究和原始创新要坚持目标导向和自由探索"两条腿"走路,当前我国存在目标导向性不足的问题。通过在重大科技攻关中聚焦根本性理论挑战、凝练关键性科学问题,我国基础

研究和原始创新的目标导向性将显著增强。在人才供给方面，依托重大科技攻关，将培养大批高水平科技人才，形成相关领域战略科技人才队伍。在任务攻关过程中和结束后，一部分高水平科技人才会继续或转向从事基础研究和原始创新，从而逐步缩小我国与发达国家在人才储备方面的差距。在经费投入方面，通过产业化落地，重大科技攻关成果将使相关主体获取商业利润，从而增强其加大基础研究和原始创新投入的意愿，逐渐形成包括基础研究和原始创新在内的研发投入规模与产品竞争力之间的良性循环。如此，重大科技攻关将通过提升相关领域基础研究和原始创新水平带动实现技术革命性突破，为加快发展新质生产力注入新动能。

第三，以重大科技攻关成果的转化应用引领现代化产业体系建设。依托我国产业基础优势和超大规模市场优势，通过推动重大科技攻关成果转移转化，能够大幅提升应用于具体产业和产业链的科技创新成果规模和水平。首先，通过运用新型举国体制破解关键核心技术"卡脖子"困境，将有力支撑相关产业链向中高端跃迁。其次，关键核心技术的突破将使产业链核心环节形成竞争优势，并对配套技术提出更高要求，这将促使相关创新主体进一步加强研发，最终使产业链整体技术水平持续提升。最后，随着产业链整体技术水平的提升以及技术溢出效应的产生，大量技术可被用于其他领域，进一步促进其他产业技术水平的跃升。因此，通过运用新型举国体制开展重大科技攻关将实现科技创新成果的体系化涌现，引领产业深度转型升级，有力催生新质生产力。

5.3 围绕促进新质生产力加快发展，进一步健全新型举国体制

通过发挥新型举国体制优势促进新质生产力发展，要充分调动产学研用各个环节、各类主体的积极性。为此，要进一步健全新型举国体制，围绕促进新质生产力发展强化组织实施模式创新，通过协同发挥政府和市场作用引导各类创新要素高效顺畅流动。

5.3.1 新型举国体制组织实施模式尚不完善

"两弹一星"等重大科技工程的成功实施为我国运用举国体制开展重大科技攻关积累了丰富经验。与此同时，在新的时代条件下，与社会主义市场经济体制相适应的新型举国体制组织实施模式仍需进一步探索完善。

第一，国家战略意志在重大科技攻关论证决策中体现还不够。无论是何种类型的重大科技任务，都代表着国家对重大挑战的回应，必须在政治层面被定义和提出[1]。这要求有相应的领导决策主体自上而下地统筹考虑国家安全与发展全局，基于对国家所面临重大挑战的分析，凝练提出重大科技任务[2]。然而，以往我国重大科技任务通常由各部门、各地方、各领域提出，经征求不同方面意见后批准实施。对于部门、地方的常规科技发展，这种机制有利于任务部署、资源配置等因素的平衡，但往往存在对国家战略目标理解不够深入、对国家战略需求把握不够准确的问题。特别是在大国博弈不断升级的背景之下，必须完善重大科技攻关论证决策机制，使其充分体现国家战略意志、聚焦国家战略需求。

第二，重大科技攻关组织实施过程中权责不完全匹配。在新型举国体制的不同组织实施模式中，牵头承担主体类型有所差异，但重大科技攻关过程均应由其统筹推进。然而，当前我国重大科技任务通常同时委托于多家单位，导致牵头承担主体权威不足，难以通过任务分解、经费分配、评价考核等方式对参与单位科研力量进行有效整合，导致出现资源配置分散、低效的"撒胡椒面"现象[3]。此外，在攻关任务验收环节，也存在过度依赖专家评审意见，委托方实质性评审不足的问题。

第三，重大科技攻关资源配置没有充分发挥市场机制作用。当前，我国的重大科技攻关在各类科技创新资源的调动汇聚和统筹配置过程中，对市场机制

---

[1] 路风，何鹏宇.举国体制与重大突破——以特殊机构执行和完成重大任务的历史经验及启示[J].管理世界，2021，37（7）：1-18+1.

[2] 韩军徽，李哲.强化国家战略科技力量：认识、问题与建议[J].中国科技论坛，2023（3）：11-17.

[3] 李哲.面向国家战略需求的关键核心技术攻关组织模式研究[J].人民论坛·学术前沿，2023（1）：12-22.

的利用不够充分。特别是，政府作用与市场作用的有机结合尚不成熟。例如，部分重大科技攻关力量较弱，所需高水平科技人才难以汇聚，其中既有攻关承担单位与科研人员所属单位之间的协调对接问题，也有为科研人员所提供薪酬待遇和福利保障的市场竞争力不足的原因[①]。

第四，市场对重大科技攻关成果的引导、验证等作用没有充分发挥。新型举国体制相较传统举国体制的突出特点之一就在于前者不仅要解决"有无"的问题，还要解决"优劣"的问题，对成本和效率的考虑从一开始就内含于攻关目标之中。为此，要在重大科技攻关全过程中发挥好用户需求的引导作用和市场竞争的验证作用。当前，部分重大科技攻关的市场导向仍不强，市场考量尚未贯穿重大科技攻关全过程[②]。

5.3.2 健全新型举国体制的政策建议

健全新型举国体制，要围绕国家战略需求，进一步强化统筹协调，完善重大科技攻关任务凝练提出机制，构建定位合理、分工合作、优势互补的国家战略科技力量协同机制，优化配置创新资源，提升体系化攻关能力。

第一，强化对新型举国体制的顶层设计，完善重大科技任务凝练提出机制。由中央科技委员会代表党中央对科技工作进行集中统一领导，强化部门、军民、央地、产学研用协同，统筹部署构建新型举国体制整体工作架构。围绕加快发展新质生产力面临的科技"瓶颈"，立足领域、地方、军民相关科技基础，"自上而下"与"自下而上"相结合地凝练提出重大科技任务，并为重大科技任务攻关提供有力的组织保障、资源保障和政策保障。

第二，强化国家战略科技力量，凝聚形成重大科技攻关合力。一是加快推进国家实验室建设和全国重点实验室重组，形成中国特色国家实验室体系。依托国家实验室建设加强新型科研机构运行体制机制探索，将国家实验室打造为我国水平最高的任务导向型科研机构，重大科技攻关任务优先交由国家实验室

---

① 李天宇，温珂，黄海刚，等.如何引进、用好和留住人才？——国家科研机构人才制度建设的国际经验与启示［J］.中国科学院院刊，2022，37（9）：1300-1310.

② 路风.面对美国的科技脱钩，中国必须建立集成电路的产业基础［J］.经济导刊，2022（12）：14-20.

体系牵头承担。二是深化研究型大学和科研院所改革,强化"有组织科研"。在科研、人事、经费、考核、薪酬等各方面,赋予研究型大学和科研院所更大自主权。强化研究型大学和科研院所科研布局与国家战略需求的对接,引导其积极参与重大科技任务攻关,并以重大科技任务攻关为牵引组织自身科研力量,逐步扭转"个体户""小作坊"林立、科研力量协同不足的现状。三是加大科技领军企业培育力度,支持科技领军企业牵头或参与承担重大科技任务攻关。对于目标产品市场较为成熟的重大科技攻关,支持由科技领军企业牵头承担。

第三,创新重大科技任务攻关组织模式,大幅提升科技攻关效率。一是压实主体责任,将重大科技攻关任务委托于单一牵头机构,由牵头机构负责组织遴选和评价考核其他参与机构。二是保障资源供给,建立健全满足重大科技任务攻关需要的人才调动和资源协调制度,如参与重大科技任务攻关的科研人员跨单位流动期间不占用原单位编制、岗位等。三是强化市场配置,要充分发挥企业以及创新联合体在重大科技攻关中的主体作用,积极引入招投标、合同研发、技术交易等市场化方式,为科研人员提供有市场竞争力的薪酬待遇,以促进各类创新要素的高效顺畅流动。四是完善评价体系,将能否最终推动新质生产力发展作为重大科技攻关成败的重要评价标准。

第四,突出成果应用导向,以重大科技任务攻关带动相关产业实现整体跃升。一是通过政府采购、市场准入等方式,为重大科技任务攻关产品创造适当的市场空间,完善国产替代应用风险补偿机制。二是设立重大科技攻关成果试验验证和产业化专项资金,改善成果产业化程度不高的情况。三是强化市场竞争意识,要以发展新质生产力、赢得全球竞争为出发点,以市场竞争逻辑规划科研攻关和产业应用路线图。

第五,提升开放包容水平,增强重大科技攻关的引领带动作用。一是对于未被遴选参与重大科技攻关的各类创新主体,以开放态度与其进行不同形式的成果共享和人才交流等。二是对于重大科技攻关中不涉及国家安全的部分,积极邀请国外高水平科技人才、团队、机构参与攻关,甚至牵头组织攻关。三是对于在重大科技攻关中衍生出的突破性、颠覆性问题给予专门研究支持,按照"允许试错、宽容失败"的原则,鼓励高水平科技人才特别是青年科技人才进行积极探索。

5.4 结　论

新型举国体制的提出并非为了解决"市场失灵"问题，即聚焦市场"不愿做"或"不能做"的科技创新，而主要是为了解决国家创新体系的"系统失灵"问题，即在大国科技博弈升级、发展新质生产力面临重大科技"瓶颈"以及围绕新一轮科技革命和产业变革核心领域制高点的争夺加剧等国家安全和发展全局面临重大挑战的情况下，国家创新体系由于整体效能不高、体系化能力不强等原因按其常规运行模式难以进行有力应对。因此，运用新型举国体制开展重大科技攻关并非国家创新体系的常规状态，而是其局部的一种"战时"状态。

相较国家创新体系的"平时"状态，新型举国体制更强调遴选而非培育，即通过遴选相关领域优势科技力量、汇聚高端创新资源形成"即战力"。在重大科技攻关过程中，相关参与主体会获得大量的资源注入和精准的政策支持，这对其进一步增强科技创新能力无疑是有极大助益的。同时，这也可能加剧科技创新领域的"马太效应"，即被遴选参与重大科技任务攻关的创新主体与其他创新主体的差距进一步扩大。此外，由于科技领军企业也是国家战略科技力量的重要组成部分，新型举国体制可能在一定程度上干扰市场竞争秩序。原因在于，参与重大科技攻关的科技领军企业会获得相关技术成果的优先使用权以及部分特定的市场空间，从而使其在某些方面具备非对称竞争优势，导致其他企业难以与其进行公平的市场竞争。因此，在重大科技攻关完成后，新型举国体制要及时退出，协助涉及的创新主体和科研人员回归"平时"状态。

第6章 促进新质生产力加快发展的科技体制改革建议

2023年9月，习近平总书记在黑龙江考察时首次提出了"新质生产力"概念。2024年1月31日，习近平总书记在主持中共中央政治局第十一次集体学习时对发展新质生产力作出深入阐释，强调生产关系必须与生产力发展要求相适应。党的二十届三中全会进一步对相关体制机制改革作出明确部署，党中央关于新质生产力的阐释和部署不断深化。发展新质生产力，必须进一步全面深化改革，形成与之相适应的新型生产关系。科技体制改革是全面深化改革的重要内容，也是构建新型生产关系的必然要求。立足新质生产力基本特征和基本内涵，紧紧围绕促进技术革命性突破、生产要素创新性配置和产业深度转型升级三大催生路径中面临的制度障碍[①]，通过加快完善统筹机制、健全新型举国体制、优化科技资源配置、畅通"科技—产业"循环，着力打通束缚新质生产力发展的堵点卡点，促进新质生产力加快形成。

6.1 深化科技体制改革是发展新质生产力的必然要求

发展生产力是经济学研究的永恒主题之一，在我国迈向全面建设社会主义现代化国家新征程的关键节点，提出"新质生产力"这一重大理论创新，是我国在推动生产力发展实践和认识维度的又一次飞跃，蕴含着深刻的理论逻辑、

---

① 习近平.发展新质生产力是推动高质量发展的内在要求和重要着力点[J].创造，2024, 32 (6)：1-3.

历史逻辑和现实逻辑。科技创新作为新质生产力的核心要素，其在基本内涵、基本特征和实现路径等方面与新质生产力发展的逻辑一脉相承，推动构建与新质生产力发展相适应的新型生产关系，必然要求加大科技体制改革力度。

从理论逻辑看，新质生产力是马克思主义生产力理论的创新和发展，凝聚了我们党领导推动经济社会发展的深邃理论洞见和丰富实践经验。马克思主义政治经济学强调了生产力的客观性和历史性，认为生产力的发展是社会进步的基础，而生产力的提高则是在与生产关系的相互作用中实现的，即生产力决定生产关系，而生产关系又反作用于生产力。生产力的发展必然会突破原有的生产关系，产生新的生产关系，推动社会的进步和发展[①]。新古典经济学、演化经济学等理论流派，也强调了技术创新、人力资本和企业家精神在提高生产力中的作用[②]。新质生产力是继土地生产力、劳动生产力、社会生产力和自然生产力之后的又一生产力样态，但与传统生产力样态不同，科技创新在新质生产力众多要素中居于核心地位[③]。从劳动者本身来看，科技创新增强了劳动者认识自然和改造自然的能力，为新质生产力发展培养更多知识型、技能型、创新型劳动者；从劳动对象来看，科技创新极大丰富劳动对象的种类和形态，拓展新质生产力发展的新空间；从劳动资料来看，科技创新催生劳动资料的革新升级，形成新质生产力发展的强大动能[④]。同样适用于生产力与生产关系的辩证原理，新质生产力发展必然推动生产关系的重大调整。新质生产力本质是先进生产力，由技术革命性突破、生产要素创新性配置、产业深度转型升级而催生，构建与新质生产力相适应的新型生产关系，亟须深化科技体制改革，推动技术实现关键性颠覆性突破，优化创新要素配置，提升科技创新对现代化产业体系的支撑引领作用。

从历史逻辑看，新的科技革命和产业变革都引发了体制机制的同步变革，

---

① 马克思,恩格斯.德意志意识形态：节选本[M].人民出版社,2003,135.
② 高帆."新质生产力"的提出逻辑、多维内涵及时代意义[J].政治经济学评论,2023,14(6):127-145.
③ 李政,廖晓东.发展"新质生产力"的理论、历史和现实"三重"逻辑[J].政治经济学评论,2023,14(6):146-159.
④ 贺德方,刘辉.深化科技体制改革 增强新质生产力发展内生动力[J].智库理论与实践,2024,9(5):1-5+9.

后发国家只有把握规律，才能抓住赶超机遇。中华人民共和国成立后，我国社会主义建设史本质上就是社会生产力的解放和发展史。在不同历史阶段，立足自身发展特点和战略，对经济制度进行优化调整，如新中国成立之初的土地改革，1956年以后，对农业、手工业和资本主义工商业的社会主义改造等，有力促进了当时生产力的发展。改革开放四十多年来，中国创造的世所罕见的经济快速发展奇迹是通过改革开放调整生产关系，进而解放和发展生产力的结果[①]。我国创造性地将社会主义制度和市场经济体制有机结合，充分发挥有为政府和有效市场两方面优势，让劳动、知识、技术、管理等各类生产要素在城乡间、区域间、企业间充分流动，大大提升了资源配置效率，实现了生产力质的跃升。科技体制改革作为中国改革开放伟大实践的重要组成部分，始终围绕国家发展大局、针对不同发展阶段的突出问题，部署重大改革举措。从打破原有计划体制，推动科技服务经济建设，到深入推动市场化改革，确立"科教兴国"战略，到构建和完善国家创新体系，再到实施创新驱动发展战略，科技体制改革经历了由启动到运行机制逐步成形再到强化主动设计的过程，在改革开放大潮中始终走在前列，发挥了改革先锋、引领和试验田的作用。在科技体制改革推动下，中国特色国家创新体系不断完善，科技创新成果大量涌现，科技进步对经济社会发展贡献率大幅提升。

从现实逻辑看，新一轮科技革命和产业变革深入发展，科学研究向极宏观拓展、向极微观深入、向极端条件迈进、向极综合交叉发力，科研范式发生重大变化，科技创新广泛赋能经济社会发展，颠覆性创新不断涌现，智能化时代已经到来。发展现实要求必须加快创新科研组织方式和管理模式，为科学的兴起、技术的涌现、产业的变革创造制度空间，营造鼓励创新、宽容失败的创新文化，全面增强我国科技硬实力和制度软实力，为加快建成科技强国提供制度保障。"十五五"时期，世界经济开启新一轮增长的难度依然不小。中美博弈面临新变化，中美全面脱钩的极端情境的威胁犹在。围绕事关国家安全和发展全局的关键领域，特别是人工智能、量子技术、生物技术、能源、战略空间等领域的竞争更加激烈。直面外部风险，我们需要进一步健全新型举国体制，加

---

① 魏崇辉.新质生产力的基本意涵、历史演进与实践路径[J].理论与改革，2023（6）：25-38.

强重大科技任务的一体化政策支持,将中国特色社会主义制度优势转化为科技创新优势,加快实现高水平科技自立自强。与此同时,我国经济运行的外部环境复杂性、严峻性、不确定性上升,国内有效需求不足,新旧动能转换存在阵痛,经济失速的风险加大。"十五五"期间,要实现经济质的有效提升和量的持续合理增长,我们必须加强新领域新赛道制度供给,夯实全面创新的制度基础,不断优化科技领导体制和管理机制,针对健全新型举国体制、促进科技创新和产业创新融合发展等未来科技治理重点,资源配置方式、组织动员模式、全链条管理和政策支持,加强统筹和协调,构建与新质生产力相适应的新型生产关系,让各类先进优质创新要素向发展新质生产力集聚,进一步推动科技创新与产业创新、市场创新、产品创新、业态创新等融合发展,推动我国从中等收入国家稳步向高收入国家迈进。

6.2 束缚新质生产力发展的科技体制机制问题

科技创新是新质生产力的核心要素,发展新质生产力,必须紧紧围绕技术革命性突破、生产要素创新性配置和产业深度转型升级三条催生路径,坚持问题导向,找准制约新质生产力生成的堵点、卡点,分析其背后的体制机制问题,为实施新一轮深化科技体制改革找准方向。

6.2.1 有效促进技术革命性突破的科研组织机制尚未形成

技术革命性突破是新质生产力生成的重要源头。首先,我国技术水平整体进入"三跑并存、并跑增加、跟跑减少"的新格局,与发达国家相比,我国仍有相当部分领域技术处于跟跑阶段,根据2020年完成的国家第六次技术预测专家调查显示,我国仍有近40%的技术与国际领先水平相差较大。其次,我国技术源头供给不足,原创性、突破性成果产出匮乏,由中国学者提出的科学理论和原创思想极少,部分领域底层技术支撑不足,关键核心技术缺失,特别是核心基础零部件(元器件)、关键基础材料、先进基础工艺、产业技术基础等与国际先进水平存在较大差距,美、日、德等国家掌握多数的基础技术。例如，我国数字经济领域算力基础设施建设方面与美国差距拉大，根据《2022—2023全球计算力指数评估报告》，2022年美国的算力指数从77分增长到82分，我国仅增加了1分，达到71分。

技术革命性突破面临的问题，突出反映了国家战略需求和产业发展需求尚未得到有效支撑，科技力量原创能力不强且缺乏有效协同，面向国家战略和产业发展需求的科研组织机制存在短板。一是科技工作统筹制度尚未形成。中央科技委员会成立后，强化了对国家科技发展重大战略、重大规划、重大政策的统筹力度，但部门间、央地间、军民间、区域间的统筹协调机制和政策尚未形成。二是面向国家需求的项目凝练、组织实施机制有待完善。国家战略需求凝练过度依赖专家学者，行业主管部门和企业参与不够，往往以座谈会等临时性机制为主，缺乏持续、系统的跟踪研究和周密的论证，项目的组织实施中尚未建立有效的监督机制。三是国家战略科技力量跨主体协同机制尚未建立。高校和科研院所创新能力不强，科研院所布局固化，不完全适应国家战略部署和新兴学科发展需要，缺少明确承担科技自立自强使命的核心机构，无论从研发组织，还是具体研究环节上，缺少牵头针对具体产品技术等环节开展研究的国家科研机构。国家战略科技力量协同攻关的体系化能力不强，国家实验室、国家科研机构、高水平研究型大学和科技领军企业等国家战略科技力量分属不同的部门管理，而且是完全不同类型的创新主体，在战略目标、组织模式、运行机制、评价标准等方面存在明显差异，难以形成体系化攻关合力。

6.2.2 科技资源配置的效率不高、路径不优

科技创新，一靠投入，二靠人才，科技资源和科技人才是发展新质生产力的关键要素，直接决定着科技创新的质量和效益。但是，由于起步晚、底子薄，与发达国家相比，我国研发投入的累积规模不高、结构不合理，科技资源整体配置效率不高。首先，科技创新的多元化投入机制不健全，主要表现在财政投入强度不够、结构不优。2022年我国研发经费投入为30782.9亿元，约为美国2021年投入的56.7%。2022年我国研发经费投入强度为2.54%，低于2021年OECD国家2.72%的平均水平。从投入结构看，我国基础研究投入

占全社会研究与试验发展经费比重长期维持在5%左右，近年虽有明显提高，2023年达到6.4%，但仍远低于发达国家12%~20%的水平。从投入主体看，企业基础研究投入意愿偏低，基础研究和应用研究投入均不足。中央与各地方科技创新资源配置缺乏协调联动机制，地方财政科技投入逐年上升，中央科技管理部门对地方资源配置总体情况掌握不够。其次，科技人才队伍质量不能满足要求、结构不合理。一方面，顶尖科技人才匮乏。从国际影响力看，截至2023年1月，全球23项国际重大科技奖项获奖人数共计2427人，其中美国获奖人数为1263人，占比达52%；英国、法国分别为282人、103人，而中国仅有19人，与各国差距巨大。另一方面，重点领域中高端科技人才缺口较大，在集成电路、人工智能等领域，技术人才短缺是包括美国在内的全球各国都普遍面临的问题。相比于美国，我国更为缺乏具有丰富工作经验、复合知识技能的中高端人才。以人工智能为例，2023年4月，清华大学发布"全球最具影响力人工智能学者榜单"。榜单入选者总计2000人次，美国入选1079人次，占全球总数的54%；中国入选280人次，排名第二，仅为美国的四分之一。

科技资源配置的效能不高，主要的体制机制原因：一是从科技资源配置大格局看，政府部门对科研经费、项目、机构、基地、设施、人才、数据等不同创新资源统筹规划不够，创新资源配置的集中和分散关系没有理顺，科研项目导向的资源配置模式没有根本改变。部门间、央地间缺乏重大研发任务、研发基地等协同机制，存在资源重复和分散情况，中央各部门之间凝练重大攻关问题、集聚攻关力量、组织攻关任务实施的协同不够。二是对新型举国体制的认识有待提高，市场机制和举国体制在资源配置中的定位不清晰，作用不充分。鼓励创新的市场准入、公平竞争、宽容失败等制度体系需要进一步深化改革，创新要素的跨地区流动存在堵点、卡点，部分科技资源配置过度行政化、分散、重复、低效等问题突出。三是短期考核机制和行政化干预影响了科技资源使用质量。片面追求短期效果的考核评价机制不利于科学研究中基础理论的探索和公共知识的创造，对科研项目的过度行政化干预也影响科研人员创造性的发挥。四是数据要素等新型要素的治理模式、管理体制、技术发展等尚未健全，政策法律体系中关于数据权属、规制原则、监管政策等问题尚存规则空白。

6.2.3 科技创新支撑引领产业转型升级动力不强

以科技创新赋能产业深度转型升级，不断拓展生产可能性边界，是催生新质生产力的重要途径。但是，与高质量发展的需求相比，我国科技创新支撑引领现代化产业体系建设仍存不足。一方面，前沿科技发展前瞻性战略布局不够，特别是以颠覆性创新和前沿技术催生未来产业布局意识不强、能力偏弱。在前沿技术、未来产业布局的广度、深度和具体的措施上还相对滞后。例如，美国生命科学基础研究逐步转向技术应用，重点面向地球生态，其生物经济战略重点是生物能源，生物学技术转向军事防御服务，而我国仍聚焦于传统生物医药领域，研究布局存在"全而不强"的问题。另一方面，科技创新成果转化为产业优势的效率较低，高科技产业发展的科技基础支撑能力薄弱。数据显示，我国高技术产业的营业收入增长率长期低于高技术产业的 R&D 投入增长率，部分前沿领域科技成果转化率较低。以生物科技领域为例，欧美发达国家生物科技成果转化率达到 60%~70% 的水平，我国则不足 30%。此外，促进创新的市场环境作用发挥不够，推动新技术市场化应用的创新与监管政策不完善。我国新技术、新模式、新业态的支持和监管政策滞后。根据世界知识产权组织发布的《2023 年全球创新指数报告》，在考察有利于创新的市场环境指标上，中国市场监管质量排名第 89 位，远落后于美国（第 18 位）、德国（第 11 位）、日本（第 19 位）等科技强国。新兴技术领域缺少包容审慎的政策，尽管我国已出台了《数据安全法》《新一代人工智能治理原则——发展负责任的人工智能》《新一代人工智能伦理规范》等政策文件，但在人工智能技术所面临的隐私泄露、算法偏见、价值歧视等社会风险方面的监管和指导仍不够完善，治理手段单一，立法进程缓慢；在无人驾驶、大模型等新兴技术领域的政策尚缺乏包容性；我国现行航空法规没有涉及低空空域，轻型飞机、直升机、运动飞行器、无人机等通用航空器创新产品面临"上天难"问题。

强化科技创新对现代化产业体系的支撑引领作用，必须理顺科技成果向现实生产力转化的体制机制。一是规模化应用对原创性、颠覆性科技创新牵引不够，当前我国场景建设滞后于前沿技术研发，且场景建设碎片化严重、协调性不强等问题导致部分重大创新成果无法应用迭代，实现大规模应用。二是企业参与科技创新的内在动力不强，企业对监管政策缺乏长期稳定预期，民营企业疑虑多，很多企业有意愿探索新技术、新业态，但是事前红线不清，没有稳定预期，导致不敢创新，不能创新。三是科技创新全链条管理机制不完善，促进创新链、产业链、资金链、人才链深度融合的政策举措不系统。例如，科技成果转化政策落实不到位，尽职免责机制不够健全，政府采购等制度仍需优化，财税金融政策的针对性、精准性和时效性不高等。

6.3 改革建议

加快形成新质生产力，既是发展命题，更是改革命题，必须持续深化体制机制变革，不断调整生产关系，以改革创新构建与新质生产力发展相适应的管理机制、科研范式和创新组织模式，破除阻碍新质生产力发展的制度藩篱，释放创新活力和潜能，推动产业升级和经济高质量发展。

6.3.1 强化统筹机制建设，提升科技创新管理效能

一是加快完善中央科技委员会领导科技工作的体制机制，明确部门、央地、军民之间的统筹协调机制，提高科技创新管理的权威性、高效性。在重大战略规划与政策协同、战略科技力量共建、资源平台合理布局等方面健全央地协同机制。健全区域创新能力监测和分类评价体系，将地方承担国家重大科技任务情况纳入评价体系。

二是加强战略规划、资源配置和创新政策统筹，推动科技政策从各管一段向构建高效协同的政策体系转变，针对新型举国体制、国家战略科技力量、战略博弈必争领域强化精准政策支持。构建国家科技规划体系，强化各级各类科技规划的衔接协同，实现国家各级各类科技规划目标一致、任务协同、资源统筹、环境共建，确保一张蓝图绘到底。

三是加强科技咨询与政府决策之间的制度连接，强化国家科技咨询委员会在重大战略科技领域选择、国家级跨部门科技计划设置及协调实施等环节提供战略咨询意见的制度性安排。强化科技安全保障体系建设，完善科技安全预警

和应对机制，健全应急攻关管理体制，加强科技基础条件自主保障。

6.3.2 健全新型举国体制，加快重点领域原创性、颠覆性技术突破

一是健全新型举国体制，建立"自下而上"与"自上而下"相结合的国家重大科技任务需求凝练机制，建立面向部门、地方和科技领军企业等创新主体重大需求的常态化征集和重大任务即时立项机制。将地方、企业等符合条件的重大科技项目纳入国家科技计划体系统筹部署和支持。以国家重大项目、重大产品、重大工程为抓手，统筹国家战略科技力量开展关键核心技术攻关、重大产品研制，促进科技成果有效推广和应用。

二是建立协同有力的任务组织实施机制，赋予重大科技项目牵头单位更大科研管理自主权和资源调度权，明确相应责任机制，完善国家重大科技任务的监督评估和动态调整机制。试点重大科技项目"行政总指挥、技术总指挥制"，签订"军令状"，采取"里程碑"节点过程管理。建立适应重大任务需要的战略科学家和高层次人才组织调配、激励保障机制。科研人员参与重大科技攻关的经历和表现应作为国家级科技奖项评定等重大评奖评优活动的重要参考。

三是系统部署颠覆性基础研究，抢占未来产业新赛道。加强重大创新领域战略研判和前瞻部署，持续加强基础研究，布局建设一批数字、物理、化学等基础学科研究中心，瞄准未来科技竞争重点领域，优先布局集成电路、人工智能、量子科技、生物育种、碳达峰碳中和等前沿领域，力争在前沿基础理论和关键共性技术上取得突破，为培育新兴产业增长点和未来产业新赛道提供源头支撑。

四是强化研用一体的攻关成果转化应用与快速反应的应急攻关能力。在重大科技任务组织实施中，重大科技攻关与成果转移转化同设计、同推进、同考核。优化关键核心技术专利申请"绿色通道"政策。完善国产替代应用风险补偿机制，加大首台（套）重大技术装备、首批次新材料应用等保险补偿政策实施力度。健全支持科技创新的政府采购政策，通过留份额、首购订购等措施加大政府采购力度。加快攻关成果示范应用场景和基地建设，构建成果综合集成和转移转化网络。

6.3.3 优化科技资源配置机制，释放各类要素潜能

一是加强教育、科技、人才一体化的顶层设计和系统推进，面向现代化建设的总体目标，构建适宜一体化发展的科学评价体系。推动评价及激励改革落地落实，持续推进"四唯"清理行动，注重代表性成果质量、贡献、影响，突出评价成果质量、原创价值和对社会发展的实际贡献，开展人才分类评价。深入推进事业单位性质科研院所薪酬改革，赋予单位更大的财务自主权，鼓励采取更为灵活的薪酬制度。

二是完善财政科技经费稳定支持与分配使用机制，跨领域、跨部门、跨地区调配物力财力。运用税收优惠激励、财政资金引导等政策工具，带动企业和社会资金投入重大科技攻关任务，通过市场需求引领创新资源有效配置。推进中央财政科技计划专项基金等的管理改革，再造科技计划管理体系，改革科研项目和资金管理，建立符合科研规律的高效规范的管理制度，在科研项目管理上实行赛马制、揭榜挂帅等，完善科研项目的立项、过程管理以及验收等程序。完善科研信用管理制度，建立覆盖项目决策管理实施主体的逐级考核问责机制和责任倒查制度。

三是加强新型要素和新兴技术包容审慎监管，在传统的监管体系和监管治理手段上，践行包容审慎的监管理念，给予数据要素市场必要的发展时间和试错空间，追求效率与安全的动态平衡。对于生成式人工智能等新兴技术的监管，要建立包容审慎的监管框架，既要守好"安全底线"，防患未然，又要允许对无人区的探索和创新。健全数据等新型创新要素高效配置机制，建立国家重大项目科学数据管理制度，完善科学数据汇交制度、分类分级管理和开放应用机制。

6.3.4 推动科技创新与产业创新深度融合，促进科技成果向现实生产力转化

以强化企业科技创新主体地位为主线，以畅通科技成果转化全链条为着力点，加快促进前沿技术、颠覆性技术研发应用，实现原始创新、集成创新、开放创新有效贯通，打通基础研究、应用研究、技术开发、产业化等创新链各环节。

一是健全因地制宜发展新质生产力的体制机制。加强关键共性技术、前沿引领技术、现代工程技术、颠覆性技术创新，加强新领域、新赛道制度供给，建立未来产业投入增长机制。优化新业态、新领域市场准入环境，试点开展新兴技术领域市场准入承诺即入制，推动科技创新成果便捷高效应用。强化应用场景牵引和标准支撑，加快新技术、新产品迭代。建设创新链和产业链连接平台，规范发展新型研发机构。探索新市场应用监管新机制，在一定范围内搭建创新试验环境，完善市场监管方式。建立高效的知识产权综合管理体制，深化国家层面知识产权案件规律特别程序法，强化涉外知识产权保护和纠纷应对。健全技术标准体系，完善标准化与科技创新互动发展政策。

二是强化企业科技创新主体地位。吸纳更多企业界科技专家进入各级科技专家库，完善政府重大科技决策向企业家咨询的程序性规范，建立健全企业参与"发榜"的制度体系，广泛征集企业特别是龙头企业的科技创新和配套需求。支持企业主动牵头或参与国家科技攻关任务，完善企业牵头、高校和科研院所参与的创新联合体组建运行机制。建立企业研发准备金制度，实行专款专用，不纳入增值保值考核。引导企业加强基础研究投入，加强市场导向的应用性基础研究。改革科研事业单位兼职制度，打通高校、科研院所和企业人才交流通道，加强科技企业孵化器、加速器建设，完善创业服务体系。健全国有企业推进原始创新的制度安排，加强对国有企业科技创新投入的考核，研发投入在绩效考核时视同利润加回。构建促进专精特新中小企业发展壮大机制，完善梯度培育、要素保障、公共服务等制度。

三是推进科技成果转化应用。深化职务科技成果赋权改革，全面实施赋予科研人员职务科技成果所有权或长期使用权改革，制定职务科技成果单列管理政策。推进职务科技成果收益分配制度改革，允许科技人员在科技成果转化收益分配上有更大自主权。加强国家技术转移体系建设，完善推进科技服务业高质量发展的政策措施，加快布局建设一批概念验证、中试验证平台，建设一批行业共性技术平台，优化国家技术创新中心建设布局，培育全国一体化技术和数据市场。加强技术经理人等科技成果转化人员队伍建设，在成果转化收益和职称晋升等方面加大政策激励。

四是构建同科技创新相适应的科技金融体制。完善长期资本投早、投小、投长期、投硬科技的支持政策，允许科技类政府引导基金和国有创投基金延长存续期。建立国有创投基金长周期考核和容错机制，优化创业投资基金募集端的资金结构，加快设立国家创业投资引导基金，加强对中央层面设立科技创业投资基金的统筹和引导，支持理财公司发行私募理财产品募集资金开展创业投资。探索科技创新再贷款支持国家科技重大任务新机制。提高外资在华开展股权投资、风险投资便利性，深化合格境外有限合伙人（QFLP）试点和跨境融资便利化试点。优化"创新积分制"，拓展更多应用场景，加强对科技型中小企业的精准支持。

第7章 新质生产力视阈下双链耦合的关键核心技术突破

7.1 引 言

习近平总书记多次强调，发展新质生产力是推动高质量发展的内在要求和重要着力点，并要求从总结、概括新质生产力理论，用以指导新的发展实践。加快实现高水平科技自立自强，打好关键核心技术攻坚战，是形成和发展新质生产力的关键之举。实现高质量发展面临生产力发展的两大任务，其一是在面临少数发达国家采取"实体清单"等形式阻止"中国崛起"时，进行关键核心技术突破以突破发达国家的技术制裁保护中国既有生产力；其二是在新一轮科技革命和产业变革深入发展背景下，中国如何抓住这次科技革命机遇，突破前沿关键核心技术并实现产业化，从而形成新质生产力。要围绕产业链部署创新链，围绕创新链布局产业链。创新链与产业链耦合有两种模式：一是围绕产业链部署创新链通过创新链"赋能"产业链耦合模式，解决既有产业链关键核心技术被发达国家技术制裁的问题，保护和提升既有生产力；二是围绕创新链布局产业链，即通过创新链"衍生"产业链耦合模式，解决前沿关键核心技术突破并实现产业化，形成新兴产业和未来产业，发展新质生产力。

当前学术界并未对关键核心技术突破的类型加以区分，因此也就无法针对不同类型的突破对生产力的影响进行更为深入的探索，而"围绕产业链部署创新链，围绕创新链布局产业链"的思想就是针对不同类型的关键核心技术突破分类施策以实现对"既有生产力"的保护和提升以及"新质生产力"的培育和发展。既有文献并未将这一思想和关键核心技术突破与生产力的关系联系起来，统筹考虑和论述其内在逻辑。基于此，本章在深入学习习近平总书记对新质生产力论述的系列重要讲话精神，充分理解新质生产力的内涵特征的基础上，从新质生产力的培育和发展视阈出发，运用技术创新S曲线和产业生命周期曲线相结合的逻辑，进一步分析发达国家和发展中国家的差异，深入探究双链耦合的关键核心技术突破与生产力发展的学理基础，从而为深化理解习近平总书记关于新质生产力的重要论述提供不一样的学习视角，并为各地方开展培育和发展新质生产力的具体实践提供理论参考。

7.2 文献综述

新质生产力是推动经济高质量发展的内在要求和重要着力点，代表着科技革命和产业变革的新方向、新趋势，代表着先进生产力的发展方向。既有生产力的保护和提升与新质生产力的培育和发展是推动高质量发展的两大任务。"围绕产业链部署创新链，围绕创新链布局产业链"则成为推进产业健康发展从而全面推动高质量发展的根本遵循。产业链与创新链双链耦合发展是提升产业链韧性和推动产业链现代化的重要举措，也是培育和发展新质生产力的必然路径。关键核心技术则是制约产业链与创新链协调耦合发展的关键因素，关键核心技术突破对于推动产业链能级提升和强化创新链战略布局具有重要意义。文献综述针对当前学术界对新质生产力、创新链与产业链的关系以及关键核心技术突破三个方面进行了系统梳理，以期厘清关键核心技术突破对实现创新链、产业链双链耦合从而推动生产力提升之间的内在联系和影响。

从既有文献来看，学者对新质生产力的论述可以分为科技创新说[①]、未来

---

① 刘伟.科学认识与切实发展新质生产力[J].经济研究，2024，59（3）：4-11；刘志迎.论新质生产力的几个基本理论问题[J].理论建设，2024（3）：8-16.

产业说①、高质量发展说②、中国式现代化说③、数据赋能说④、全要素生产率说⑤等观点,对新质生产力的理论内涵、发展特征、形成逻辑以及实践路径等方面展开了深入的学理性探究,形成了丰富的学术成果。还有学者对新质生产力展开了定量化的测度探究,为新质生产力的定量测算提供了诸多角度。韩文龙等将新质生产力分为实体性要素和渗透性要素两大维度,以此构建了新质生产力的评价指标体系,并对2012—2022年省级新质生产力进行了实证测度。对于创新链与产业链之间的关系,大部分学者认为创新链与产业链就像DNA双螺旋结构,相互依存,彼此融合,共同演进。张晓兰等从微观视角对双链关系进行阐释,提出以企业为主的全球产业链与创新链呈现出系统性、耦合性、全面性的融合趋势,以及多元化、本土化、区域化的发展趋势。Mowery等⑥认为技术由创新链向产业链转移存在诸多阻碍,其难点在于寻求技术保护与共享间的平衡,且权益分配问题是抑制双链协作和提升资源流动效率的关键阻碍。吴晓波等⑦认为产业链与创新链之间所存在的结构性差异是双链耦合的根本性阻碍,妨碍上下游各主体间的精准对接。

对于关键核心技术突破的研究主要集中在关键核心技术的概念、特征、影

---

① 方敏,杨虎涛.政治经济学视域下的新质生产力及其形成发展[J].经济研究,2024,59(3):20-28;洪银兴.发展新质生产力建设现代化产业体系[J].当代经济研究,2024(2):7-9;刘志迎."双链"耦合构建现代化产业体系 形成新质生产力[J].合肥工业大学学报(社会科学版),2024-05-23.

② 任保平.生产力现代化转型形成新质生产力的逻辑[J].经济研究,2024,59(3):12-19;沈坤荣,金童谣,赵倩.以新质生产力赋能高质量发展[J].南京社会科学,2024(1):37-42.

③ 张林.新质生产力与中国式现代化的动力[J].经济学家,2024(3):15-24;周文,何雨晴.新质生产力:中国式现代化的新动能与新路径[J].财经问题研究,2024(4):3-15.

④ 尹西明,陈劲,王冠.场景驱动:面向新质生产力的数据要素市场化配置新机制[J].社会科学辑刊,2024(3):178-188;许中缘,郑煌杰.数据要素赋能新质生产力:内在机理、现实障碍与法治进路[J].上海经济研究,2024(5):37-52.

⑤ 韩文龙,张瑞生,赵峰.新质生产力水平测算与中国经济增长新动能[J].数量经济技术经济研究,2024,41(6):5-25;晓兰,黄伟熔.我国产业链创新链融合发展的趋势特征、经验借鉴与战略要点[J].经济纵横,2023(1):93-101.

⑥ MOWERY D C, OXLEY J E, SILVERMAN B S. Strategic alliances and interfirm knowledge transfer [J]. Strategic Management Journal, 1996, 17 (S2): 77-91.

⑦ 吴晓波,李王镕,林福鑫,等.数字孪生技术驱动产业链创新链融合发展的内涵、特征与实现路径[J].科技管理研究,2024,44(4):110-118.

响因素以及突破路径等方面。操友根等[①]对关键核心技术的内涵、障碍以及突破路径进行逐一分析，并提出关键核心技术突破的整合框架与五维体系化研究方向。张杰[②]通过对众多产业领域关键核心技术突破能力不足或缺位的机制体制性障碍因素进行归纳和分析，提出相应的改革思路和建议。陈劲等[③]基于融通创新视角构建关键核心技术突破的理论框架，并对关键核心技术突破的路径进行了探析。

综上所述，既有文献对新质生产力、创新链与产业链之间的关系以及关键核心技术突破的探究已经取得较为丰富的成果，但大部分文献并未将关键核心技术突破的类型进行区分，也没有把保护既有生产力不受发达国家技术制裁的危害和发展新质生产力加以区分进行讨论，更没有把"要围绕产业链部署创新链，围绕创新链布局产业链"的思想、关键核心技术突破与生产力之间的关系联系起来统筹考虑和论述其内在逻辑。基于此，本章运用技术成长S曲线和产业生命周期曲线相结合的逻辑，对双链耦合的关键核心技术突破与生产力发展的学理基础进行深入分析和探究。

7.3 既有技术范式支撑下的生产力的保护和提升

"围绕产业链部署创新链"是针对既有产业发展，由创新链赋能产业链，解决既有产业关键核心技术遭受发达国家技术制裁的问题，其核心任务就是加强科技创新，坚持问题导向，根据产业需求布局面向关键核心技术卡点，加快推动科技攻关[④]。一般来说，在技术没有出现突破式创新，没有形成新的技术范式时，产业技术进步呈现渐进趋势，技术进步曲线呈S形，相应的产业成长也遵循一般的生命周期性规律。围绕产业链部署创新链就是针对产业链的技术

---

① 操友根，任声策，杜梅.关键核心技术突破：一个整合框架[J].情报杂志，2023，42（8）：61-68.
② 张杰.中国关键核心技术创新的特征、阻碍和突破[J].江苏行政学院学报，2019（2）：43-52.
③ 陈劲，阳镇.融通创新视角下关键核心技术的突破：理论框架与实现路径[J].社会科学，2021（5）：58-69.
④ 洪银兴.围绕产业链部署创新链——论科技创新与产业创新的深度融合[J].经济理论与经济管理，2019（8）：4-10.

断点、痛点、难点和堵点进行科技攻关，将科技创新成果应用到具体产业和产业链上，改造提升传统产业，从而完善现代化产业体系，以此来实现产业生产能力的提升和产业生命周期的延续。发达国家产业生命周期超前于发展中国家产业生命周期[①]。通过将技术成长S曲线与产业生命周期曲线联系起来（见图7-1），探讨既有技术S曲线下产业生命周期曲线的变化以及既有生产力的保护和提升。

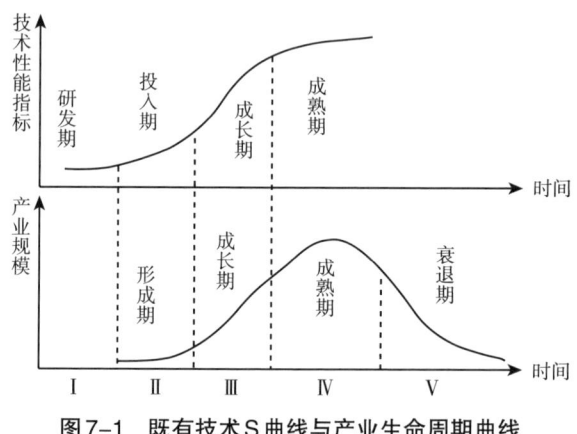

图7-1 既有技术S曲线与产业生命周期曲线

7.3.1 既有技术成长与产业生命周期

一般而言，技术成长曲线呈现S形的演化路径，依次经历研发期、投入期、成长期以及成熟期。伴随着技术的进步，产业生命周期也呈现出与技术成长曲线类似的演进趋势。技术演进的阶段性决定了产业发展的阶段性[②]，在技术研发期，技术处于起步阶段，尚无法形成产业。由于技术还处于探索阶段，可能存在可行性、稳定性、可靠性等问题。因此，这一时期的技术研发主要是为了解决技术难题，并逐步推动技术向投入阶段过渡。

当技术的可行性、稳定性以及可靠性经过了一系列的验证，根本性问题得

---

① 张世龙，马尚平，石纳芳.产业发展周期与发展中国家产业成长[J].经济理论与经济管理，2004（6）：38-41.

② 邹坦永.新科技革命与产业转型升级：技术创新的演化视角[J].企业经济，2021，40（5）：22-32.

到改善后，技术成长进入投入期。此阶段技术性能指标仍处于较低水平，技术尚未成熟，且产业规模相对较小，出现了一些技术产业化的创业型企业，新技术的研发和应用可能面临诸多挑战，如技术稳定性、市场接受度不高等问题。根据 A-U 模型，该阶段产业发展属于形成期，各类产品多处于产品频繁创新完善阶段，并未形成统一标准，产品没有形成主导设计。

随着时间的推移，技术性能指标开始逐步提升，进入技术成长期。这一时期技术的不断完善和创新推动产业快速发展，产业规模也随之扩大，产业发展进入成长期。随着技术性能指标的优化，不仅增强了产品或服务的竞争力，也吸引了更多的投资和市场关注。在此期间，产业开始形成统一标准，质量体系也基本建立，消费者对产品的接受程度大幅提升，且消费的示范效应引发消费者量级提升，产品逐渐供不应求，且利润率较高，引起大量投资者和企业进入该产业，使得产业规模快速扩大，成长曲线呈现陡峭上升趋势。

随着技术逐渐成熟，技术性能指标提升速度放缓，当技术性能指标达到峰值时，意味着技术已经相当成熟，技术性能的稳定性和可靠性得到保证，产业发展也随之进入成熟期。这一阶段市场竞争变得激烈，技术创新难度增加，且技术创新所带来的产业规模增长效果被弱化，产业规模趋于稳定，开始出现产能过剩，导致整体产业利润被进一步压缩。

在经历一段较长时间的成熟期后，随着技术逐渐老化，新技术出现，原技术范式支撑的产业规模开始逐渐缩小，产业发展进入衰退阶段。这一阶段各类产品性能差异较小，价格竞争变得日益激烈，产品市场需求也逐渐萎缩，产品和生产能力大量过剩，部分企业从原有产业中退出，产业规模进一步缩小。以半导体产业为例，全球半导体产业发轫于美国，1958 年，美国的德州仪器公司（TI）用 MESA 技术发明了第一款 IC，以半导体为基础的技术革命由此开端，20 世纪 60 年代美国半导体产业进入形成期，并在 70 年代完成了技术积累，半导体产业发展进入快速成长期。基于 HimmPat 专利数据库，收集全球半导体产业专利数据作为研究样本，结果显示，20 世纪 60 年代全球半导体产业专利申请数为 26737 件，70 年代专利申请数达到 75475 件。与此同时，根据美国半导体协会统计数据，截至 1976 年，全球半导体市场销售金额增长至约 29 亿美元，1976—1980 年全球半导体销售额年均复合增速达 35.9%。

7.3.2 发展中国家既有技术成长遭受发达国家技术制裁

将技术成长曲线与产业生命周期理论置于更加复杂和现实的情况下考虑，将发达国家（技术先进）与发展中国家（技术后进）的两种情况引入技术成长曲线与产业生命周期曲线（见图7-2）进行讨论。在这两种情形下，技术后进国家具有较大的后发优势。历史学家申克龙[①]在总结德国、意大利等国经济追赶成功经验的基础上提出后发优势论，认为后发国家实现工业化的速度与发达国家早期工业化速度相比会越来越快，这得益于其经济发展相对落后的"后发优势"。

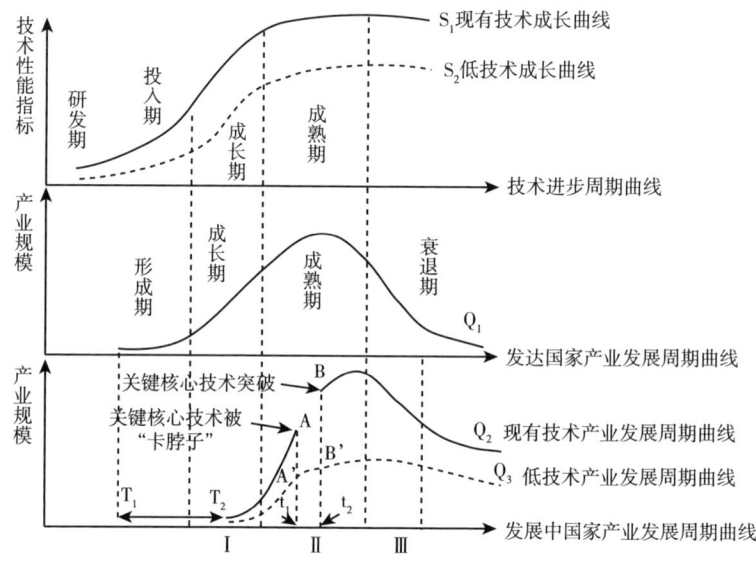

图7-2 既有技术S曲线下全球产业发展生命周期曲线

从图7-2中可以看出，在 I 阶段技术发展已进入成长期，由于技术发展由某些发达国家主导和推动，相对应的发达国家产业发展也进入成长期，发达国家所生产的产品迅速占领市场，并开始向海外其他国家渗透，此时发展中国家由于尚未掌握该技术，因此尚未出现该技术支撑的产业。随着发达国家产品开始在发展中国家本土渗透并被国民初步接受，发展中国家开始着力推动本国技

---

① 胡汉昌，郭熙保. 后发优势战略与比较优势战略[J]. 江汉论坛，2002（9）：25-30.

术发展，从而进一步促进本国产业发展的萌芽。此时，发展中国家与发达国家产业发展的起步时间差为 T_2-T_1。在 II 阶段，发达国家技术发展已经较为完善，进入了成熟期，相应的产业发展也进入成熟阶段，该时期发达国家国内需求逐渐达到饱和，市场竞争变得激烈，产业规模趋于稳定，甚至出现一定程度的产能过剩。发达国家为了延长产业生命周期、扩大市场规模、提升产业整体利润，会通过商品贸易、非关键核心技术转移等方式向发展中国家进行市场扩张或产业转移。发展中国家由于接受发达国家产业转移，形成新的产业生命周期曲线，其中既包括发达国家母公司在发展中国家投资建厂延续产业生命周期，也包括发展中国家获得发达国家技术外溢形成自己的产业生命周期，使得发展中国家紧随发达国家之后获得较快发展。但是，发展中国家不能完全掌握关键核心技术，或者不能自主生产有关键核心技术的中间品，只能依赖国际分工在价值链低端推动产业发展，满足本国的市场需求。此举虽然在一定程度上推动了本国产业的发展，但长期从事价值链低端环节的分工也可能导致某些国家或地区长期陷入低附加值、低技术含量的生产环节。

当发达国家实施技术制裁时，发展中国家往往会陷入瘫痪或者降低技术水平以维持生产。此时可能存在两种情形，一是在发达国家技术制裁下，发展中国家无法利用现有技术支撑产业发展，产业规模可能会从图 7-2 中的 A 点降至 A' 点，此时产业规模虽然降低，但整体产业仍在生产运转，如果发展中国家能够组织力量，进行关键核心技术（第一类关键核心技术）攻关，一旦技术实现突破，就能够恢复原来的生产力。以半导体产业为例，半导体产业每 8~10 年一次技术升级意味着全球化的再次分工，同时伴随着产业转移。20 世纪 80 年代前，美国对技术转移不敏感，且由于日本的贸易保护政策，美国一些企业通过出售专利逐渐渗透日本市场，日本的半导体技术正是抓住了美国技术转移的时代性机会窗口，推动了本国半导体产业的发展。随后美国迫使日本开放其国内计算机和半导体市场，促使日本政府下决心自主研发芯片。1976 年，日本政府以五大企业（富士通、日立、三菱、NEC、东芝）为核心，联合日本工业技术研究院、电子综合研究所和计算机综合研究所，共同实施"超大规模集成电力（VLSI）"计划。随后 3 年内，VLSI 研究协会共申请专利 1210 项，并开发出 64KRAM 随机存储器，为 DRAM 芯片的研制打下良好基础。根据日本半导体协会数据，1986 年日本半导体行业在全球市占率上升至 65%，成为行业龙头。

如果核心技术不能实现突破，生产力就会大幅度降低，甚至可能直接从图 7-2 中的 A 点跌落至 t_1 点，即便在 t_2 时间点上关键核心技术实现了突破，但由于在 t_2-t_1 这个时间段内产业发展中断，要恢复产业发展还需要重新组织生产，生产规模从 t_2 恢复到 B 点难度巨大，这种情形下的技术制裁对产业发展造成了不可逆的伤害。以半导体产业为例，1985 年，美国半导体协会以美国半导体企业的利益受到侵害为理由，依据"301 条款"向日本提出反倾销诉讼。随着日美半导体贸易摩擦进入白热化阶段，日美相继签订了关于半导体产业的 4 个协议，日本的半导体产业发展受到极大限制，在 20 世纪 90 年代迅速衰退，并丧失了全球市场 30% 左右的份额。到 2019 年日本半导体产业的全球市场份额仅占 10% 左右，对日本半导体产业发展造成了极大的冲击。近年来美国对华实行实体清单管控，就是按照这一基本思路，试图破坏我国的产业发展。因此，我国提出"围绕产业链部署创新链"，就是要通过创新链赋能产业链，解决既有产业关键核心技术已被发达国家实施技术制裁或面临发达国家技术制裁风险的问题，而开展的既有生产力保卫战，其主要目的是保护既有生产力不受破坏，在保持现有生产力水平的基础上，进一步提升生产力水平。

7.4 技术实现突破式创新情境下的产业生命周期与新质生产力

"围绕创新链布局产业链"是科研成果转化的过程，是基于基础科学研究而开发出的具有原创性技术并且实现商业化，进而形成新兴产业的过程，即创新链"衍生"产业链。其核心思想强调本国产生原创理论，并基于此突破前沿性关键核心技术（第二类关键核心技术），进而推动实现产业化，促进新兴产业或未来产业的形成和发展。科研成果产业化本质上是将实验室成果通过学术创业、技术转让、技术授权、产学研合作等方式"衍生"出新产业，从而形成新质生产力。因此，新质生产力由技术的革命性突破催生。原创性、颠覆性科技创新使原创性、颠覆性技术成果竞相涌现，新技术群组性涌现是发展新质生产力的源泉。本章引入技术突破新S曲线和产业生命周期曲线（见图7-3），探讨技术实现突破式创新下产业生命周期曲线的变化以及新质生产力的培育和发展。

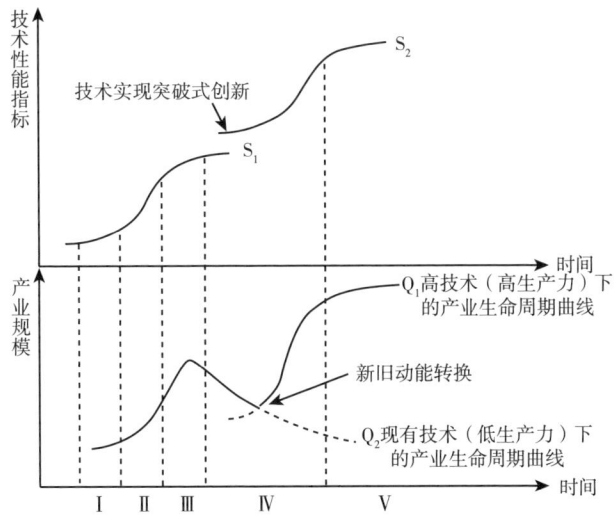

图7-3 技术实现突破式创新与产业生命周期曲线

7.4.1 技术实现突破式创新情境下的产业生命周期演化

技术实现突破式创新是技术范式间断性质变引起的从全新知识到全新市场的创造性破坏，且具有非均衡活跃、目标不定、长期、高成本、高风险、高收益等特征，技术进步表现为突变的、跃迁的、非连续性的过程，技术演进强调的是非秩序性。技术突破式创新下会加速对原有技术的替代。

从图7-3中可以看出，在Ⅰ、Ⅱ、Ⅲ阶段，旧技术成长S曲线下仍然表现出渐进的、积累的、连续的过程，分别经历了导入期、成长期和成熟期。在成熟期中技术性能指标接近极限，此时在原技术范式支撑下的产业发展也经历了形成期、成长期、成熟期，其产业规模得到较大提升，这一时期市场逐步达到饱和，企业开始从拓展增量市场转为挖掘存量市场，市场竞争日益加剧。到了Ⅳ阶段，原有技术性能指标增长见顶，技术创新难度更大，且技术创新所带来的产业规模扩大效应微弱，整体产业利润被摊薄，产业发展进入衰退期，突破旧技术范式的压力增大。一旦突破性创新进入新的技术 S 曲线，产业就会跃迁到新的生命周期曲线。在实现技术突破后，其技术性能指标不仅可以超越原技术范式下技术性能指标的极限，且新技术的性能指标初始起点还高于原技术范式下的技术极限。以原技术 S 曲线支撑的产业规模呈现不可逆的衰退，甚至遭受完全破坏，即熊彼特意义上的"创造性破坏"（见图 7-3 中的 Q_2 曲线）。新技术 S 曲线相应地形成新的产业生命周期曲线，旧质生产力跃迁到新质生产力。例如，第一次技术和产业革命时期，农业时代的旧质生产力跃迁到蒸汽时代的新质生产力；第二次技术和产业革命时期，蒸汽时代的旧质生产力跃迁到电气时代的新质生产力；第三次技术和产业革命时期，电力时代的旧质生产力跃迁到信息时代的新质生产力；目前正在经历第四次技术和产业革命，信息时代的旧质生产力有可能跃迁到智能时代的新质生产力。当然，不是每一次技术和产业革命都能完全抛弃原有的生产力，而是建立在原有生产力的基础上，并在众多领域继续保存一些旧有的生产力。以移动终端制造产业为例，2008 年以前全球移动终端制造商主要以诺基亚和摩托罗拉为主，根据 IDC 数据，2006 年全球手机出货量达到 10.2 亿部，其中诺基亚出货量为 3.48 亿部，占全球市场份额的 34.1%，摩托罗拉出货量为 2.17 亿部，市场份额为 21.3%。2007 年苹果发布 iPhone，正式开启智能手机时代，根据 IDC 数据，2010 年全球智能手机出货量达 3.26 亿部，同比增长 74.4%，且在 2013 年全球智能手机出货量达到 10.04 亿部，全球市场份额达到 50.1%，首次超过传统手机的全球市场份额。2016 年，全球智能手机出货量约为 14.8 亿部，约占 78.8% 的全球市场份额，传统手机市场份额缩减至 22%。

7.4.2　技术实现突破式创新与发展新质生产力

技术实现突破式创新情境下全球产业发展生命周期曲线如图 7-4 所示。发展中国家在技术创新以及产业发展等方面一直扮演着追随者的角色，这是由发展中国家追求发展的使命所决定的。中国经过了 40 多年的改革开放，完成了发达国家经过 200 年才完成的工业化任务，从"跟跑"到"并跑"，正准备实现"领跑"目标，挤入发达国家行列，走出一条中国式现代化道路。习近平总书记指出，高质量发展需要新的生产力理论来指导，而新质生产力已经在实践中形成，并展示出对高质量发展的强劲推动力、支撑力。其内在含义就是要将高质量发展作为全面建设社会主义现代化国家的首要任务，发展新质生产力作为高质量发展的内在要求，其中"科技创新能够催生新产业、新模式、新动能，是发展新质生产力的核心要素"。新一轮科技革命和产业变革深入发展，我国错失了前几次机遇，必须抓住此轮技术和产业革命机遇。因此，探究技术突破新S曲线下发展中国家实现技术突破创新，对产业发展的超越和新质生产力的培育与发展具有重要意义。

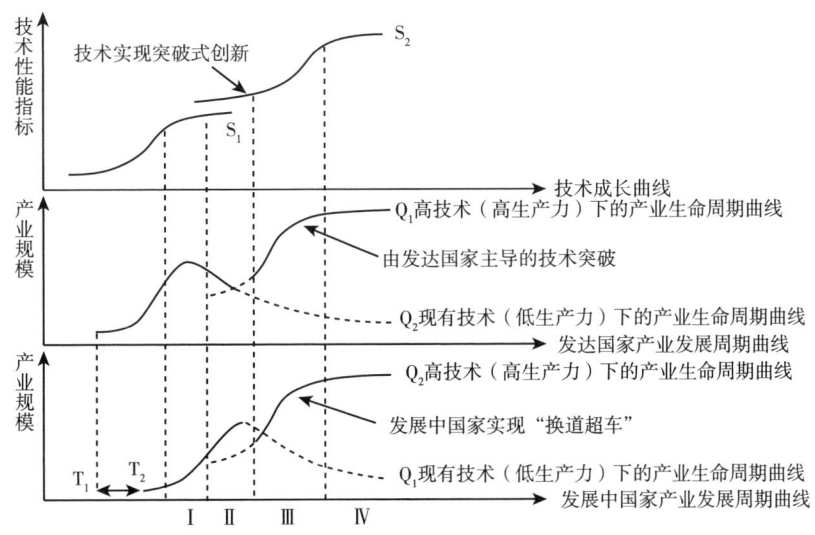

图7-4 技术突破新S曲线下全球产业发展生命周期曲线

从图7-4可以看出，在Ⅰ阶段，原技术范式下技术成长已经趋于极限，发达国家在原技术S曲线主导下的产业规模增长已经见顶，新的突破性技术已经处于萌芽阶段。发展中国家在技术引进和改造作用下，产业规模得到迅速增长，由于自身所具有的成本优势，发展中国家所占据的市场份额逐步扩大，由此带动的产业规模也进一步提升，并由于发展中国家产品性价比更高，其产业内部分企业开始寻求出海，以进一步扩大市场份额，从而使得整体产业的利润也进入增长时期。在Ⅱ阶段，由于发展中国家的产业成本优势，不断挤压发达国家原有的市场份额，加速了发达国家产业进入衰退期的进程，使得发达国家产业发展进入调整阶段。原技术S曲线下的生产能力加速转移到发展中国家，发达国家的产业规模迅速下降，也进一步促进了发展中国家产业规模的提升。由于发达国家掌握关键核心技术及其零部件，仍可通过全球价值链收割发展中国家的"劳动力红利"，从而获取高额回报，继续维持发达国家的地位。在Ⅲ阶段，随着旧技术逐渐走向极限，难以产生新的"技术回报"，全球会面临熊彼特周期调整或者康德拉季耶夫周期转换，一场新的技术革命和产业革命正在孕育。在这一关键时期，就看哪个国家能够在原创性、颠覆性科技创新上实现突破。2021年欧盟委员会发布了《面向未来的100项重大创新突破》(*100 Radical Innovation Breakthroughs for the Future*)，包括人工智能和机器人、人机交互和仿生、电子与计算机、生物交叉学科、生物医学、印刷与材料、突破资源边界的技术、能源和社会领域的重大创新突破九类。美国国家科学技术委员会发布的《关键和新兴技术清单2024》(*Critical and Emerging Technologies*，*CETs*)，其中包括先进计算，先进工程材料，先进燃气轮机发动机技术，先进网络感知和特征管理，先进制造，人工智能，生物技术，清洁能源发电和储存技术，数据隐私、数据安全和网络安全技术，定向能技术，高度自动化、无人系统（UxS）和机器人技术，人机界面技术，高超音速技术，综合通信和网络技术，定位、导航和定时（PNT）技术，量子信息和使能技术，半导体与微电子技术，空间技术和系统共18类关键和新兴技术。我国七部委也在2024年1月31日发文，明确指出："面向未来产业重点方向实施国家科技重大项目和重大科技攻关工程，加快突破关键核心技术。发挥国家实验室、全国重点实验室等创新载体作用，加强基础共性技术供给。"如果我国能够在一些前沿关键核心技术上实现创新突破，也就能够出现代表新质生产力的未来产业，从而呈现出一批能够在产业发展进程中与发达国家齐头并进甚至超越发达国家的新兴产业。以汽车制造业为例，传统燃油汽车全球市场份额主要由日本、美国和德国等国家品牌占据。全球各车企公布的2023年销量数据显示，全球汽车销量前十名中日本品牌占据4席，美国占据2席，之后分别为德国、韩国、法国，中国自主品牌比亚迪首次进入前十名榜单，年销量超过300万辆，但与年销量超1000万辆的丰田相比，仍存在较大差距。与此同时，2023年全球汽车产量达9355万辆，中国汽车产量高达3016万辆，居全球产量首位，几乎是排名第二的美国汽车产量的3倍，但从整体看，我国自主品牌所占市场份额仍处于较低行列。随着新一轮科技革命和产业变革逐步走向纵深，在全球低碳转型和碳达峰碳中和目标驱动下，我国开始大力发展新能源汽车产业。近年来，我国汽车行业进入转型升级阶段，新能源汽车产业在政策支持和市场需求的双重驱动下快速发展。数据统计显示，2023年新能源汽车产销突破900万辆，中国品牌产销占比为80.6%，成为引领全球汽车产业转型的重要力量。

7.5 结论与展望

7.5.1 结论

随着全球科技革命和产业革命的加速演进，既有生产力的保护和提升与新质生产力的培育和发展已成为推动经济高质量发展的关键。关键核心技术突破对于促进创新链与产业链耦合发展从而打破发达国家为限制发展中国家产业发展所实施的技术制裁以及发展中国家推动本国产业发展实现"换道超车"具有重要意义。在深刻理解"要围绕产业链部署创新链，围绕创新链布局产业链"，"促进创新链和产业链精准对接""提高产业链创新链协同水平""促进产业链创新链深度融合"等指导思想的基础上，通过引入技术成长与产业生命周期理论，深入分析既有技术范式支撑下与技术实现突破式创新情境下产业生命周期的演进情况，经过研究分析，得出以下结论。

一是双链耦合的关键核心技术突破可以分为两类。"围绕产业链部署创新链"要求通过创新链"赋能"产业链，实现既有产业关键核心技术突破，即第一类技术突破。"围绕创新链布局产业链"要求通过创新链"衍生"产业链，实现前沿关键核心技术突破，即第二类技术突破。

二是第一类关键核心技术突破，是面对当前少数发达国家通过对中国既有产业实施技术制裁的实体清单管制、企图破坏我国现有生产力的严峻形势，我国应积极组织创新链上的各类主体进行关键核心技术攻关，突破部分发达国家对我国进行的技术封锁，以保护和提升既有生产力。

三是第二类关键核心技术突破，是面对新一轮科技革命和产业革命深入发展的重大机遇，攻克各类前沿性技术，在原创性、颠覆性科技创新上取得实质性进展，突破前沿性关键核心技术，并将科技创新成果应用到具体产业和产业链上，以推动新兴产业的形成和发展，从而培育和发展新质生产力。

7.5.2 政策启示

其一，在关键核心技术突破的认识上，要分清楚两类不同的技术情形，不能模糊认知，只有认识准确才能精准分类施策。

其二，第一类关键核心技术属于既有 S 曲线，虽然很多关键核心技术我国尚未完全掌握，但是从全球来看，技术路线是清晰的。企业或者国家要组织力量集中攻关，尽快获得突破，保护既有生产力。

其三，第二类关键核心技术属于前沿技术突破，跳跃到新的 S 曲线，属于从 0 到 1 的创新，技术路径不清晰、难度大，需要原创性。因此，国家必须高度重视基础科学研究，首先解决科学认知的"卡脖子"难题，才能够在此基础上实现突破性技术创新，培育发展新质生产力。

7.5.3 研究展望

本章基于技术 S 曲线和产业生命周期理论展开纯学理性探索，尚没有运用具体的经济数据进行实证研究。下一步将构建经济模型，搜集各产业发展的具体数据，展开定量化实证研究。

第 3 篇

创新要素与新质生产力

第8章 建设创新型人才队伍支撑新质生产力发展：高校人才队伍建设与发展模型及生态环境

8.1 引 言

随着科技、产业和经济的持续发展，新质生产力已经成为社会发展的主要驱动力。不同于传统生产力对技能型人才的需求，新质生产力的发展水平有赖于具备创新意识、创新能力、创新精神，以及相应知识储备的创新型人才提供关键支撑。

高校在促进新质生产力发展的过程中扮演着不可替代的重要角色。一方面，高校能够有效地培养和发现符合新质生产力发展需求的各类学生，把他们培养成满足用人单位在知识储备、创新能力和视野素质等方面特质要求的员工。另一方面，高校本身有一支具有不同学术年龄结构、在创新活动中扮演不同角色的人才队伍，以及支撑这些人才和活动的学术生态。因此，高校不仅是培养高水平研究型人才的平台，还是推动科技创新、支撑新质生产力发展的重要力量。特别是作为基础研究的主力军、前沿重大技术突破的生力军和高水平产学研转化的重要组成部分，高校是发展新质生产力的一种动力源泉。

本章面向新质生产力的发展需求，系统地研究高校人才队伍及科研活动在创新人才成长与发展的不同阶段，对推动科技创新活动和促进新质生产力发展所扮演的角色，提出了一个高校创新型人才队伍发展模型。该模型充分展现出高校人才队伍在科技创新活动中促进新质生产力发展的4个方面的独特优势。通过介绍4所"双一流"大学在创新型人才队伍建设与发展的重点要素配置和支撑科技创新的最优人才生态等方面的实践，为推动科技创新和促进新质生产力发展、加强高校创新型人才队伍建设提供正反两方面的经验借鉴。

8.2 文献综述

8.2.1 新质生产力与创新型人才研究

新质生产力，核心要义是"以新促质"，以创新驱动高质量发展，其关键特征是以新发展理念为思想指引、以科技创新为根本驱动力和以产业培育为主要着力点[①]。作为区别于传统生产力的新型生产力形态，新质生产力是在世界科技变革与数字化、信息化浪潮中，对劳动者、劳动资料和劳动三大实体要素及其关系组合的一次整体性调整和跃升[②]。其中，劳动者是生产力要素中最活跃、最重要的基础，实现劳动者角色类型、功能作用的整体跃迁是发展新质生产力的重要前提和驱动[③]。发展新质生产力至少包含4个环节：一是以革命性、颠覆性科技创新为前提；二是加强科技创新成果与产业的融合，实现创新性生产要素的科学配置；三是形成战略性新兴产业与新业态，实现产业的深度转型升级与产业链现代化；四是重塑经济增长新动能，大幅提升全要素生产率[④]。

围绕新质生产力与创新型人才队伍建设，人们普遍意识到新质生产力对于劳动者需求发生了根本的改变，人才是新质生产力培育与发展的关键变量[⑤]。一些研究者指出，从高科技、高效能、高质量的发展特征来看，与新质生产力匹配的是开展研发、创新活动的科技创新型人才，包括那些进行原始性发现和颠覆性创新及走入科技"无人区"的战略科学家、一流领军人才和优秀青年科技

---

① 徐政，郑霖豪，程梦瑶.新质生产力赋能高质量发展的内在逻辑与实践构想[J].当代经济研究，2023，339（11）：51-58.
② 周文，许凌云.论新质生产力：内涵特征与重要着力点[J].改革，2023（10）：1-13.
③ 贾若祥，窦红涛.新质生产力：内涵特征、重大意义及发展重点[J].北京行政学院学报，2024（2）：31-42.
④ 刘冬梅，等.创新驱动新质生产力发展[J].中国科技论坛，2024（3）：1-5.
⑤ 张辉，唐琦.新质生产力形成的条件、方向及着力点[J].学习与探索，2024（1）：82-91.

人才，以及能够熟练掌握、使用新质生产资料和生产对象的应用型人才①。"新质人才"的概念已经被提出。祝智庭等指出新质人才应拥有持续成长心态与强意识学习特质，具备较强的人机协同能力、人文精神与科技合伦行动力，基于开拓精神与跨边界学习能力，彰显出创想能力与实践智慧，形成建立人类命运共同体思维与跨文化合作的能力②。杨德广认为新质人才一要具有崇高理想信仰和家国情怀，二要具有超强创新思维和战略眼光，三要具有广博的复合型知识和高深的学术造诣，四要具有拼搏进取和苦干实干精神③。关于新质人才的管理，刘冬梅提出了一种建设性思路，包括以重大应用场景为牵引，遴选相关国家战略科技力量牵头承担并强化协同，加强需求导向的基础研究和颠覆性技术研究，开展科技人员职务科技成果管理和评价改革，把荣誉与具体任务挂钩，国家层面的评价与承接国家重大科技任务相关联，形成体系化的国家战略科技力量，等等④。

针对高校的新质人才，有研究者强调，大学是发展新质生产力的中心⑤，在培养新质劳动者、提供新质劳动资料、拓展新质劳动对象和构建新型生产关系等方面应发挥关键作用，从而更好地服务于技术革命性突破、生产要素创新性配置和产业深度转型升级，实现生产力的跃升式发展⑥。

这些研究从宏观视角阐述了创新型人才队伍建设与新质生产力之间的匹配要求，但在高校创新型人才队伍建设、科技创新活动，以及资源配置与生态环境等之间的关系方面有待系统、深入地研究。

8.2.2 高校创新型人才队伍建设相关研究

对于高校的创新特点和人才优势，有研究认为较大部分的创新型人才起步于学术积淀深厚的一流高校，其特质和职业发展、创新能力等往往烙下了一流

---

① 孙锐.为新质生产力发展提供人才引领支撑[J].人民论坛，2024（6）：26-30.
② 祝智庭，戴岭，赵晓伟.新质人才培养：数智时代教育的新使命[J].电化教育研究，2024（1）：52-60.
③ 杨德广.努力培养与新质生产力相适应的新质人才[J].教育发展研究，2024，44（8）：3-3.
④ 刘冬梅，等.创新驱动新质生产力发展[J].中国科技论坛，2024（3）：1-5.
⑤ 刘振天.新质生产力视域下高等教育强国建设的价值和使命[J].高校教育管理，2024（1）：4-7.
⑥ 王洪才.大学在发展新质生产力中的使命与挑战[J].河北师范大学学报（教育科学版），2024，26（3）：7-14.

大学的印记①。高水平大学在科技创新活动中具有独特的优势，包括拥有实力雄厚的师资力量和科研团队，以及由众多本科生和研究生构成的科技创新后备人才力量；可以利用学术根基扎实和跨学科交叉融合的优势，持续推进基础研究创新成果的丰富与发展②；得益于相对宽松的学术生态氛围，研究者能够根据自身兴趣开展自由探索③。高校被公认是科技变革的关键推动者，在分析和采用机器学习、人工智能等相互关联的技术，塑造跨部门创新的未来轨迹等方面发挥着至关重要的作用④。即便是创业公司也可以通过在相关领域领先的大学和公共研究机构附近设立生产基地，利用企业间共享的科学和隐性知识的流动，以及人员的流动性来获得优势⑤。

因此，不少学者研究认为，高校应重视基础研究主体地位，推动原始创新，突破关键核心技术和"卡脖子"技术，提高我国基础理论研究和前沿核心技术的竞争力，缩小与发达国家的差距⑥。作为畅通教育、科技、人才良性循环的关键汇聚点，以及创新型人才培育的重要阵地，高校有必要对创新型人才的培养目标、培养方式等作出全面的调整⑦。高校要契合人才发展的规律，研究创新人才的心理特点、年龄阶段，以及相应的培养途径⑧，应全面考虑创新能力、创新业绩、社会认可、国际竞争力4个层面的要求⑨。基于案例分析，有学者发

---

① 刘少雪.面向创新型国家建设的科技领军人才成长研究[M].北京：中国人民大学出版社，2009.

② 尹西明，陈劲，贾宝余.高水平科技自立自强视角下国家战略科技力量的突出特征与强化路径[J].中国科技论坛，2021（9）：1-9.

③ 刘庆龄，曾立.国家战略科技力量主体构成及其功能形态研究[J].中国科技论坛，2022（5）：1-10.

④ BARTOLONI Sara, et al.Towards designing society 5.0 solutions：the new quintuple Helix-design thinking approach to technology [J/OL]. Technovation, https://doi.org/10.1016/j.technovation.2021, 102413; ETZKOWITZ Henry. Innovation in innovation：the triple Helix of University-Industry-Government relations[J]. Social Science Information. 2003, 42（3）：293-337.

⑤ CLARYSSE Bart., et al. Creating value in ecosystems：Crossing the chasm between knowledge and business ecosystems [J]. Research Policy, 2014, 43（7）：1164-1176.

⑥ 彭华涛，彭琦辉.高校基础研究、应用研究与创新绩效[J].中国科技论坛，2023（11）：46-55.

⑦ 张军.为推动新质生产力加快发展贡献新时代高等教育力量[J].红旗文稿，2024（5）：4-8.

⑧ 林崇德，罗良.建设创新型国家与创新人才的培养[J].北京师范大学学报（社会科学版），2007（1）：29-34.

⑨ 白春章，陈其荣，张慧洁.拔尖创新人才成长规律与培养模式研究述评[J].教育研究，2012（12）：147-151.

现，在大学的生态系统内，有效的创新机制可以培养出更强大的创新能力，建立学术创客空间等创新生态系统具有重要的战略意义[1]。在创新型人才队伍建设的实践研究方面，张仁杰等发现除宏观层面等政策制度激励外，实现高校创新群体的合作对培养或引进拔尖创新人才具有重要的作用[2]；钟秉林等认为科教融合是培养或引进拔尖创新人才的基础[3]；张伟等指出，人才的成长离不开优良的环境，既需要宏观政策的关怀，更需要微观机制的激励[4]，等等。这些研究成果对本章的研究内容有着很大的启发性，促使我们结合新质生产力发展的要素，开展创新型人才队伍建设与发展模型的系统研究。

8.2.3 科技创新规律和人才成长规律的相关研究

1945年，美国科学家和工程师范内瓦·布什（Vannevar Bush）发布了《科学：无尽的前沿》（*Science：The Endless Frontier*）报告，把科学研究划分为基础研究和应用研究两种类型，前者针对知识探索与规律发现，后者则指向实际应用。随着科学技术长期持续的发展，研究对象、研究手段，以及研究内容的复杂性程度及其对研究手段的依赖性发生了深刻的变化。科技创新活动以基础研究为起点，随后会经历应用研究、技术开发和生产经营等环节，最终转化为现实生产力[5]。有学者深入研究了科技创新活动的发展规律，发现科学技术研究投入与产出之间呈非线性关系，前沿科技研究需要稳定的资金支持，通常以国家财政投入为保障；科技创新对经济增长提供新的动能，但会滞后长达十年左右；跨学科交叉融合促进了科技创新，将会拓展科研范畴的纵横并产生社会化影响；科技创新涵盖了科学构想、基础研究、应用研究、小试开发、中试放大，

---

① KRUGER Sean, STEYN Adriana Aletta. Developing breakthrough innovation capabilities in university ecosystems: A case study from South Africa [J/OL], Technological Forecasting & Social Change, https://doi.org/10.1016/j.techfore.2023, 123002.

② 张仁杰，寇焜照.从"拔尖"到"乐群"：小组合作学习与高校拔尖创新人才培养[J].重庆高教研究，2024：1-16.

③ 钟秉林，李传宗.科教融合培养拔尖创新人才的政策变迁与实践探索[J].中国高教研究，2024（1）：33-40.

④ 张伟，徐广宇.高校顶尖青年人才的分布特征与集聚策略——基于国家级顶尖青年人才计划项目的比较分析[J].国家教育行政学院学报，2016（8）：17-22.

⑤ 范内瓦·布什，拉什·霍尔特.科学：无尽的前沿[M].崔传刚，译.北京：中信出版社，2021.

以及工业生产等多个阶段①，在不同阶段，创新主体不同，需要多主体协同合作，共同促进创新转化应用②。一般来讲，重大创新往往在大学出现苗头，科研机构作出技术验证，由企业实现产业化、商业化，其中的过程并不是线性的，而是网络化、反复双向迭代，各类主体之间的定位也不是泾渭分明，有限的交叉也有助于实现连通③。通过统计和分析20世纪诺贝尔自然科学奖的获奖情况，路甬祥发现，重大理论的创建和形成往往会经历长时间的争论，通过反复验证后才会被承认；良好的科学基础和前沿性、交叉性的研究会大大提高重大科学被发现的概率；中青年是取得创新成就的峰值年龄；重大科技创新的突破与推广需要相应的创新体制和管理机制做保证，等等④。

创新型人才的成长与发展同样具有阶段性的规律和特征。通过对中美创新人才成长规律建模比较，绘制创新经验累积曲线与创新能力变化曲线，朱明明和万文涛将创新人才成长发展过程分为5个阶段：创新孕育期、创新成长期、创新发展期、创新成熟期及创新衰退期⑤。王星等将这种过程分为孕育期、成长期、成熟期、后成熟期⑥。方勇等从学术生命周期出发，把这种过程分为成长、稳定、创造和衰退期⑦。在新形势下，越来越多的学者意识到，在人才规划、人才培养、人才引进、支撑保障等具体环节，高校应该恪守创新人才成长与发展规律的基本要求，形成可持续发展的科技创新人才成长与发展链条⑧。

通过分析上述研究，我们得到了关于科技创新活动和创新型人才成长与发展规律在三方面的启示。第一，科技创新经历了多个阶段和环节后才能最终转化为新质生产力，具有非线性、滞后性、交叉融合、多主体协同等特点；第二，

---

① 路甬祥.创新的启示：关于百年科技创新的若干思考［M］.北京：中国科学技术出版社，2014.
② 荣俊美，等.新形势下科技创新治理的规律认识［J］.科学管理研究，2023，41（3）：2-10.
③ 张旭.优化国家科研机构布局，提升创新体系整体效能［J］.中国科技论坛，2023（5）：3.
④ 路甬祥.规律与启示——从诺贝尔自然科学奖与20世纪重大科学成就看科技原始创新的规律［J］.西安交通大学学报（社会科学版），2000，20（4）：3-11.
⑤ 朱明明，万文涛.中美创新人才成长规律比较分析研究［J］.西南民族大学学报（人文社科版），2017，38（4）：209-217.
⑥ 王星，郭晓，付杨林.基于创新型人才阶段性素质特征的培养模式研究［J］.科技与经济，2015（3）：81-85.
⑦ 方勇，邵振权，冯勇.国家杰出青年科学基金项目负责人成长特征研究：基于学术生命周期理论与数据分析［J］.中国高校科技，2021（7）：28-33.
⑧ 李学成.科技创新人才可持续发展的规律性认知研究［J］.创新科技，2019，19（5）：55-60.

创新型人才成长与发展具有阶段性特征，在创新能力、创新水平等方面呈现出典型的周期性特点[1]；第三，科技创新活动发展的规律和创新型人才成长与发展的规律是建设高水平创新型人才队伍的重要基石。从这些观察出发，我们将构建一个高校创新型人才队伍建设与发展的模型。

8.2.4 国际一流大学在促进新质生产力发展中的作用

美国的麻省理工学院和斯坦福大学以卓越的人才培养和科学研究成为全球最顶尖大学，对社会经济发展的突出贡献独树一帜，分别引领了波士顿环128公路和旧金山环101公路的高科技产业集群，是研究型大学推动科技创新和促进新质生产力发展的典范。

他们的成功有四方面的特征：一是以解决重大问题为导向的实践赢得了优越的办学资源。麻省理工学院的立校初心是培养手脑并用的精英人才。100多年来，专注于解决实际问题、"通过实验进行学习"已成为其人才培养和科技创新的信条，大大增加了技术的实用性和创新成功的概率[2]。截至2023年，该校校友创办企业3619家，年度销售额达2万亿美元，相当于全球第十一大经济体，并获得了大量校友和社会捐款、政府和基金会资助，在人才培养、科技创新和学术生态之间形成了一种持续发展的复合体。二是跨学科交叉融合的科研组织模式。斯坦福大学于1998年启动了BIO-X创新研究计划，其33名核心成员来自该校20个院系，同时吸引了全校优秀师生参与，从多学科角度研究生命科学中一些复杂的重要科学问题，取得了系列突破性成果，成为跨学科交叉研究的成功范例[3]。麻省理工学院为解决世界性难题，组建专门委员会前瞻性地引导跨学科的共同研究。在2003—2022年，专门委员会就能源问题发布了一系列未来报告，从核能、地热能、煤、天然气、电网、太阳能、储能等领域全方位推动交叉研究和社会投资。近年来，针对人工智能、数字经济、生命

---

[1] 郝天聪.我国高技能人才培养的误区及模式重构：基于高技能人才成长的视角[J].中国高教研究，2017（7）：100-105.

[2] 校友创建的公司每年收入超2万亿美元！一文带你了解麻省理工的科技创新和技术转移[EB/OL].（2023-10-04）.https：//www.sohu.com/a/725685278_121123735.

[3] Stanford BIO-X Hights.Bioscience Research News[EB/OL].（2022-04-27）.https：//bios.stanford.edu/highlights.

科学等领域的重大科学与技术问题，该校又启动了引导性的跨学科交叉研究，这种组织方式形成了一种可持续发展的强大复合体。三是与工业界的深度合作，引领产业方向。在 20 世纪 50 年代、70 年代、90 年代，斯坦福大学分别以半导体和大型计算机、芯片设计和集成电路、计算机科学等方面的先进科技成果成就了硅谷在这些产业领域的领先地位[1]。麻省理工学院内部设有技术授权办公室（MIT-TLO），外部设有全球产业联盟（ILP），内外结合，相得益彰，开创了大学和企业合作研究的有效模式。四是构建最优秀的师资队伍。斯坦福大学创建者倡导"要物色最优秀的教师"。该校特曼教授在"造就卓越塔尖计划"中提出了构筑"人才尖子"战略，集聚资源引进一流拔尖人才，引进了包括诺贝尔物理学奖威廉·肖克利在内的一大批自然科学家、经济学家、统计学家和心理学家等，他们的集聚迅速推动了该校的跨越式发展，催生了 30 多位诺贝尔奖获得者[2]。

综上所述，上述两所大学在具体做法上虽然有所不同，但两校均全面有效推进了重大科学与技术问题导向、高水平人才队伍建设、学科交叉融合，以及创新创业与校企合作，在人才培养、科技创新和学术生态之间形成一种可持续发展的复合体，通过校内外创新要素流动与协同，有效地推动科技创新、促进新质生产力发展，为本章构建创新型人才队伍建设与促进新质生产力发展的关系提供了一种非常重要的视角。

8.3 发展新质生产力需要创新型人才

科技创新是新质生产力的核心要素，创新型人才是开展科技创新活动的主体力量，人才引领是驱动新质生产力发展的关键要求。新质生产力代表着产业变革的新趋势和新方向，其发展高度依赖于创新型人才的持续供给程度。整体而言，新质生产力所需要的创新型人才除了掌握相关的知识技能，还应拥有相

---

[1] 姜绍华.解码斯坦福大学与硅谷共生机理[N].中国教育报，2021-09-30（9）.
[2] 陈伟斌，孙鋆，林键.国外创业型大学建设一流学科的经验与启示——基于麻省理工学院、斯坦福大学和华威大学的案例研究[J].合肥工业大学学报（社会科学版），2021，35（5）：125-132.

关的创新成果、保持充沛的创新活力。同时，科技人才评价制度是中国科技创新的基础性制度，不仅直接关系广大科技工作者的切身利益，也影响科研产出的成效[①]。高校应该根据人才成长所处阶段及其特点，提供一种包含资金、平台和评价体系等的生态环境，保障其有效地发挥出应有的重要作用。

从科技创新活动的内容看，新质生产力人才分为四类。一是专注于纯基础研究的人才。他们大都出于学术兴趣，对人类主客体的未知领域进行非常超前的探索，在某种程度上是从事"无用之学"，包括理论数学、理论物理等领域，这类研究的成果投入应用一般需要很长的周期。二是开展应用基础研究的人才。他们一般都基于解决全球性、普遍性的难题，从科学原理上进行系统研究和探索，力图产生0—1的技术突破和颠覆性的发明创造。这类问题会涉及跨尺度生命解析、脑科学、类人与仿生系统、器官医学、生物制造、量子计算与通信，以及未来能源技术等领域。这类成果转化的周期相对较长，解决的是掌握未来产业主动权的问题。三是开展前沿技术研究的人才。他们一般都站在技术研究的最前沿，开辟新的赛道，开放式发现和解决全产业链中的技术难题，如围绕微纳结构与传感、基因与细胞调控、生物合成材料、高端医疗器械、先进机器人、元宇宙、区块链，以及自动驾驶等领域的研究，这类成果转化周期相对较短，解决如何带动产业升级的问题。四是"卡脖子"关键核心技术攻关的人才。他们围绕国家重大战略需求，在当前国际激烈的科技竞赛中突破新技术，赢得竞争主动，如围绕集成电路、智能技术、生命健康、能源低碳、高端装备、先进制造，以及海洋科技等领域的研究，这类研究成果的转化迫在眉睫，解决的是当下经济社会高质量发展的问题[②]。

从在创新活动中的角色地位来看，新质生产力人才也分为四类：一是顶尖人才和战略科学家。他们大都具有深厚的科学素养、开阔的学术视野和长远发展的格局，拥有前瞻性判断力、跨学科理解能力、大兵团作战组织领导能力、统筹布局能力，善于把握科技发展大局和前沿研究趋势，是科学家队伍中的

---

① 刘辉，梁洪力.基于价值传导视角的科技人才评价改革机制研究［J］.中国科技论坛，2024（2）：158-167.

② 关于印发《上海市颠覆性技术创新项目管理暂行办法》的通知［EB/OL］.（2024-06-07）.https：//www.shanghai.gov.cn/gwk/search/content/11dc42f0e0ff4ac9adcaf9e90178bd04.

"帅才"①。二是高层次创新型领军人才。他们具有深厚的学术造诣，拥有精准的判断能力和开辟新领域的实力，具备组织有限力量攻坚克难的能力，取得"战役性"成果，成为优秀的创新团队带头人和学术带头人，他们是科学家队伍中的"将才"和骨干。三是优秀青年科技人才。他们获得良好的学术训练，拥有优良的学术业绩，具有活跃的学术思想和继续上升的发展潜力，热衷于开展基础、原创、交叉研究，能高水平独立地开展基础研究和技术创新，是科学家队伍中的骨干和生力军。四是卓越工程师。他们拥有深厚的专业知识和精湛的技术能力，具备卓越的组织能力，善于沟通协作、技术攻关，组织力量有效地运用相关知识和技能来解决复杂的工程问题和技术难题，推动项目的进展，他们在新质生产力发展中起着"技术骨干"的重要作用。

高校的创新型人才队伍基本囊括了以上各种类型的人才，体现出全面性、成长性、系统性及循环发展等重要特点。传统上，基础研究和应用基础研究是研究型高校的主要科研活动，既是大学作为非营利性公共事业部门应承担的特殊使命，也符合大学拥有长期稳定支持这一独特优势的基本要求。随着科技、经济和社会的发展，高校应面向国家战略需求和"卡脖子"重大问题，承担重大前沿技术探索和核心技术攻关任务。而且，这类科研活动在高校科研工作中所占比重会越来越大。从这个意义上讲，现代大学具备一种复合功能，在推动技术创新和促进新质生产力发展方面，扮演着不可替代的角色。此外，大学拥有战略科学家、领军人才和青年科技人才的同时，还有数量规模巨大的博士研究生和博士后队伍。在接受严格正规的科研训练的同时，他们直接参与到前沿科学研究或技术创新活动中，不仅是上述高校创新型人才队伍的后备军和蓄水池，也是新质生产力发展的人才源泉。近年来，我国的研究型大学，学科持续发展，科创活动稳定持久，学术传承连绵不断，学科交叉充分便捷，涌现出越来越多高水平的创新成果。在长时段内，高校正有规划、有步骤地实施人才引进和培育计划，形成了以青年科技人才（包括博士、博士后）为塔基，优秀青年科技人才和领军人才为塔身，顶尖人才为塔尖的"金字塔形"人才矩阵，在

---

① 杨芳，陈劲.发挥战略科学家基础研究中的帅才作用［EB/OL］.（2023-05-23）.https：//baijiahao.baidu.com/s？id=1766649423834409663&wfr=spider&for=pc.

推进高水平科技创新活动中具有独特的优势，有望很好地满足新质生产力发展对科技创新和创新型人才队伍日益增长的需求。

8.4 构建基于人才成长规律的高校创新型人才队伍建设与发展模型

一个高水平的创新型人才成长通常会经历4个阶段：创新孕育期、创新成长期、创新发展期以及创新成熟期。在高校，这4个阶段对应于4种人才队伍的类型。其中，创新孕育期是培养和发现人才的时期，主要是博士生和博士后队伍；创新成长期是人才的培育和思维活跃期，主要是优秀青年科技人才；创新发展期是人才壮大和成果爆发期，主要是领域领军人才及其创新团队；创新成熟期是人才居于顶峰及系统提供奉献性价值的时期，主要是顶尖人才与战略科学家。对于处于不同阶段的创新型人才，如何为其匹配优势资源，提供体系化的生态支撑，形成规模化的队伍，有效地满足新质生产力发展对创新能力培养、科技创新活动和创新成果转化等方面的诸多要求，是本章研究的核心。

如前文所述，高校的科技创新活动主要包括了基础研究、应用基础研究、前沿技术研究和"卡脖子"关键核心技术突破等。对于比较重视解决产业问题、学科与地方经济发展结合紧密、校地企合作优势明显的高校，其科技创新活动还包括了促进产学研合作，进行科技成果转化等内容，具备一支推进产学研转化的创新型人才队伍。

目前，高校的制度环境日益完善。对应于科技创新活动中的科学研究范畴横纵拓展，高校具有跨学科交叉融合的优势；在科技创新投入产出非线性匹配方面，高校具有相对较为稳定的资金支持和先进的基础研究平台；在科学研究范式融入社会力量方面，高校具备与政府、企业等多创新主体协同互动的条件；在提供滞后性经济增长的动能方面，高校具备长周期研究的学术氛围和开放包容的生态环境，更注重战略性、原发性创新活动。这4个方面的独特优势，构成了高校在适应新质生产力发展需求方面最重要的制度要素。这些要素共同为高校形成高水平创新型人才队伍、实现可持续发展提供了重要支撑，构建起高校人才队伍建设与发展的一种独特生态环境,并通过人才引领性的创新活动,在不同层面上直接服务于新质生产力的发展。因此,在高校,主要通过4类创新型人才连接了科技创新与发展要素,产生面向新质生产力发展的科技创新活动(见图8-1)。

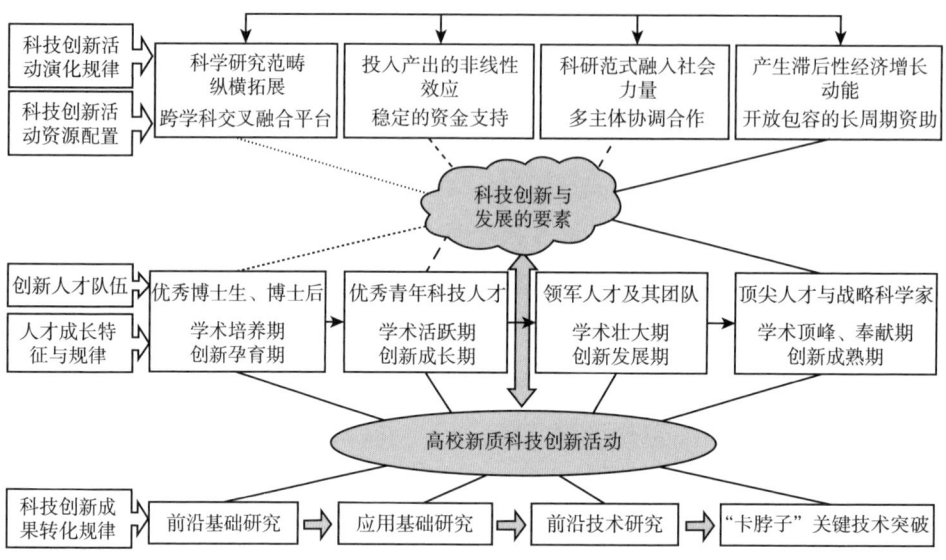

图8-1　高校创新型人才队伍建设与发展模型及生态环境

第一类主要是处于创新孕育期的博士生和博士后。在各类创新型人才中,数量规模最大的是正处于创新孕育期的博士(生)及博士后队伍,他们是后续产生高水平科技创新人才的源头活水。纵观世界一流大学的博士生和博士后培养,一方面拥有更为优秀的导师,另一方面,学校为其提供了跨学科交叉融合的先进平台和环境氛围。重点是培养好博士(生)及博士后队伍浓厚的学术兴趣、前瞻性的科研视野和卓越的创新能力。

第二类主要是处于创新成长期的优秀青年科技人才。优秀青年科技人才的规模和质量直接决定着新质生产力培育与发展的效能。有学者针对 MIT TR35 中国区获奖者的研究发现,高层次教育背景与海外培养经历是优秀青年科技人才的"摇篮",顶尖高校/院所和经济发达地区是其选择未来职业发展的聚集地[①]。有学

---

① 永辉,马廷灿,岳名亮.中国优秀青年科技人才特征研究——以 MIT TR35 中国区获奖者为例[J].中国科技论坛,2023(5):99-109.

者考察了美国国立卫生研究院等机构发现，发达国家及其一流机构均重视给予正处于创新成长期的青年人才以较长周期的稳定支持[1]。可见，科学地调整资源配置和评价体系，是确保青年科技人才发挥创新活力的重要条件。

第三类是处于创新发展期的一流科技领军人才和创新团队。就世界科技创新的一般性特点而言，原创性、颠覆性成果和解决"卡脖子"问题的成果主要来自一流的科技领军人才及其高水平的研究团队。高校不仅需要集聚高水平创新人才及团队，而且需要推动教育、科技、人才等要素的协同、融合及发展，助其做大做强跨领域、跨产业的集聚平台，让更多的创新主体高效地协同合作，打造高水平创新人才全面支撑全产业、全领域的全新格局。

第四类是处于创新成熟期的顶尖人才和战略科学家。创新活动需要具有全球化视野和在国际竞争中胜出的顶尖人才和战略科学家来引领，同时，他们对于各类人才能够产生强大的集聚效应与凝聚作用，对于形成人才"高地"极为关键。我们研究发现，对于这类人才，最重要的是给予他们充分的信任、支持和自主权，让他们有效地围绕国家战略急需、国际学术前沿和人类文明发展面临的重大问题，布局若干战略必争方向，有机整合各领域协同创新力量，推动联合攻关与协同合作，产生一批重大原创性成果，极大地推动新质生产力的发展。

8.5 4所C9高校的实践：构建支撑科技创新的最优人才生态

进入新时代，高校更加关注科技创新对于经济社会发展的重要影响，把培养一批高水平创新型人才作为学校发展的主要目标，开展了一系列人才工作探索。基于上述模型构建，本章选取了C9高校[2]中的北京大学、清华大学、上海

---

[1] 王静，张延东.关于加大基础研究稳定支持力度的思考和建议[J].中国科技论坛，2008（5）：20-23.

[2] 编者注：C9高校是中国顶尖的9所高校组成的联盟，全称为"九校联盟"（China 9）。这一联盟的成立旨在借鉴美国常春藤盟校等高校联盟的经验，加强高校之间的合作与交流。C9高校包括：北京大学、清华大学、复旦大学、上海交通大学、南京大学、浙江大学、中国科学技术大学、哈尔滨工业大学、西安交通大学。

交通大学和浙江大学这4所综合型、研究型、创新型大学作为案例，对其创新型人才队伍和最优人才生态的建设举措与实施成效进行分析，为我国高校建设适应新质生产力发展需求的高水平创新型人才队伍提供思路启示和未来方向探讨。

8.5.1　为博士生和博士后提供跨学科交叉融合的培养平台

清华大学将博士及博士后队伍视作科技创新的重要力量和青年人才队伍的重要组成部分，并在跨学科交叉融合培养方面作出了有益的尝试和探索。《清华大学攻读博士学位研究生培养工作规定》明确了跨学科知识学习的要求。在博士生培养上，清华大学努力突破学科领域的界限，注重搭建跨学科的平台。该校于2011年设立了发展中国家博士生项目，鼓励学生到发展中国家亲身体验和调研，在全球化背景下研究发展中国家的各类问题。2014年起，不同学科的学生可以通过"微沙龙"平台发布学术话题、寻觅学术伙伴。一方面，清华大学作为我国首批实施博士后制度的高校之一，引进和培养了大批优秀博士后人才。2023年，该校出台《关于加强高质量博士后队伍建设的实施办法》，通过实施重点项目、扩大国际交流、加大支持力度、强化激励保障，把博士后队伍建设纳入人才工作一把手工程。另一方面，目前我国高校大多数的博士生、博士后培养计划仍以单一学科为主设置，博士生的教育结构、学科专业结构、人才培养结构仍需优化，企业界在研究生教育中的参与程度有待加深。博士后队伍建设中，在站博士后中基础学科博士后占比较低，海外顶尖高校留学博士进站比例、外籍博士后中来自欧美等国家的优秀博士数量有待提升。面向新质生产力发展要求，更完善的学科交叉融合体系和更优质的人才培养体系均需进一步形成与完善。

8.5.2　为优秀青年科技人才成长提供长周期的稳定支持

北京大学将人才队伍建设的重点聚焦于青年人才，尝试为优秀青年科技人才成长与发展提供制度化、前瞻性和系统性的稳定支持体系，激发青年人才创新的动力与热情。2005年，该校开始实施"百人计划"，旨在引进35岁以下、学术上已崭露头角，以及具有很好学术发展潜力的海内外优秀青年人才。2016年，该校启动北京大学博雅青年学者的聘任制度，除基本年薪外提供每年10

万元的博雅青年学者津贴，以此吸引优秀青年学者来校工作。2019年又出台《关于进一步完善青年教师学术发展指导体系的意见》，组织资深教师为青年教师提供个性化指导。2021年确立"人才战略年"以来，该校进一步鼓励支持青年教师敢于探索科学"无人区"，勇于挑战最前沿的科学问题。近5年北京大学从海外引进了600余位优秀人才，其中90%为40岁以下的青年人才。此外，该校近年获得"长江学者"称号、国家杰出青年科学基金的教师数量位居全国高校首位。虽然以北京大学为代表的我国头部高校对于青年科技人才投入了较多的经费和资源，但普遍而言，青年人才仍然面临着崭露头角机会少、成长晋升压力大、科研时间不足等问题，大部分科研经费仍然以竞争性经费为主。未来，针对新质生产力的发展要求，仍需继续完善全链条青年人才培育体系。面向前沿性、基础性的学科，给予青年人才更长周期的稳定支持，扶持青年人才挑大梁、当主角。

8.5.3 为一流科技领军人才和创新团队建设多主体协同发展的创新平台

上海交通大学将一流科技领军人才和创新团队视为产生原创性、颠覆性科技创新成果，以及解决"卡脖子"难题的主体力量。该校通过重大平台建设，在教育、科技、人才协同发展过程中尝试创新突破，让一流创新人才实现比较顺畅的流动，使人才与学科、产业协同发展。比如，校地合作平台在持续提升科技成果转化效能上发挥了重要作用。作为学校、地方政府和企业的联结点，科创平台在深度汇聚融合、促进交流和创新上有独特的优势。一方面使企业和地方更了解和支持高水平创新人才的研究，另一方面也使人才在解决企业和地方关键问题的过程中，超越论文与课题等单项指标，以创新型未来产业的发展引领学科建设。比照国际一流高校的建设经验，虽然我国高校已经在为一流科技领军人才和创新团队建设上尝试搭建多主体协同发展的创新平台，但整体而言，创新创业文化氛围的开放度和包容度有待进一步提高，诸多高层次人才因为身份限制等因素无法深度参与技术转移、开办公司和企业合作等，亟须进行更加系统化、体系化的制度设计，营造更加宽松和自由的创新创业环境。

8.5.4 为具有国际影响力的顶尖人才和战略科学家提供自主环境

浙江大学重视发挥顶尖人才的"关键少数"作用，尝试通过建设"人才特区"，为顶尖人才作用发挥营造更加开放包容、科技创新的科研生态环境。"人才特区"常以独立研究院、大师工作室或资源单列的研究中心等形式设立，在政策实践与角色定位上呈现出两大特殊取向：一是作为顶尖人才的"微生态"。"人才特区"基于特定的发展目标，实施不同于现有学校院系结构或行政组织结构的体制和政策，并在人才政策支持、发展机制、服务供给等三个维度提供更为个性化的支撑。二是作为顶尖人才共同体构建的"微节点"。"人才特区"是一个聚拢高层次人才，支撑院系学科发展的开放单元，是构建和拓展高水平创新型人才关系网络的关键节点。该校利用特区的改革试点特性，在人才制度、平台建设、服务环境、学科发展等方面探索与国际接轨的有效举措，并借此提高对国际顶尖人才的吸引力。目前，"人才特区"的建设还处于初步阶段，如何将特区的理念推广至全校，为人才营造更加宽松的自主环境，在资金支持、评价机制、成果产生周期等方面给予更大的包容度，促进更多颠覆性、原创性成果的产生，特别是要在促进顶尖人才培养青年人才的机制建设方面产出更多的实践成果，还需进行更多的实践和探索。

值得指出的是，上述4所"双一流"高校针对不同类型的创新型人才给予较有针对性的重点要素配置，使其有效地获得在不同创新发展阶段的最重要资源。但以上分析较多地采取了简单归纳的方法，这只是为了便于清晰地阐明观点。事实上，浙江大学的实践也表明：第一，创新型人才并不完全以生理年龄加以区分，而应该用学术年龄来考察（如浙大拥有一些40岁左右的顶尖人才）。第二，创新型人才并非只从事一种特定的创新活动，许多人才从解决技术问题入手，直至取得基础性研究成果，在此过程中，有时会产生一些科研副产品，甚至属于突破性的重要成果。第三，创新型人才所需的大学支持是综合的，不能把人才类型与资源配置要素简单地一一对应，应该具有冗余性和灵活性。我们同样认为，大学在整体制度和生态环境方面的匹配性支持，对于每一类创新型人才的成长与发展都十分重要，应该充分考虑它们之间的依赖性、因果性和可持续性，它们共同构成了高校支撑科技创新的最优人才生态。

8.6 结论与展望

综上，在大力发展新质生产力的战略要求下，高校对于创新型人才队伍的建设应该立足于科技创新这一核心要素，充分借鉴国际一流大学的先进经验和成熟做法，把创新型人才的成长规律与科技创新活动的运行规律紧密结合，发挥高校在创新人才引育和科技创新活动中的独特作用，系统地构建创新型人才的不同类型和差异化建设策略。从建设类型来看，对应于创新型人才成长的孕育期、成长期、发展期和成熟期，需要科学构建包括博士生和博士后队伍、优秀青年科技人才、高层次领军人才及团队，以及顶尖学者和战略科学家在内的4类创新型人才队伍；从建设策略来看，需要根据不同类型创新型人才的群体特质、成长规律和潜在问题，系统整合并重点配置高校内的优势创新要素，构建起支撑科技创新的最优人才生态。其中，博士生和博士后应以提供跨学科交叉融合的培养平台为核心，重点是尽可能拓展其多学科和国际化的学术视野，激发其高远的学术旨趣，锻炼其扎实的学术能力；优秀青年科技人才应以构建提升个体创新能力和群体竞争力的支持体系为核心，重点是提供长周期的稳定支持，激励他们原始创新、攻坚克难，为高水平科技创新及早担当起"挑大梁"的角色；高层次领军人才及其团队应以有组织科研、人才及队伍良性发展、资源合理配置以及综合评估的体制机制改革为核心，重点是建设多主体协同发展的创新平台，让他们在促进新质生产力发展上发挥骨干作用与组织功能；顶尖学者和战略科学家应以构建"关键作用"发挥的机制为核心，重点是给予他们充分的信任和自主权，让他们在科技创新活动和新质生产力人才培养中发挥不可或缺的引领作用和把关功能。这些要素共同构建成高校开放包容的学术氛围和创新型人才队伍建设与发展的生态环境。

当前，创新型人才是全球科学中心和人才高地的战略必争资源，也是我国发展新质生产力、塑造新的核心竞争力和发展驱动力的关键支撑。作为科技创新的重要策源地、高水平创新人才的主要汇集地，以及拔尖创新人才培育的重要基地，高校十分有必要针对新质生产力的发展现状、围绕新质生产力的发展趋势，以解决重大科学问题和前沿技术问题为导向，对创新型人才队伍建设与发展进行全方位的战略谋划。但是，目前高校仍然面临创新型人才队伍建设的体系不完善、人才全要素流动的不畅通，以及可持续发展的人才生态格局仍未完全建立等方面的突出问题，迫切需要在现有基础上，针对新质生产力发展对创新型人才队伍的需求，进一步推进对创新型人才培育体系与发展格局的全方位、系统性变革，充分有效发挥高校在高水平创新人才的培育和汇聚等方面的主阵地作用，为新质生产力发展提供更强劲且持续的人才支撑和创新驱动。基于人才成长规律的高校人才类型，本章重点提出了高校创新型人才队伍建设与发展模型，分析了高校最优人才生态建设中的独特制度优势与资源配置重点，希望通过在人才队伍、科技创新和科研生态之间形成一种可持续发展的复合体，更加有效地推动科技创新和促进新质生产力发展。关于面向新质生产力发展，高校 4 种类型的创新活动、高校 4 种人才类型，以及 4 种生态环境之间的耦合对应关系，有待于后续进一步思考和分析，针对性地作出系统性的研究。

第9章 支持新质生产力发展的财税政策研究

习近平总书记统筹中华民族伟大复兴战略全局和世界百年未有之大变局,准确洞察和把握世界发展趋势,创造性提出了新质生产力,深化了对我国经济发展阶段性特征和规律的认识,系统阐明了新质生产力、高质量发展以及中国式现代化的内在关系,是对马克思主义生产力理论的创新和发展,提供了新征程上推动高质量发展的科学指引。财政是国家治理的基础和重要支柱,财税政策具有优化资源配置、推进结构调整的优势,是推动新质生产力发展的重要工具和制度保障。

9.1 文献综述

新质生产力的概念一经提出就引起了广泛的关注,学术界和实际工作部门对新质生产力进行了多方面的研究,目前已经形成了丰富的研究成果,主要集中在以下方面。

9.1.1 新质生产力的内涵与特征

新质生产力是创新起主导作用,摆脱传统经济增长方式、生产力发展路径,具有高科技、高效能、高质量特征,符合新发展理念的先进生产力质态。新质生产力由技术革命性突破、生产要素创新性配置、产业深度转型升级而催生,以劳动者、劳动资料、劳动对象及其优化组合的跃升为基本内涵,以全要素生产率大幅提升为核心标志①。新质生产力的特点是创新，既包括技术和业态模式层面的创新，也包括管理和制度层面的创新。新质生产力的关键在质优，主要体现在质量高、效率高和可持续性强。新质生产力的本质是先进生产力，代表先进生产力的演进方向。就其内涵特征而言，代表性的观点主要有：蒲清平、向往（2024）②认为新质生产力的核心内涵在于劳动者、劳动资料和劳动对象及三者优化组合的质变；新质生产力属于马克思主义生产力的范畴，是在生产力构成要素质的不断提升的过程中呈现出更为先进的生产力形式（李政、崔慧永，2024）③；王国成、程振锋（2024）④认为新质生产力主要包含"高素质"的劳动者、"新介质"的劳动资料和"新料质"的劳动对象，是生产力的高级形式。

9.1.2 新质生产力的形成逻辑

已有大多数研究主要通过历史逻辑、理论逻辑和实践逻辑视角对新质生产力进行研究。例如，基于马克思主义生产力理论的视角，通过总结和梳理相关学术史和研究动态，展现新质生产力的历史逻辑；通过分析生产力的主观和客观因素、社会必要劳动时间、政治经济学的研究对象及"新质资本"，展现新质生产力的理论逻辑；以平台经济为例理解"新质资本"，展现新质生产力的实践逻辑（张开、高鹤鹏，2024）⑤。也有学者从前提、产生和保障视角加以研究。例如，彭绪庶（2024）⑥认为，颠覆性创新引致主导技术体系变更是形成新质生产力的技术前提，产生通用目的技术和发生科技革命分别为新质生产力的形成提供了充分条件和时代条件，加速形成新质生产力需要完善的科技转化应用制度体系对其加以保障。也有研究扩展延伸了经典生产力的经济学理论，将

---

① 习近平.习近平在中共中央政治局第十一次集体学习时强调：加快发展新质生产力扎实推进高质量发展［N］.人民日报，2024-02-02.
② 蒲清平，向往.新质生产力的内涵特征、内在逻辑和实现途径——推进中国式现代化的新动能［J］.新疆师范大学学报（哲学社会科学版），2024，45（1）：77-85.
③ 李政，崔慧永.基于历史唯物主义视域的新质生产力：内涵、形成条件与有效路径［J］.重庆大学学报（社会科学版），2024，30（1）：129-144.
④ 王国成，程振锋.新质生产力与基本经济模态转换［J］.当代经济科学，2024（3）：71-79.
⑤ 张开，高鹤鹏.新质生产力的三重逻辑［J］.山东大学学报（哲学社会科学版），2024（4）：95-104.
⑥ 彭绪庶.新质生产力的形成逻辑、发展路径与关键着力点［J］.经济纵横，2024（3）：23-30.

新质生产力归类为生产要素、产业体系和制度环境（姜奇平，2024）[①]。还有研究从生产目标、生产主体、生产客体、生产环境等方面对新质生产力的主体架构进行阐释（张文武、张为付，2024）[②]。

9.1.3 新质生产力的实现路径

培育发展新质生产力是我国高质量发展的现实需要。有学者从理念的角度，提出在加快形成新质生产力的过程中要贯彻新发展理念（姚宇、刘振华，2024）[③]。也有学者从完善新质生产力的制度体系，鼓励支持市场主体提升新质生产力的增长动能，提升新质生产力与经典生产力的共同融合等角度，提出实现新质生产力的发展途径（张文武、张为付，2024）[④]。还有学者从转变企业发展范式、重塑现代化产业体系和建设新的全球治理体系等方面提出形成新质生产力的改革路径（柳学信等，2024）[⑤]。此外，还有研究聚焦科技创新，提出通过加强科技创新、强化顶层设计、建立数智政府等路径促进新质生产力的加快形成（王雅洁，2024[⑥]；石建勋、徐玲，2024[⑦]）。

9.1.4 支持新质生产力发展的财税政策

财税政策是政府调控经济的重要政策工具，是国家治理的基础，在培育新质生产力方面扮演重要角色。刘明慧、李秋（2024）[⑧]研究提出，财税政策驱动新质生产力发展的理论逻辑体现为塑造适应新质生产力的生产关系，调节新质生产力的产出分配效应，助力经济长期可持续发展，激励技术创新打造新质生

[①] 姜奇平.新质生产力：核心要素与逻辑结构［J］.探索与争鸣，2024（1）：132-141+179-180.

[②④] 张文武，张为付.加快形成新质生产力：理论逻辑、主体架构与实现路径［J］.南京社会科学，2024（1）：56-64.

[③] 姚宇，刘振华.新发展理念助力新质生产力加快形成：理论逻辑与实现路径［J］.西安财经大学学报，2024，37（2）：3-14.

[⑤] 柳学信，曹成梓，孔晓旭.大国竞争背景下新质生产力形成的理论逻辑与实现路径［J］.重庆大学学报（社会科学版），2024，30（1）：145-155.

[⑥] 王雅洁.加快形成新质生产力：关键环节、风险挑战与实现路径［J］.内蒙古社会科学，2024，45（2）：141-148.

[⑦] 石建勋，徐玲.加快形成新质生产力的重大战略意义及实现路径研究［J］.财经问题研究，2024（1）：3-12.

[⑧] 刘明慧，李秋.财税政策何以驱动新质生产力发展？［J］.上海经济研究，2024（3）：31-41.

产力的创新策源,强化创新场景赋能打造新产业、新业态和新模式。

在基本原则方面,有学者提出处理好政府与市场、公平与效率、增长与分配、政策与指标等关系,推动高质量发展(陶然等,2023)[①]。在具体政策工具方面,部分学者认为新质生产力的形成更需要公平税收,在公平税制架构的框架下,税收有促进新质生产力的重要作用空间(曾军平,2023)[②]。部分学者分析现有税收政策对我国形成新质生产力的积极影响及存在的制约,从加快科技创新成果转化和强化生产要素融合创新等方面提出税收政策建议(谢芬、杨颖,2024)[③]。

虽然财税政策在理论和实践中有广泛讨论,但其在发展新质生产力中的具体机制有待继续探讨。如何有效运用财税政策培育新质生产力,不仅是经济政策制定的关键,也是当前理论界的研究热点。

9.2 基于"技术—经济—治理"范式的财税政策支持新质生产力发展逻辑解构

范式主要是指特定科学共同体从事某种科学活动所必须遵循的公认的模式,包括共同的世界观、基本理论、实例、方法、手段、标准等与科学研究有关的事物。[④]技术范式要表达的是技术是什么、技术是如何形成的。"技术—经济"范式主要研究技术在经济系统中的一般特征、扩散过程和宏观表现。立足马克思主义唯物史观,结合生产关系和生产力、上层建筑和经济基础、国家治理和社会发展的关系,本章提出"技术—经济—治理"范式分析框架,财税政策从技术、经济、治理三个层面协同培育新质生产力,不同层面的机制相互联系、相互影响、协同作用。

[①] 陶然,柳华平,周可芝.税收助力新质生产力形成与发展的思考[J].税务研究,2023(12):16-21.
[②] 曾军平.税收该如何助推形成新质生产力?[J].税务研究,2023(12):12-15.
[③] 谢芬,杨颖.促进新质生产力形成的税收政策探析[J].税务研究,2024(2):120-125.
[④] 托克斯·库恩.科学革命的结构,第四版[M].金吾伦,胡新和,译.北京:北京大学出版社,2012.

9.2.1 财税政策支持新质生产力的核心要素——科技创新

科技创新是新质生产力的核心要素。科技创新活动与一般经济活动存在一定差异,主要表现在市场失灵、外部性和知识溢出等方面。要实现科技创新活动中的帕累托效率,企业或个人从事科技创新的成本和收益必须充分内部化。

在公共财政框架下,鼓励科技创新的财税手段主要有两种:一种是财政支出,另一种是税收优惠。财政支出主要是发挥财政资金对科技创新的引导作用,重点是通过投资、补贴、担保等措施支持和鼓励创新。财政支出具有一定的自主性和直接性,但财政支出刚性明显。税收政策更强调为科技创新创造环境,并将重点放在市场化的创新领域。税收政策具有明显的间接性,体现了政府对微观经济主体创新活动的引导与配合。税收政策灵活性强,倾向于事后支持,体现了政府、企业和市场的共同作用。只有将财政支出与税收优惠结合起来,才能发挥最大功效[①]。

9.2.2 财税政策支持科技创新转化为新质生产力

从微观层面看,财税政策影响微观经济主体的行为,改变微观经济主体的生产、组织和管理形式,提高生产要素质量,优化要素投入结构,培育新质生产力。首先,财税政策培育高端要素,优化生产要素结构。通过财税政策引导、培育数据等高端生产要素,优化生产要素投入结构,克服资本、劳动力、土地等传统生产要素的局限性,加速内外部创新,促进经济高质量发展。其次,财税政策深化分工形式,形成更高素质的劳动者。通过培训,促进劳动者不断学习新技能,丰富技能结构、智力结构和知识结构,产生更高质量的劳动力供给,进一步深化分工,提升生产效率。最后,财税政策优化微观企业资源配置方式,拓宽劳动对象范围。财税政策通过解决信息不对称和外部性问题,引导要素和资源进行合理、有效流动,采取更高技术含量的劳动资料,优化资源配置方式,形成更广范围的劳动对象,大幅提升资源配置效率和全要素生产率。

财税政策促进新质生产力的中观机制主要通过产业这一载体来实现。形成

---

① 张明喜.促进企业自主创新的税收政策研究[J].中国科技论坛,2009(12):28-31+47.

新质生产力的关键是以科技创新推动产业创新，通过整合使用优质和新型生产要素，形成高水平高能级的现代化产业体系。从现代化产业来看，要不断提升现代化产业的科技含量，推动传统产业转型升级，大力发展战略性新兴产业和未来产业。从产业体系来看，要依靠科技创新提升产业链、供应链韧性和安全水平，构建自主可控、安全可靠的产业体系。从企业创新来看，要强化企业科技创新主体地位，发挥科技领军企业在推动产业升级、培育产业生态、塑造产业体系的引领作用。一方面，财税政策助力战略性新兴产业和未来产业发展，促进产业数字化和数字产业化，延伸产业内涵，拓展产业范围，形成更具竞争力的产业实力，形成高效能的生产力。另一方面，财税政策改变原有的生产方式和运行方式，对生产、输出、流通、运输、销售模式产生重要影响，促进技术、研发模式、生产方式、业务模式、组织结构都发生变革，不断夯实发展新质生产力的产业基础。

财税政策促进新质生产力的宏观机制主要通过消费、投资和净出口等宏观经济变量来实现。首先，财税政策促进消费结构升级，充分释放消费需求潜力。通过实施财税政策，优化资源配置，促进生产更好地满足消费者的个性化需求。新需求对供给升级提出更高要求，激发新供给，实现消费端与生产端的匹配，促进消费结构的转型，最终实现新供给与新需求高水平的动态平衡。其次，财税政策优化投资结构，重塑进出口新格局。通过财税政策的调整，拓展投资方式和渠道，充分激发民间资本的积极性和创造力，促进市场竞争，充分发挥市场在资源配置中的决定性作用，提高投资效率。最后，充分发挥中国超大市场的优势，利用财税政策调节进出口，用好全球创新资源，加快构建具有全球竞争力的开放创新生态。

9.2.3 财税政策塑造与新质生产力相适应的生产关系

生产关系是人们在生产活动中形成的社会关系，包括所有制形式、劳动组织方式、产品分配和交换方式。从历史来看，每次科技革命都会带来"技术—经济—治理"范式的变革，新质生产力需要将塑造新型生产关系作为重要保障。

一是财税政策促进所有制多元化，激发市场活力。发展新质生产力，要求生产关系所有制形式更加多样化，要求市场竞争更加充分。财税政策鼓励私营企业、外资企业和合资企业的发展，并通过对不同所有制企业提供平等待遇，促进所有制的多样化，激发各类市场主体活力，促进市场充分竞争。

二是财税政策能够调整劳动关系。新质生产力的发展对劳动者的技能和素质提出了更高要求，也带来了更加灵活多样的劳动形式，如远程劳动、弹性就业等。财税政策通过教育培训等手段，促进人力资本积累和劳动技能提升，激励产生新工作方式。

三是财税政策调整产出分配效应。财税政策通过调整收入分配、刺激研发创新、优化资本配置、支持就业和区域均衡发展战略等方式，调节新质生产力的产出分配效应，培育新质生产力。

9.3 财税政策支持新质生产力发展已取得积极进展

9.3.1 稳步增加财政科技投入

一是持续加大科技创新投入。2018—2023年，全国财政科技支出从8327亿元增长到10567亿元，增长近30%，有力保障了基础研究、关键核心技术攻关等资金需求。财政科技支出发挥杠杆作用，带动研发投入大幅度增长。2012年我国研发投入突破1万亿元，2019年突破2万亿元，2023年约为3.3万亿元，是全球第二大研发经费投入经济体。R&D经费投入强度由2012年的1.91%增长至2023年的2.64%，接近经济合作与发展组织（OECD）国家2.7%的平均水平。

二是初步形成多元化投入格局。研究制定科技型企业融资行动方案等政策举措，推进科创板、北京证券交易所及注册制改革等工作，建立资本市场信息共享和政策评估机制。聚焦集成电路等关键产业领域，研究形成全产业链融资支持方案。对参与关键核心技术攻关的企业实行清单制管理，财政部为银行贷款提供贴息，证监会建立上市"绿色通道"，融资担保基金提供风险补偿。针对银行识别科创属性的难题，探索推广"企业创新积分制"。打通科技、税务、市场监管等渠道数据，根据18项核心指标生成的创新积分已纳入银行信贷模型。设立科技创新和技术改造再贷款，支持科技创新、技术改造和设备更新。

三是不断完善科技税收政策。初步构建涵盖企业所得税、个人所得税、增值税等税种的科技税收体系，包括不同类型的创新要素、创新环节和创新行为的组合。50多项税收优惠政策针对科技创新的主要环节和重点领域给予重点支持，主要包括创业投资、吸引和培育人才、研发费用加计扣除、成果转化、重点产业发展等[①]。

9.3.2 优化财政支出结构，创新财政支持方式

一是优化财政支出结构。以中央财政科技投入为例，加大基础研究、应用基础研究和前沿研究的投入力度，改革基础研究领域科研计划管理方式，建立包容和支持"非共识"创新项目的制度，大力支持保障打赢关键核心技术攻坚战。优化项目资助机制，提高连续、稳定支持项目的比例，构建分类分层、有序竞争的项目资助机制。围绕战略科技力量系统布局，加大对国家实验室的长期稳定支持。

二是创新财政支持方式。对于科研机构和高校，采取"竞争+稳定"的支持方式。设立基本科研业务费，由高校和科研机构自主安排。在前补贴基础上，引入后补助支持方式。将评估结果与经费安排进行挂钩，根据评估结果安排经费；对中央高校和科研机构实施重大科研基础设施和大型科研仪器开放共享奖励[②]。制定首台（套）、首批次、首版次应用政策，推动创新成果应用。

9.3.3 深化财政科技管理改革，破解体制机制障碍

一是不断深化科技计划管理改革。实施中央财政科技计划和资金管理改革，将原来分散在各个部门的近百项国家科技计划优化整合为国家自然科学基金、国家科技重大专项、国家重点研发计划、技术创新引导专项（基金）、基地

---

① 张明喜.税收现代化助力高水平科技自立自强[J].中国税务，2023（9）：20-22.
② 赵路，程瑜，张琦.发挥财政职能作用支持科技创新发展——财政科技事业10年回顾与展望[J].中国科学院院刊，2022，37（5）：596-602.

和人才专项等新五大类科技计划，更加强化国家需求导向和问题导向，从基础前沿、重大共性关键技术到应用示范进行全链条一体化设计，重新打造新的项目形成机制、新的管理流程，以及新的监督评估体系。建立由33个部门和单位组成的国家科技计划管理部际联席会议机制。中央科技委员会成立后，进一步加强科技创新资源统筹，探索"以需求定任务、以任务定经费"的财政科技经费分配机制。

二是深化财政科研项目经费管理改革。2016年，中共中央办公厅、国务院办公厅印发《关于进一步完善中央财政科研项目资金管理等政策的若干意见》。2018年，国务院印发《关于优化科研管理提升科研绩效若干措施的通知》，提出了简化预算编制、合并财务与技术验收、开展"绿色通道"试点等一系列改革举措。2021年，《国务院办公厅关于改革完善中央财政科研经费管理的若干意见》提出简化预算编制、下放预算调剂权，并选择部分试点单位将科研项目经费决算报表作为结题依据，取消科研项目结题财务审计。

三是深化科技领域中央与地方财政事权与支出责任划分改革。从科技研发、科技创新基地建设发展、科技人才队伍建设、科技成果转移转化、区域创新体系建设、科学技术普及、科研机构改革和发展建设等方面，界定中央财政事权、中央与地方共同财政事权或地方事权，中央财政和地方财政区分不同情况承担相应的支出责任[1]。

四是深化科技成果权属改革。进一步完善与科技成果处置、收益和分配有关的制度，国家设立的研究开发机构、高等院校对其持有的科技成果，可以自主决定转让、许可或者作价投资，但应当通过协议定价、在技术交易市场挂牌交易、拍卖等方式确定价格[2]，取消了主管部门和财政部门对科技成果转化的审批备案。国家设立的研究开发机构、高等院校转化科技成果所获得的收入全部留归本单位，在对完成、转化职务科技成果作出重要贡献的人员给予奖励和报

---

[1] 中央办公厅.关于进一步完善中央财政科研项目资金管理等政策的若干意见（中办发〔2016〕50号）[Z].2016.

[2] 全国人民代表大会常务委员会.全国人民代表大会常务委员会关于修改《中华人民共和国促进科技成果转化法》的决定[Z].中华人民共和国全国人民代表大会常务委员会公报，2015（5）：862-872.

酬后，主要用于科学技术研究开发与成果转化等相关工作，科技成果转化收益不再上缴国库。为深化科技成果使用权、处置权和收益权改革，进一步激发科研人员创新热情，促进科技成果转化，选取40家单位开展赋予科研人员职务科技成果所有权或长期使用权试点。

9.4 适应新质生产力发展要求的财税政策挑战与应对

9.4.1 面临的主要挑战

笔者认为，在财政科技投入方面：一是中央财政科技投入总量有限。财政收支形势严峻，中央财政科技投入主要在调结构上作了安排，总量增长有限，各方面提出的新增经费需求压力短期内难以较好释放。二是投入结构有待进一步优化。虽然我国已构建了稳定性和竞争性相结合的财政研究资助体系，但稳定支持经费主要用于维持机构运行或经过二次竞争分配转化为竞争性项目经费，距离达到稳定支持目标尚有差距，对基础研究缺乏持续稳定的支持，对完成使命任务的优秀机构和团队稳定支持不足。三是财政科技资金支持方式较为单一。财政科技投入方式仍以前补助、资助等无偿方式为主，引导基金、后补助等方式尚未发挥明显作用，同时各种方式的协调性不强、连续性较弱、灵活性不足。

在科技税收政策方面：一是对支撑新质生产力形成的新生产要素关注不够。已有政策主要基于传统成熟产业，对原始创新和未来产业关注不够。二是促进科技创新的税收政策力度、精度和效度有待提升。仅举亏损结转一例说明：结转年限由5年延长至10年，但仍然设置了结转年限，且只能"结转以后年度弥补"，不能向前结转，也不能获得现金补助或税款退还，这意味着享受该政策优惠的前提条件是企业在10年内实现盈利。三是支撑新质生产力转化为现实生产力的投资、消费方面的税收政策偏弱。数字技术迅猛发展推动产业发展由分工深化逐步走向相互融合，催生新产业、新业态和新模式，对相关的投资和消费缺乏相应的税收政策激励。

9.4.2 总体考虑

围绕更好发挥财政职能作用，坚持问题导向，突出针对性和可操作性，与时俱进地完善财税政策支持加快发展新质生产力的总体思路，本章提出以下考虑。

一是坚持有为政府与有效市场相结合。新质生产力既需要政府超前规划引导、科学政策支持，也需要市场机制调节、企业等微观主体不断创新，是政府"有形之手"和市场"无形之手"共同培育和驱动形成的。按照发挥市场在资源配置中的决定性作用、更好发挥政府作用的要求，强化市场的自主性、资源的系统性、链条的完整性、政府的组织性，坚持公共财政属性，抓住主要矛盾，明确支持重点，区分层次，聚焦公共性、公益性等领域，加大财政支持力度，引导市场主体行为，推动生产要素创新性配置，提高资源配置效率。

二是坚持顶层设计与因地制宜相结合。树立"全国一盘棋"思想，既要立足全局加强顶层设计，从全国层面统筹相关政策设计和制度安排；又要从实际出发，综合考虑不同地区的资源禀赋、产业基础、科研条件和发展预期等，因地制宜发展新质生产力[①]。

三是坚持短期政策与长期政策相结合。一方面，强化相关领域单项财税政策设计与整体制度安排的协调、短期政策与长期政策的协调，以及政策制定与制度建设的协调，强化财政资源统筹，构建稳定的政策体系和制度环境，激发市场主体活力。另一方面，加强财政与区域、货币等其他政策协调，做到统筹兼顾、互动互促，实现系统集成、协同高效。

四是坚持统筹谋划与分类施策相结合。自觉把财政资源配置放到高质量发展的战略全局中统筹考虑和谋划，把是否有利于高质量发展作为制定完善政策的衡量标准。对与高质量发展要求相符的，予以坚持强化；对与高质量发展要求不相适应的，主动研究调整；对根据高质量发展要求需进行补充创新的，抓紧研究制定新的政策措施和改革举措。同时，充分考虑国内外形势变化和实际

---

① 刘星妍,等.财政支持加快构建新发展格局的总体思路、主要着力点及相关建议[R].内部报告,2022.

需要，把握好出台实施的时间窗口。

9.4.3 政策建议

一是优化财政支出结构推动科技创新。提升财政科技投入中研发经费比例，提高科技支出用于基础研究比重，完善竞争性支持与稳定性支持相结合的基础研究投入机制，有组织推进战略导向的原创性、基础性研究。在人工智能、量子科技、前沿半导体、生物科技等领域加强前瞻性的研发系统布局，统筹基础研究、应用研究、技术开发，支持多技术路线并行推进，实现重点领域整体突破，促进原创性、颠覆性科技创新成果竞相涌现。建立国家重大科技计划（专项）由中央地方联合组织实施机制，发挥中央对地方科技发展资金的引导作用。

二是优化财税政策支持产业创新能力培育。探索形成数据要素及其与其他要素融合创新的财税政策，强化新质生产力形成过程中的要素支撑。围绕发展新质生产力布局产业链，丰富财政支持方式和渠道，推动战略性新兴产业集群发展。完善促进产业高质量发展的税收政策，推动短板产业补链、优势产业延链、传统产业升级、新兴产业造链，提高产业链、供应链的韧性和安全性。统筹整合智能信息基础设施财政投入，推动工业生产方式智能化、精准化、个性化，激励企业加快数智化转型。以应用场景建设为牵引，加快建设数字化车间和智能制造示范工程，推广应用数字化、网络化和智能化的生产工具。

三是优化财税政策支持绿色低碳发展。设立绿色发展基金，并给予税收优惠。对环保项目和清洁能源实施财政补贴，促进绿色低碳技术的研发和应用。财税政策重点支持成果转化、鼓励资源综合利用、加强绿色新兴产业和未来产业布局发展，推动绿色制造、绿色服务、绿色能源产业发展，培育绿色生产力。深化消费税、资源税、车辆购置税等改革，调整征收范围，适当提高限制性税率，强化对化石能源、高碳产品消费行为的调控，引导经济主体进行低碳活动，推动形成节约适度、绿色低碳、文明健康的生产生活方式。

四是财税引领优化人才工作体制机制。不断健全教育、科技、人才投入机制，统筹推进教育科技人才发展。根据科技发展新趋势，加大对人才自主培养的财政投入，为高端人才提供个人所得税减免、住房补贴、子女教育优惠等政策，培育造就更多战略科学家、一流科技领军人才和青年科技人才。完善我国个人所得税的抵扣范围，赋予创新人才更大经费使用自主权，培养造就战略科技人才力量。加大国家科技计划对外开放力度，鼓励在华外资企业、外籍科学家等承担科技计划项目。加强财政法治建设，健全劳动、知识、技术、管理、资本和数据等要素参与收入分配的体制机制。

第10章 畅通金融资本向新质生产力高效配置的路径

"科技金融"起源于改革开放后政府在经济、科技等领域的改革探索，是具有中国特色的政策概念和术语。中国最早的科技金融工作始于1985年的科技体制改革，《中共中央关于科学技术体制改革的决定》提出，要"设立创业投资、开办科技贷款，以有效提升金融与科技创新活动的关联性，切实推动金融支持科技创新活动"。研究认为，随着社会的发展，科技金融的内涵不断丰富。狭义而言，科技金融是指综合运用贷款、债券、股权、保险等手段，创新金融产品，改进金融服务模式，搭建金融服务平台，实现科技创新链条与金融资本链条的有机结合，为各类创新主体的科技创新活动提供全链条全生命周期、多元化接力式金融服务的系统性安排。广义而言，科技金融是指一切服务于科技企业，以促进科技创新发展和增强经济竞争力为目标的多元化投融资体系，是科技创新与创新资本深度融合的新经济范式。

党的十八大以来，党中央、国务院高度重视科技金融工作。2023年10月，在中央金融工作会议上，习近平总书记将科技金融列为"五篇大文章"之首，并指出"科技金融要迎难而上、聚焦重点"。2024年6月，在全国科技大会、国家科学技术奖励大会、两院院士大会上，习近平总书记再次强调，要做好科技金融这篇文章，引导金融资本投早、投小、投长期、投硬科技。党的二十届三中全会紧紧围绕推进中国式现代化推出了一系列全面深化改革的战略举措，其中多处对深化科技金融改革作出重要部署，明确提出要"构建同科技创新相适应的科技金融体制"。做好科技金融大文章，畅通金融资本向新质生产力高效配置路径，对加快推动新质生产力具有重要意义。

10.1 科技金融推动新质生产力发展的内在机制

10.1.1 科技是引擎，金融是燃料，两者的相互融合推动了生产力变革与跃迁

经济学理论认为，科技是生产力增长的内生驱动力，金融是生产力发展的重要推动力量。金融通过不断积累和扩大规模，为生产力发展提供必要的资本支撑，促进生产的社会化和规模化，成为生产力变革的重要燃料。历次工业革命和产业变革中，技术创新、金融创新和制度创新，决定了技术革命能释放多少潜力，以及如何分配经济和社会利益[①]。18世纪下半叶，英国依靠技术优势推动工业发展；同时，国家资本与军事力量增强驱动贸易发展，财富的积累带来了商业银行的全面兴起，并进一步推动技术发展。19世纪中期，美国投资银行的兴起带来资本市场的繁荣，提高了资金配置效率，推动了金融结构变化，带来了电气化的繁荣，催生了第二次产业革命。20世纪下半叶，各种金融衍生工具以为以信息技术为代表的新兴产业的发展提供了全方位支持，信息技术的快速发展反过来又帮助资本实现快速积累，助推了金融服务实现更高效的资本配置，形成良性循环（见表10-1）。

表10-1　产业革命、技术革命与金融创新

产业革命	技术革命	核心区域	关键投入	引领的金融创新活动
第一次产业革命（1771—1874年）：机械生产方式的革命，形成轻工业体系	第一次技术革命（1771年）：产业革命	英国	生铁、棉花	国家债券发行，推动贸易输出，形成全球资本回流与国家财富积累
	第二次技术革命（1829年）：蒸汽和铁路时代	英国（扩散到欧洲大陆和美国）	铁、煤	商业银行快速发展，贸易中心与财富积累促成英国成为国际金融中心

---

① 卡萝塔·佩蕾丝.技术革命与金融资本[M].田方萌，等，译.北京：中国人民大学出版社，2007.

续表

产业革命	技术革命	核心区域	关键投入	引领的金融创新活动
第二次产业革命（1875—1971年）：大批量生产方式的革命，形成重化工业体系	第三次技术革命（1875年）：钢铁、电力	美国和德国追赶并超越英国	钢铁、电力	商业银行提供大额信贷，创新投资银行兴起
	第四次技术革命（1908年）：石油、汽车和大规模生产时代	美国（扩散到欧洲）	石油、天然气、合成材料	创业投资兴起，资本市场逐步形成，纽约成为国际新金融中心
第三次产业革命（1971年至今）：信息化革命，进入智能化时代	第五次技术革命（1971年至今）：信息和远程通信时代	美国（扩散到欧洲和亚洲）	信息、数据、芯片	创业投资繁荣发展，资本市场体系化能力形成
	第六次技术革命（2000年至今）：智能化时代	美国、日本、欧盟、中国	AI、物联网、智能制造	金融业务进入数字化决策与服务时代，形成专业化、多层次金融服务

资料来源：根据克里斯·弗里曼，弗朗西斯科·卢桑.光阴似箭：从工业革命到信息革命[M]. 沈宏亮，译，北京：中国人民大学出版社，2007，145-146；卡萝塔·佩蕾丝.技术革命与金融资本[M]. 田方萌，译.北京：中国人民大学出版社，2007，18-19等文献整理而成。

科技与金融的良性互动发展，通过引导资金流向具有更高生产效率和创新潜力的领域，极大提高了产业部门的生产效率，改变了生产方式，推动了社会生产力的飞跃。

10.1.2 金融体系与技术创新的相互适应有利于塑造新型生产关系

研究表明，直接融资主导的金融体系对风险较大的创新活动具有特别优势，在推动新兴产业建立和产业体系完善方面效率更高，适宜于颠覆式创新；间接融资主导的金融体系更适用于成熟技术的扩张，渐进式创新。从国际经验看，美国、英国等以资本市场、创业投资为主导的金融体系国家往往更容易产生大量新兴产业，生物产业、信息产业位于全球前列。德国、日本等以银行为主导的国家往往更加重视技术开发，提倡精益求精地持续改进技术，在产业类型上，促进了传统制造业的优先发展。发展新质生产力，必须形成与之相适应的新型生产关系，进一步深化体制改革，创新生产要素配置方式，构建起适宜于新质生产力发展的金融结构与技术创新范式。

10.1.3 "技术—金融"发展模式随着"生产力—生产关系"演进发展

经济发展是一个技术、产业，乃至金融模式[①]不断变迁的过程。要实现生产力的高速增长，需确定每个阶段经济体要素禀赋结构[②]所决定的比较优势，这样效率才会最优。过去，我国金融体系、技术增长路径有效支撑了粗放式、要素投入型经济增长。然而，近年来我国国家创新体系效率难以提升；金融支持实体经济的力度在减弱[③]。其背后最根本的原因在于传统的金融模式、技术增长路径已经很难适应新的经济增长模式。发展新质生产力，意味着摆脱传统经济增长方式、生产力发展路径。与此相适应的，金融发展模式、技术发展路径都必然要随着新经济增长模式而转变。

10.2 我国科技金融发展进入新阶段

近年来，我国初步探索了具有中国特色的科技金融良性循环体系。政府发挥服务型功能，顶层设计不断完善。金融改革稳步推进，金融市场分层日益精细，金融产品愈加丰富，对科技创新的支持力度也有了较大提升。地方科技金融探索实践取得了新成效。

10.2.1 政策层面构建起科技金融的"四梁八柱"

打通科技、产业、金融通道作为科技体制改革攻坚的重点，科学技术部将持续促进科技与金融融合。

---

① 此处的金融模式是指包含金融结构、组织形态、运行机制和监管框架4个层次的金融体系的综合体。
② 要素禀赋结构是指一个经济体中生产要素的相对比例，包括自然资源、劳动力、技术和资本等。
③ 通常用"边际资本产出率"来反映金融支持实体经济的效率，即增加一单位产量时需要增加的资本量。2007年以前，我国边际资本产出率约3.5，现在几乎翻倍，说明金融效率已经打折。

一是加强科技金融工作的政策引导，完善科技金融政策的顶层制度设计。中央科技委员会成立以来，科学技术部加强对科技金融工作的顶层设计和系统谋划，与金融管理部门协调联动，围绕健全科技金融体系、优化政策环境、提升服务能力、创新产品工具、强化支撑保障等方面持续发力，逐步形成科技金融发展的"四梁八柱"。二是与金融机构开展战略合作，加强科技金融产品与模式创新。科学技术部与人民银行合作实施4000亿元科技创新再贷款，调动金融资本精准流向科技创新领域。与政策性银行合作实施科技创新贷款，为国家重大战略任务提供更多长周期、低成本资金等；与国家开发银行实施100亿元专题债促进成果转化；与工商银行开展专项行动每年新支持千家高企；与农业银行紧扣农业科技园区强化金融服务；支持中国银行设立目标规模300亿元的科创协同发展母基金；与建设银行推进金融视角下科技成果评价试点。三是发挥市场资源配置作用，促进创新与资本对接。支持中国银行和地方政府在人工智能、量子科技、生物制造等重点领域设立300亿元规模的创业投资母基金。推动建设银行在北京、上海、粤港澳大湾区国际科技创新中心设立首期100亿元规模的创业投资二级市场基金。开展以科技创新创业为主题的中国创新创业大赛。与上海证券交易所（简称"上交所"）达成战略合作协议，大力培育拟上市优秀企业。四是以创新要素为载体，加强服务与赋能。推广实施"企业创新积分制"，打通科技、税务、市场监管等渠道数据。目前，根据18项核心指标生成的创新积分已纳入银行信贷模型，在全国25个省份、101家国家高新区和32家省级高新区全面推广，仅2022年积分企业获得银行授信超1100亿元。

10.2.2　创业投资为科技型企业提供了稀缺的优质资本

2000年以来，我国创业投资快速发展。截至2023年底，我国创业投资机构数达到4117家，创业投资管理资本总量达到1.52万亿元。[①] 一是有效促进了金融资本向实体经济循环。截至2023年底，中国创业投资累计投资企业达到37838家，累计投资金额8819.3亿元。投资领域主要集中在计算机硬件和通信

---

① 刘冬梅，等.中国创业投资发展报告2024［M］.北京：科学技术文献出版社，2024.

设备（26.2%）、新能源和环保（18.1%），以及生物医药（16.5%）等领域。① 二是推动高新技术企业与初创企业发展，缓解企业融资难题。创业投资以高科技领域企业为主要投资对象，有效降低了企业融资成本，扶持的一些企业迅速成长为独角兽企业。截至 2023 年底，高新技术企业项目数 15755 项，投资金额 3297.7 亿元，中国独角兽企业数量达到 316 家。三是转变政府财政支持方式，提高财政资金配置效率。政府引导基金通过"政府引导、市场化运作"的模式，引入市场机制，有效改变了传统以直接补贴为主的财政资金支持方式，提高了财政资金的使用效率。截至 2023 年底，我国已设立 2086 只政府引导基金，实际到位资金 7.13 万亿元。政府引导基金的设立培育了一批科技领军企业，突破了一批关键核心技术，加快形成新动能、新赛道、新模式，支撑高质量发展。

10.2.3　金融发展对科技创新和产业升级起到了重要支撑作用

银行对科技型企业金融服务的支持力度逐渐加大。2024 年 1 月，国家金融监督管理总局发布《关于加强科技型企业全生命周期金融服务的通知》，推动银行业、保险业进一步加强科技型企业全生命周期金融服务。一是银行对科技型企业贷款率不断提升。数据显示，2024 年第三季度末，全国获得贷款支持的科技型中小企业 26.21 万家，获贷率为 46.8%，本外币贷款余额 3.19 万亿元，同比增长 20.8%；获得贷款支持的高新技术企业 25.79 万家，获贷率为 55.7%，本外币贷款余额 16.03 万亿元，同比增长 9%。② 二是科技信贷产品不断创新。我国银行业在服务科技型企业过程中仍以信贷产品为主，各家银行针对不同生命周期的科创型企业不断开发新产品。例如，工商银行针对抵质押物不足等情况，结合外部征信推出的科创贷，农业银行面向科技成果转化过程中资金需求提供的农行科技成果转化贷，中国银行推出的以知识产权等"软资产"为抵质押的知识产权贷款，交通银行面向高技能人才推出的人才贷款等。大中型银行逐渐完善其覆盖科技型企业全生命周期的信贷产品体系，服务科技金融能力也在逐步提高。三是为科技企业服务的科技金融专营机构不断涌现。例如，交通

---

① 刘冬梅，等.中国创业投资发展报告2024［M］.北京：科学技术文献出版社，2024.
② 中国人民银行2024年11月8日发布数据。

银行打造了"交银科创"品牌，提出"科创易贷""科创易投""科创易融""科创易租"四大体系强化体制内各业务线协同服务能力。工商银行设立了总行科技金融中心，形成总分支网点四级联动体系，同时开展针对科创型企业的"春苗行动"，提高支持科技型企业融资力度。中国银行在全国24个省市分支机构同步设立科技金融中心，并重点打造科技金融专营支行或特色网点，构建"总—分—支"的科技金融多层次组织体系。

10.2.4 多层次资本市场不断丰富完善

为适应不同类型和不同发展阶段企业的融资需求，我国已经形成包括主板、科创板、创业板、北京证券交易所（简称"北交所"），以及新三板和区域性股权交易市场等多层次资本市场，助力科技型企业上市融资。截至2023年12月31日，A股年内共计有310只新股融资3551亿元[①]，支撑了计算机、通信和其他电子设备制造业以及专用设备制造业等高新技术产业融资。一是不断丰富融资工具，满足不同企业融资需求。各交易所不断创新金融产品满足科技型企业多元化融资需求。例如，上交所推出50ETF[②]期权、发布科创100指数，不断扩大科创债规模。深圳证券交易所（简称"深交所"）针对科技类债券审核提供"绿色通道"，截至2023年12月31日发行创新创业债和科技创新债规模突破900亿元，以专利、商标、版权等为底层资产发行知识产权ABS合计225亿元。二是不断增强资本市场包容性，支持硬科技企业上市。为了更好地满足不同类型投资者的需求，提高资本市场的活力和效率，各交易所针对不同阶段、规模和特征的企业分设了不同的监管标准。例如，科创板为未盈利生物医药企业量身定做了"第五套上市标准"，重点支持处于研发阶段、尚未形成一定收入的生物医药企业上市，让一批具有前景的非盈利企业持续开展关键核心技术产品研发创新，及时分享注册制改革成果。截至2023年底，总计75家未盈利硬科技企业在科创板成功上市。

---

① 2023年共有两宗超百亿募资，分别是华虹公司、芯联集成，募资额分别约为212.03亿元、110.72亿元。其他典型大额募资企业还有晶合集成、陕西能源、航材股份，募资额分别约为99.6亿元、72亿元、71.09亿元。

② ETF，指交易型开放式指数基金。

10.3 新质生产力对科技金融提出新需求

面对日益严峻的国际形势，高效的科技投入是支撑科技强国建设和推进中国式现代化的重要物质基础，深化科技金融体制改革是推进中国式现代化的内在需求。尽管我国科技金融已经取得长足进展，但金融服务于实体经济的效率还有待提升，金融供给与科技创新需求的匹配度还不够高，金融创新还有很大的延伸空间。

10.3.1 传统银行改革迫在眉睫

过去在以要素投入驱动为主的增长模式下，以大银行为主导的高集中度的金融体制，可以高效地将资金大规模地配置到基础设施和工业体系建设中。随着经济发展阶段的变化，传统银行的融资模式已经不能适应以科技创新为引领的经济增长模式。传统资金供给与科创企业的融资需求间存在天然矛盾：银行体系追求确定性收益和资金安全与科技创新成果转化不确定性间的矛盾；银行资本短期资金供给与科技创新活动长周期投入间的矛盾；银行资本偏后端、"给大钱"与科创企业早期发展"用小钱"间的矛盾；银行资本"重抵押"与科创企业"轻资产"间的矛盾。资金供给与融资需求的不匹配。传统银行对于创新企业的个性化服务和产品创新动力不足，导致其对科技创新支持的有效性不足。我们看到近几年我国科技型中小企业的获贷率在增加，融资成本在降低，但这主要是通过行政命令和业绩考核指标的方式，压低中小企业贷款利率或是采用政府兜底风险方式来实现的，长期不可持续。此外，政策性金融机构服务和聚焦国家战略的能力有待进一步提升。国际经验表明，政策性金融机构往往可以有效弥补市场失灵，带动市场化金融机构在国家关键核心技术领域内进行投资。相对而言，我国政策性金融机构在国家重大科技战略领域内的投资还非常有限，金融工具创新有待开发和完善。例如，国家开发银行自2021年设立科技创新和基础研究专项贷款，与国家开发银行总发放贷款相比，占比仅为1%左右。在可预见的未来，银行仍然是我国最主要的金融渠道。改革传统商业银行、创新银行业务模式迫在眉睫，任重而道远。

10.3.2 创业投资尚未形成成熟规范的运作模式

创业投资对于科技企业融资与发展具有独特的优势。尽管我国创业投资市场已经具备一定的规模体量，但近年来创业投资逐步丧失了市场活力，增速放缓，对高速成长的科技型企业有效投资不足，难以满足新质生产力发展的新需求。主要表现在：一是募资下滑，结构性短板突出。随着市场化投资主体投资困难、意愿减弱，外资撤离，以及政府更多将原有产业直接补贴资金转变为引导基金，创业投资资本来源的结构性短板日益凸显。2023 年国有和财政资金占比上升至 58%。二是国有创投和政府引导基金的管理体制机制存在障碍。目前国有创投和政府引导基金尚未建立起符合行业运作特点的机制，仍然按照一般性国有资本和财政资金进行管理，在投资审核、投资退出、投资绩效考核等方面存在机制障碍，导致投资干预过度，以及有效投资不足、退出不顺、效率偏低、人才外流等问题，难以有效实现财政类资金的引导功能。三是创业投资行业退出困境越发凸显。受国际退出环境、科创板的科创属性评价标准过细过窄、对科创企业 IPO 募集资金使用和信息披露机制管理过严过细、缺乏创业投资企业的上市安排制度、S 基金发育尚不成熟等影响，创业投资退出渠道日益狭窄，进而影响下一轮资本循环。四是我国创业投资监管政策过严，差异化监管政策尚未落地。我国将创业投资纳入证券投资基金监管框架，基本格局至今还未发生根本变化，对创业投资设置的注册、备案、审查、年检、内设机构、资金开户及托管等管理规定过多过繁。

10.3.3 资本市场仍存一系列制度性问题

当前，北交所与上交所、深交所共同构筑了我国资本市场"三足鼎立"的局面，初步形成板块协同、功能互补、优势叠加、交错发展的新格局，为科技型企业提供了多元化的融资渠道和资金支持。然而，立足新质生产力的发展要求，我国资本市场仍存一系列制度性问题有待完善。一是上市条件与科技创新企业的匹配度不足，门槛过高，流动性不足。IPO 条件往往更侧重于企业的财务表现和盈利能力，而非其科技创新能力和潜力，导致一些具有巨大创新潜力但尚未实现盈利的企业难以在资本市场获得融资支持。二是债券市场现有工具和发行标准不利于科创企业融资。我国债券市场交易品种有限，缺乏促进企业持续发展的中长期浮动利率债券，且发行流程复杂，难以满足科创企业快速、灵活的资金需求。三是风险评估与定价机制不健全，难以准确评估科技创新企业的价值和风险，导致投资者对其持谨慎态度。

10.3.4　金融科技等新兴金融创新工具开发应用不足

传统的融资方式往往对科技型企业有较为严格的资质和担保要求，而金融科技的应用，通过大数据、人工智能等技术手段，可以使金融机构更准确地评估企业的信用状况和还款能力，降低融资门槛。同时，金融机构基于线上风控和决策平台能够快速完成审批和放款流程，这种高效的融资方式有助于科技型企业及时获得所需资金，高效开展研发和创新活动。然而，我国金融机构对于金融科技等新兴工具开发不足、应用水平不高。根据 Statista 全球统计数据库公布数据显示，全球范围内金融科技在传统金融领域的渗透率不断扩大，2022 年全球金融科技产业市场规模突破 1600 亿美元，近 5 年复合增长率达到 12.8%。相比而言，2022 年我国国有六大银行科技投入总计 1165.49 亿元，十大股份制银行投入总计 647.68 亿元，金融科技投入占比仅为 3.16% 和 3.9%。

10.3.5　金融市场化改革需要持续深入推进

传统增长模式下，我国的金融体系较为封闭，这给我们创造了稳健安全的金融环境。改革开放以来，我国金融抑制指数已经从 1 下降到 0.6，但仍处于很高水平。虽然经过几番改革，但都未能撼动政府对金融体系的干预。此外，我国金融业开放程度也远低于美国等主要发达经济体。这种模式已经越来越难以适应新质生产力发展的新需求，亟须推进金融市场化改革。通过提高资本配置效率、降低融资成本、分散创新风险以及激发创新活力等，为发展新质生产力提供有力支持。改革的核心是要彻底实现利率市场化，唯有这样，金融才能够通过风险定价机制实现资源的有效配置，让国有企业和民营企业站在同一条起跑线上。不同的金融机构才能制定差异化的风险策略，满足不同类型、不同阶段企业发展的需求，提升金融服务的质量和效率，让真正有效益、有竞争力的企业获得足够的资源。

10.4 政策建议

总体来讲，我国目前的金融体系并非缺乏某种特定的金融安排，而是现有的结构未能适应实体经济的结构。金融支持科技创新是金融服务实体经济的关键抓手。必须以科技创新为核心，打通金融资本向新质生产力高效配置的堵点，推动"科技—产业—金融"良性循环，构建具有强适应性、高竞争性、广普惠性的现代科技金融体系，才能契合当代新质生产力发展的新需求。

一是围绕科技自立自强重大需求，加强科技金融政策顶层设计。强化顶层设计和系统谋划，健全科技与财政、金融、税收、教育、人才、产业等政策的协同效应，形成联动工作机制、监督落实机制。围绕发展新质生产力，加快培育壮大新兴产业，布局建设未来产业；加强"科技—产业—金融"良性循环，创新生产要素配置方式，让各类先进优质生产要素顺畅流动，引导更多资金投向"大科技"，形成科技创新与产业升级的协同发展格局。

二是动态调整与新质生产力发展相适应的金融体系，有效解决金融支持科技创新中的制度性障碍。加快直接融资体系建设，着力打通各种束缚创业投资发展的制度堵点，推动各类长期资金进入市场，更好发挥创业投资基金支持关键核心技术攻关和未来产业领域发展的重要作用；加强资本市场基础制度建设，推动以信息披露为核心的注册证改革，完善退市制度，建立起与国际接轨的运营体系。优化间接融资体系，鼓励商业银行设立科技金融事业部、科技支行、科技金融专营机构等，探索差别化的管理模式；适度放松对商业银行直接投资企业股权的严格限制，打造银行直接参与股权投资支持科技创新的新空间。高标准建设北交所政府债券市场，支持北交所推进信用债市场建设。

三是围绕创新链部署资金链，构建财政资金与各类金融资本的接续投资机制。充分发挥财政资金对科技创新活动的引导、担保、分担风险功能，结合重点产业发展的阶段和特点，制定差异化的金融支持方案。统筹运用财政、股权、债权、保险等手段，细分不同阶段的投入重点和支持方式，形成接续投资机制，用好结构性货币政策工具以促进股权金融发展，引导政策性金融机构加大对科技创新重点领域的支持力度，为科技型企业提供全链条、全生命周期的金融服务，构建更加高效适配的科技金融支撑体系。

四是高水平开放金融市场，构建高标准市场体系。在安全慎重监管下，加快推进金融市场化改革，构建高标准市场体系。加快建设离岸科技创新示范基地、新技术应用场景和实验平台，设立面向全球的研发基金。在全国范围推广跨境融资便利化政策，为科技类投资的跨境资金开辟绿色通道，支持科技型企业开展境外上市、发债、并购等业务。扩大股权私募基金跨境投资试点范围，优化QFLP（合格境外有效合伙人）资金募集、汇兑以及投资管理，规范QDLP（合格境内有限合伙人）投资运作管理等。完善科技金融中介服务体系建设，加快知识产权融资服务体系建设，建立健全知识产权价值质押评估和管理工作。

五是积极推进金融科技赋能，打造科技金融良好生态环境。整合科技创新资源信息，创新服务模式。引导金融机构与科创企业、征信机构、信用评级机构，利用大数据、人工智能等技术，建立符合科创企业特征的信用评分、内部信用评级和风险防控模型，加快建设科技项目管理、科技企业、技术交易市场等信息共享平台。在全国范围内推广"创新积分制"，进一步优化创新积分评价核心指标，为科技型中小企业精准画像。充分发挥地方功能，加大各具特色的探索实践，打造改革"试验田"，形成辐射全国、上下协同的联动效应。健全容错机制与差异化监管机制，推动形成与科技创新规律相适应的良好生态环境。

第11章 数据要素市场化能否促进企业新质生产力发展

——基于要素配置与组织运营视角

11.1 引　言

党的二十届三中全会指出，要健全因地制宜发展新质生产力体制机制，健全促进实体经济和数字经济深度融合制度。促进企业新质生产力发展不仅有助于优化资源配置效率，提高全要素生产率，而且有助于构建现代化产业体系，为实现经济高质量发展提供强劲动力。与传统生产力相比，新质生产力呈现三个方面的新特征：一是劳动者呈现高素质特征。新质生产力要求劳动者具备较高的科学文化水平与数字素养，能够适应智能化、数字化的生产环境[1]。劳动者的劳动形式由以简单重复性体力为主转向以脑力劳动为主，更多地从事创新性、智力性工作。二是劳动资料呈现智能化特征。传统的机械化劳动工具逐步向智能化设备转变，体现了从"机器替代人的体力"到"机器模拟人的脑力"的质的飞跃[2]。传统机械设备正在被智能制造系统、工业互联网平台等智能化新质劳动工具替代。三是劳动对象呈现数据化特征。新质生产力下的劳动对象已

---

[1] 黄群慧，盛方富.新质生产力系统：要素特质、结构承载与功能取向[J].改革，2024（2）：15-24.

[2] 刘志彪.新质生产力驱动下的新型生产关系：趋势、挑战与对策[J].财贸经济，2024（8）：5-12.

经从传统的有形物质资源扩展到包括数据要素在内的无形资源[①]，非物质劳动对象的重要性显著提升。然而，企业新质生产力发展面临以下困境：从要素配置看，劳动力在技能结构、空间分布与企业新质生产力劳动需求上存在不匹配现象[②]，影响劳动力优化配置。由于企业创新的高风险性与长周期性、资本的逐利性，企业面临较强的融资约束[③]，制约了新质生产力资本投入。从组织运营看，部分平台企业资源整合与数据建模分析能力较弱[④]，在供应链管理、客户关系管理等关键环节难以实现精细化管理，导致资源浪费与管理成本增加。

"浩瀚的数据海洋就如同工业社会的石油资源，蕴含着巨大生产力和商机。"随着科技革命深入演进与数字经济快速发展，数据要素作为新型生产要素的重要性日益凸显。数据要素市场化是指基于市场机制实现数据"石油"优化配置，包括数据要素市场配置、市场定价、市场交易、市场竞争以及市场制度等要件[⑤]。数据交易平台的建立为数据要素的流通和价值实现提供了重要基础设施，企业可以通过数据交易获取所需的数据资源，或将自身拥有的数据资产转化为经济价值。截至2023年底，全国33个地级市级以上城市建设了数据交易平台，成为数据要素市场化的重要实现形式。根据赛迪智库《2023—2024年中国数据要素市场研究年度报告》，2023年中国数据要素市场规模达到532.8亿元。作为数字经济时代的"石油"，数据要素具有虚拟性、非竞争性、规模报酬递增、正外部性等特征[⑥]。数据要素市场化在促进企业新质生产力发展的过程中具有独特优势：数据要素市场化作为一种新型资源配置方式，基于数据交易平台链接了数据提供方与需求方，有助于发挥数据要素乘数效应，优化劳动力、资本和技术生产要素配置，并赋能组织运营，为企业新质生产力发展提供要素支撑与运营支持。

---

① 焦勇，高月鹏.数据要素赋能新质生产力涌现：供给创新与需求牵引的解释[J].新疆社会科学，2024（4）：38-51，173.
② 吴江，冯定国.加快形成新质生产力的人才驱动策略[J].当代经济管理，2024，46（9）：20-28.
③ 郑国强，张馨元，赵新宇.数据要素市场化能否促进企业绿色创新？——基于城市数据交易平台设立的准自然实验[J].上海财经大学学报，2024，26（3）：33-48.
④ 夏杰长，杨昊雯.平台经济：我国经济行稳致远的重要力量[J].改革，2023（2）：14-27.
⑤ 何玉长，王伟.数据要素市场化的理论阐释[J].当代经济研究，2021（4）：33-44.
⑥ 徐翔，厉克奥博，田晓轩.数据生产要素研究进展[J].经济学动态，2021（4）：142-158.

有关新质生产力的早期研究主要从理论上探讨其内涵特征、形成机制与实现路径[①②]。新质生产力以科技创新为核心，具有知识密集、创新驱动、绿色低碳等特征，是生产力在数字化、网络化、智能化方向上的跃升。上述研究对于推动新质生产力理论构建具有重要意义，然而这类研究基本停留在理论探讨上，缺乏对新质生产力的实证研究。随着研究的深入，学者开始关注新质生产力的测度评价问题，主要从劳动者、劳动资料与劳动对象三个维度构建评价指标体系，对省份[③]、地级市[④]或特定行业[⑤]的新质生产力发展水平展开评价。这类研究丰富了新质生产力的测度视角，但对于企业新质生产力的关注较为匮乏。近期研究开始探讨企业新质生产力的驱动因素，包括数字基础设施[⑥]、数字普惠金融[⑦]、供应链数智化建设[⑧]以及数智化创新政策[⑨]等，但缺乏对数据要素的关注。与本章相近的一篇文献探讨了数据要素交易对宏观城市层面新质生产力的影响机制[⑩]，对本章有重要的参考意义。然而，企业作为经济运行的微观主体，与城市层面有较大差异，因此有必要深入探讨数据要素交易对企业层面新质生产力的影响。从数据要素与微观企业的研究看，现有文献主要集中在数据

---

① 刘伟.科学认识与切实发展新质生产力[J].经济研究，2024，59（3）：4-11.

② 周文，许凌云.论新质生产力：内涵特征与重要着力点[J].改革，2023（10）：1-13.

③ 董庆前.中国新质生产力发展水平测度、时空演变及收敛性研究[J].中国软科学，2024（8）：178-188.

④ 傅联英，蔡煜.中国市域新质生产力：时序演变、组群特征与发展策略[J].产业经济评论，2024（4）：5-22.

⑤ 朱迪，叶林祥.中国农业新质生产力：水平测度与动态演变[J].统计与决策，2024，40（9）：24-30.

⑥ 姚树洁，蒋艺翅.数字基础设施与企业新质生产力形成：理论与实证[J].东北师大学报（哲学社会科学版），2024（5）：1-12.

⑦ 孙献贞，李言，高雨晨.数字普惠金融发展与企业新质生产力[J].兰州学刊，2024（7）：54-67.

⑧ 谢家平，郑颖珊，董旗.供应链数智化建设赋能制造企业新质生产力——基于供应链创新与应用试点城市建设的准自然实验[J].上海财经大学学报，2024，26（5）：15-29.

⑨ 刘家民，马晓钰.数智化创新政策如何推动企业新质生产力发展[J].西部论坛，2024，34（4）：17-34.

⑩ 陆扬，王育宝.数据要素市场化与新质生产力发展——基于双重机器学习的因果推断[J].城市问题，2024（7）：80-90.

要素对企业全要素生产率[①]、企业绿色创新[②]、企业数字化转型[③]等方面的影响，尚缺乏对企业新质生产力发展的影响机制研究。

为了弥补上述研究的不足，本章基于2009—2022年中国城市与沪深A股上市公司的匹配数据，以数据交易平台建设作为准自然实验，运用交叠双重差分模型研究数据要素市场化对企业新质生产力发展的作用机理及影响效果。研究发现：第一，数据要素市场化能够直接促进企业新质生产力发展；第二，数据要素市场化对企业新质生产力具有要素配置效应与组织运营效应；第三，数据要素市场化对企业新质生产力的促进效应存在基于行业属性的异质性。

11.2 制度背景与理论分析

11.2.1 制度背景

中国政府高度重视数据要素市场的制度建设。2014年3月，大数据首次写入政府工作报告，这是国家系统推进数据要素市场发展的起点。2015年8月，国务院印发了《促进大数据发展行动纲要》，这是我国促进大数据发展的第一份权威性、系统性文件，强调引导培育大数据交易市场，鼓励产业链各环节市场主体进行数据交换和交易。同年10月，党的十八届五中全会首次提出"国家大数据战略"，旨在全面推进大数据发展和应用，加快建设数据强国，推动数据资源开放共享。2019年10月，党的十九届四中全会首次将数据与劳动、资本、土地、知识、技术、管理等生产要素并列，意味着数据正式被认定为与其他传统生产要素并列的新型生产要素。2022年12月，《中共中央、国务院关于构建数据基础制度更好发挥数据要素作用的意见》强调从数据产权、流通交

[①] 赵丽，胡植尧.数据要素、动态能力与企业全要素生产率——破解"数据生产率悖论"之谜[J].经济管理，2024，46（7）：55-72.

[②] 郑国强，张馨元，赵新宇.数据要素市场化能否促进企业绿色创新？——基于城市数据交易平台设立的准自然实验[J].上海财经大学学报，2024，26（3）：33-48.

[③] 徐晔，王志超.数据要素市场化建设与企业数字化转型——基于数据交易平台的准自然实验[J].软科学，2024，38（9）：24-39.

易、收益分配和安全治理4个方面初步搭建我国数据基础制度体系，并提出了"数据二十条"政策举措。2023年12月，国家数据局等部门印发《"数据要素×"三年行动计划（2024—2026年）》，旨在充分发挥数据要素乘数效应，赋能经济社会发展。党的二十届三中全会强调加快建立数据产权归属认定、市场交易、权益分配、利益保护制度。从最初将"大数据"写入政府工作报告，提出"国家大数据战略"，到后来将数据与土地、劳动力、资本、技术等传统生产要素并列，再到"数据要素×"的提出，表明中央对数据要素重要性的认识不断深化，为数据要素市场的培育和发展提供了制度保障、战略指引和政策支持。

数据要素市场化的主要实现形式是数据交易平台模式，参与方包括数据提供方、数据需求方、数据服务商、政府相关部门、金融服务机构以及法律服务机构[①]。自2014年以来，地方政府和市场主体在数据交易平台建设方面进行了积极探索，主要分为初步探索阶段、快速发展阶段以及规范提升阶段。第一，初步探索阶段（2014—2015年）。地方政府和市场主体开始意识到数据作为新型生产要素的重要性，开始探索数据交易平台的建设。2014年，北京利用其丰富的数据资源和技术优势，开始搭建数据交易平台的基础设施。全国首个大数据交易平台——中关村数海大数据交易平台启动运行，标志着中国正式进入数据交易平台建设的探索阶段。第二，快速发展阶段（2016—2017年）。随着国家大数据战略的推进与云计算、大数据分析和区块链等数字技术的成熟，政府、大型互联网企业、专业数据服务公司加快了数据交易平台的建设步伐。上海、哈尔滨、兰州、广州、乌鲁木齐、青岛、新乡以及郑州等城市的数据交易平台相继上线。数据交易平台数量快速增长，覆盖范围与市场规模不断扩大，但发展质量和运营效果存在较大差异。第三，规范提升阶段（2018年以来）。数据交易平台建设从追求数量增长转向平台质量和运营效果提升，注重交易制度完善、服务模式创新与生态体系构建。地方政府加强了数据交易的法律法规建设，明确了数据权属、交易规则和安全标准等制度规范，促进了数据要素的

---

① 张会平，等.我国数据要素市场化流通的两种模式与生态系统构建[J].信息资源管理学报，2023，13（6）：29-42.

市场化配置和价值实现。

11.2.2 理论分析

（1）数据要素市场化对企业新质生产力发展的要素配置效应。第一，劳动力要素配置效应。数据要素市场化催生了数据分析、数据交易、数据安全等与数据相关的新兴产业和职位，促使企业增加对人工智能架构师、数据分析师、算法工程师等非常规高技能劳动力需求[①]。这种引致需求促进了劳动力技能结构升级，为新质生产力的发展提供了人才支撑。数据要素市场化构建的数字化平台和信息系统，能够缓解劳动力市场信息不对称问题[②]，实现劳动力供需信息的快速匹配和精准对接，为新质生产力发展奠定了人力资源基础。第二，资本要素配置效应。在传统经济模式下，资本要素配置往往受到信息不对称的制约，导致资源错配和效率损失。而数据要素市场化推动了智能投顾、算法交易等新型金融服务的出现，为资本要素配置提供了全面准确的决策依据，促进资本要素流向最具生产力和创新潜力的领域，从而提升了资本配置效率。数据交易平台降低了资本要素配置过程中的交易成本，依托数据交易平台，金融机构与投资者能够更全面、准确地评估企业信用状况和经营情况，降低了信息搜寻、合同履行以及风险评估成本。第三，技术要素配置效应。数据要素市场化显著提高了企业获取技术信息、市场需求和竞争对手等相关数据资源的效率，极大降低了技术创新的信息搜索成本、筛选成本以及数据获取成本。通过市场化机制，企业能够获取多样化、高质量的数据资源，基于数据挖掘、机器学习、人工智能等数字技术进行技术预测、趋势分析和需求挖掘。这种基于数据驱动的创新模式能够帮助企业准确预测技术发展方向和市场需求变化[③]，降低创新决策的不确定性，缩短技术创新周期，为企业新质生产力发展提供技术支持。

---

① 姚加权，等.人工智能如何提升企业生产效率？——基于劳动力技能结构调整的视角[J].管理世界，2024，40（2）：101-116，133，117-122.
② 李弦.数据要素赋能新质生产力的理论逻辑与实践进路——基于马克思劳动过程理论的分析[J].上海经济研究，2024（5）：25-36.
③ 张夏恒，刘彩霞.数据要素推进新质生产力实现的内在机制与路径研究[J].产业经济评论，2024（3）：171-184.

（2）数据要素市场化对企业新质生产力发展的组织运营效应。第一，强化组织支撑。一方面，数据要素市场化能够促进企业数字化转型。数据要素市场化为人工智能、机器学习等技术的应用提供了必要的"燃料"，使企业能够构建智能化的生产和管理系统。基于实时数据分析的智能生产调度系统、智能客户服务、智能风控等降低了管理复杂度，为新质生产力发展奠定了坚实的组织基础。另一方面，数据要素市场化显著增强了企业内部的跨部门协作能力，使得不同部门基于共同数据基础进行决策和行动，大大增强了组织协同效应。第二，降低管理成本。数据要素交易使企业能够获取高质量、多维度的行业、市场、客户、竞争对手等数据资源，支持企业从传统经验型决策转向数据驱动型决策①，进而提升管理效率。企业可以利用数据要素交易平台获取的数据，结合物联网、人工智能等技术，构建智能化生产运作系统，实时监测生产线运行状态，优化生产排程，从而提高资源配置效率②③，为企业新质生产力发展创造有利条件。第三，促进业务创新。一方面，数据要素市场化能够催生新业态新模式。数据要素交易为企业提供了丰富的外部数据来源，能够帮助企业洞察新的市场机会与商业模式。数据要素与人工智能、物联网等新技术深度融合，能够催生智能制造、智慧物流、跨境电商等新业态新模式，优化了企业生产方式和业务流程，推动新质生产力持续发展。另一方面，数据要素市场化能够推动业务流程再造。数据要素交易使企业能够获取更多业务流程相关的数据，支持企业进行全面业务流程分析和流程再造④。数据驱动的业务流程再造能够帮助企业识别并改进效率瓶颈，建立灵活高效的运营模式，提高企业整体运营效率，进而为新质生产力发展创造有利条件。

基于上述分析，提出研究假设H1：数据要素市场化能够直接促进企业新质生产力发展；H2：数据要素市场化能够通过优化要素配置促进企业新质生产力发展；H3：数据要素市场化能够通过优化组织运营促进企业新质生产力发展。

---

① 徐翔，厉克奥博，田晓轩.数据生产要素研究进展［J］.经济学动态，2021（4）：142-158.
② 许中缘，郑煌杰.数据要素赋能新质生产力：内在机理、现实障碍与法治进路［J］.上海经济研究，2024（5）：37-52.
③ Wu K D, Liu S Z, Zhu M C, et al.The impact of digital transformation on resource mismatch of Chinese listed companies［J］.Scientific Reports，2024，14（1）：1-12.
④ 戴魁早，王思曼，黄姿.数据要素市场发展与生产率提升［J］.经济管理，2023，45（6）：22-43.

11.3 研究设计

11.3.1 模型设定

笔者将数据交易平台建设视为一项准自然实验，采用交叠双重差分模型（Staggered DID）评估数据要素市场化对企业新质生产力的影响效应。模型设定如下：

$$NQP_{i,t}=\alpha_0+\alpha_1 DIT_{i,t}+\alpha_c Z_{i,t}+\mu_i+\lambda_t+\varepsilon_{i,t} \quad (11-1)$$

式中，$NQP_{i,t}$ 为被解释变量，代表企业 i 在 t 年的新质生产力发展水平；$DIT_{i,t}$ 表示数据交易平台建设虚拟变量，表征企业 i 所在城市在 t 年是否进行了数据交易平台建设；$Z_{i,t}$ 为一组影响企业新质生产力发展的控制变量；$\varepsilon_{i,t}$ 为随机扰动项。模型（11-1）控制了企业固定效应 μ_i 和年份固定效应 λ_t。

11.3.2 变量测度

（1）被解释变量：企业新质生产力（NQP）。笔者借鉴谢家平等[①]的研究，从高素质劳动者、新介质劳动资料、新料质劳动对象三个维度构建综合评价指标体系，能够较为准确地反映企业新质生产力发展水平，如表 11-1 所示。

表 11-1　企业新质生产力评价指标体系

维度层	子维度层	序号	指标层	衡量方式	属性
高素质劳动者	管理者素质	1	管理者数字背景	具有数字背景管理者 ÷ 管理层总人数	正向
	员工素质	2	高学历员工	本科及以上学历人数 ÷ 企业总人数	正向
		3	研发人员	研发人员 ÷ 企业总人数	正向
新介质劳动资料	数字劳动资料	4	数字资产	数字化相关资产 ÷ 无形资产总额	正向
		5	数字应用	ln（公司年报数字化应用词频+1）	正向
	绿色劳动资料	6	绿色专利	绿色专利申请数 ÷ 专利申请总数	正向
	无形劳动资料	7	无形资产	无形资产总额 ÷ 总资产	正向

---

① 谢家平，郑颖珊，董旗.供应链数智化建设赋能制造企业新质生产力——基于供应链创新与应用试点城市建设的准自然实验［J］.上海财经大学学报，2024，26（5）：15-29.

续表

维度层	子维度层	序号	指标层	衡量方式	属性
新料质劳动对象	新型劳动对象	8	数据要素	ln（公司年报数据要素词频+1）	正向
	物化劳动对象	9	固定资产	固定资产÷资产总额	正向
		10	制造费用	制造费用支出÷（经营活动现金+固定资产折旧+无形资产摊销+减值准备）	正向

第一，高素质劳动者。管理者素质采用具有数字背景的董事、监事、高级管理人员数量占管理层总人数的比重衡量[①]。员工素质采用本科及以上学历人数、研发人员数占企业总人数的比重衡量。第二，新介质劳动资料。数字劳动资料采用数字资产和数字应用衡量，数字资产比例和数字应用程度反映企业对数字技术的接受和应用程度，测度方式分别为数字化相关资产占无形资产总额的比重[②]、公司年报数字化应用词频的自然对数[③]。绿色劳动资料采用绿色专利申请数占专利申请总数的比重衡量，能够反映企业在履行环境责任的努力。考虑到专利权、商标、品牌价值等无形资产是数字经济时代企业价值的重要组成部分，本章采用无形资产总额占总资产的比重作为无形劳动资料的代理指标。第三，新料质劳动对象。本章采用公司年报中关于数据要素词频的自然对数衡量数据要素利用水平。在物化劳动对象方面，借鉴已有研究[④]，本章采用固定资产占比和制造费用占比两个指标衡量物化劳动对象。采用面板数据熵值法对企业新质生产力各测度指标赋予权重，测度企业新质生产力指数。考虑到量纲问题，本章将企业新质生产力指数扩大10倍，表征企业新质生产力发展水平。

（2）核心解释变量：数据要素市场化（DIT）。如果某企业注册地位于已建立数据交易平台的城市，则该企业为处理组，相应的处理组虚拟变量（$TREAT$）取值为1；反之，该企业为控制组，$TREAT$取值为0。将某城市建设数据交易平台当年及之后年份的处理期虚拟变量（$POST$）赋值为1，将其余年份的处理

[①] 王超，余典范，龙睿.经济政策不确定性与企业数字化——垫脚石还是绊脚石？[J].经济管理，2023，45（6）：79-100.

[②] 张永珅，李小波，邢铭强.企业数字化转型与审计定价[J].审计研究，2021（3）：62-71.

[③] 吴非，等.企业数字化转型与资本市场表现——来自股票流动性的经验证据[J].管理世界，2021，37（7）：130-144，10.

[④] 宋佳，张金昌，潘艺.ESG发展对企业新质生产力影响的研究——来自中国A股上市企业的经验证据[J].当代经济管理，2024，46（6）：1-11.

期虚拟变量赋值为0。最后,将 TREAT 与 POST 的交互项作为数据交易平台建设处理变量 DIT。

(3)控制变量。参考赵国庆等[①]的研究,企业层面控制变量包括企业规模、企业年龄、股权集中度、董事会规模、独董占比、控制权占比、两职合一、资产负债率、盈利能力以及企业成长性;城市层面控制变量包括经济发展水平、政府科教支出、金融发展水平以及地区产业结构。各变量的说明及具体测度方式如表11-2所示。

表11-2 变量定义与说明

变量类型	变量名称	变量符号	变量测度
被解释变量	企业新质生产力	NQP	构建包含高素质劳动者、新介质劳动资料、新料质劳动对象三个维度的评价指标体系
解释变量	数据要素市场化	DIT	若企业注册地址位于数据交易平台建设城市,且观测年份在平台建设当年及之后,则 $DIT=1$,否则 $DIT=0$
企业层面控制变量	企业规模	lnSIZE	ln(企业总资产)
	企业年龄	lnAGE	ln(观测年份-成立年份+1)
	股权集中度	TOP1	公司第一大股东持股÷总股数
	董事会规模	lnBOARD	ln(董事会董事人数)
	独董占比	INDEP	独立董事人数÷董事会人数
	控制权占比	CTRL	实际控制人拥有上市公司控制权比例
	两职合一	DUAL	若董事长与总经理由同一人兼任,则 $DUAL=1$,否则 $DUAL=0$
	资产负债率	LEV	总负债÷总资产
	盈利能力	ROA	净利润÷总资产
	企业成长性	TOBINQ	企业市值÷总资产
城市层面控制变量	经济发展水平	lnGDP	ln(城市人均地区生产总值)
	政府科教支出	GOV	(城市科学支出+城市教育支出)÷地方财政一般预算内支出
	金融发展水平	lnFIN	ln(年末金融机构存贷款余额÷地区生产总值)
	地区产业结构	IND	第二产业增加值÷地区生产总值

---

① 赵国庆,李俊廷.企业数字化转型是否赋能企业新质生产力发展——基于中国上市企业的微观证据[J].产业经济评论,2024(4):23-34.

11.3.3 数据来源与描述性统计结果

笔者基于2009—2022年沪深A股上市公司与城市匹配数据，剔除金融业、ST或者PT类企业以及退市企业，最终得到3202个上市公司，共计25622个观测值。实证分析数据主要来自国泰安数据库（CSMAR）、EPS数据库、《中国城市统计年鉴》以及公司年报等。为了减少异常值对估计结果的偏误影响，笔者对所有连续变量实施上下1%的缩尾处理。表11-3列出了描述性统计结果。

表11-3　　　　　　　　变量描述性统计结果

变量名称	观测值	平均数	标准差	最小值	最大值
企业新质生产力	25622	1.821	0.860	0.061	6.448
数据要素市场化	25622	0.344	0.475	0.000	1.000
企业规模	25622	22.166	1.290	19.893	26.258
企业年龄	25622	2.900	0.332	1.099	3.584
股权集中度	25622	0.349	0.148	0.086	0.749
董事会规模	25622	2.126	0.199	1.609	2.708
独董占比	25622	0.375	0.053	0.143	0.571
控制权占比	25622	0.415	0.158	0.108	0.807
两职合一	25622	0.307	0.461	0.000	1.000
资产负债率	25622	0.391	0.195	0.053	0.832
盈利能力	25622	0.048	0.054	−0.164	0.285
企业成长性	25622	1.990	1.131	0.855	6.948
经济发展水平	25622	11.481	0.518	9.055	12.223
政府科教支出	25622	0.212	0.039	0.109	0.295
金融发展水平	25622	1.328	0.442	0.175	2.016
地区产业结构	25622	0.401	0.112	0.159	0.639

11.4　实证结果及分析

11.4.1　基准回归结果

（1）平行趋势检验。笔者采用事件研究法探讨数据要素市场化的动态处理效应[①]，以数据交易平台建设的前1期作为基期绘制事件研究图，如图11-1所示。在数据交易平台建设前期，处理组和对照组的系数估计值均接近于零，且95%置信区间包含零，表明两组企业的新质生产力水平不存在统计学上的显著差异，从而满足了平行趋势假设的基本前提。在数据交易平台建设当年，处理组的估计系数开始转为正值，但95%置信区间仍包含零，表明平台建设可能对处理组企业的新质生产力产生即时效应，但尚未达到统计显著水平。在数据交易平台建设后期，处理组的估计系数显著为正，特别是平台建设第3年后达到峰值，表明数据要素市场化对企业新质生产力的提升效果显著。

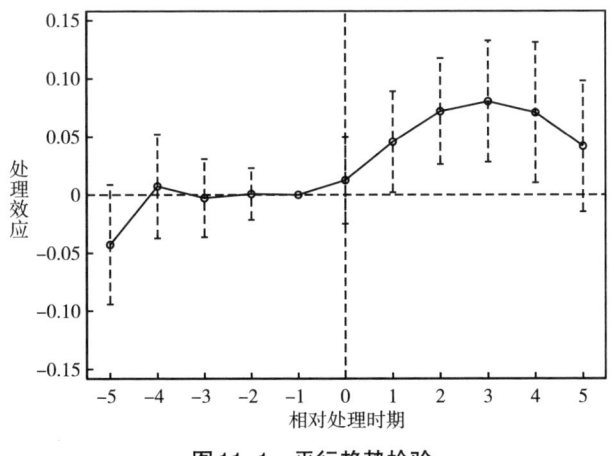

图11-1 平行趋势检验

（2）基准回归。表11-4列出了数据要素市场化促进企业新质生产力发展的实证检验结果。笔者采取递进式回归策略，列（1）为仅加入数据要素市场化的回归结果，列（2）为加入数据要素市场化和企业固定效应的回归结果，列（3）控制了企业年份双向固定效应，列（4）在列（3）的基础上引入企业层面控制变量，列（5）在列（3）的基础上引入城市层面控制变量，列（6）同时引入企业层面和城市层面的控制变量。列（6）的数据要素市场化估计系数为0.052，意味着相较于非试点企业，数据要素市场化使得处理组的企业新质生产力增加了约5%。数据要素市场化的估计系数在所有模型中均在1%的

---

① 张子尧，黄炜. 事件研究法的实现、问题和拓展［J］. 数量经济技术经济研究，2023，40（9）：71-92.

水平显著为正,表明数据要素市场化对企业新质生产力发展具有显著正向影响,从而验证了研究假设 H1。

表 11-4　　基准回归结果

变量	(1)	(2)	(3)	(4)	(5)	(6)
DIT	0.534*** (0.083)	0.497*** (0.035)	0.066*** (0.022)	0.055*** (0.020)	0.063*** (0.020)	0.052*** (0.019)
lnSIZE				0.110*** (0.014)		0.109*** (0.014)
lnAGE				−0.075 (0.085)		−0.069 (0.083)
TOP1				−0.112 (0.149)		−0.110 (0.150)
lnBOARD				0.098** (0.049)		0.097** (0.048)
INDEP				−0.148 (0.131)		−0.145 (0.131)
CTRL				−0.228** (0.097)		−0.223** (−0.097)
DUAL				−0.006 (0.011)		−0.006 (0.011)
LEV				0.015 (0.054)		0.012 (0.053)
ROA				−1.192*** (0.103)		−1.189*** (0.103)
TOBINQ				0.033*** (0.006)		0.032*** (0.006)
lnGDP					−0.037 (0.039)	−0.034 (0.039)
GOV					0.510*** (0.187)	0.420** (0.187)
lnFIN					0.007 (0.059)	−0.002 (0.058)
IND					0.411* (0.227)	0.293 (0.208)

续表

变量	（1）	（2）	（3）	（4）	（5）	（6）
常数项	1.637*** （0.030）	1.650*** （0.012）	1.798*** （0.008）	−0.445 （0.370）	1.943*** （0.495）	−0.255 （0.603）
企业固定效应	否	是	是	是	是	是
年份固定效应	否	否	是	是	是	是
观测值	25622	25622	25622	25622	25622	25622
组内 R^2	0.087	0.125	0.002	0.035	0.004	0.037

注：***、**和*分别表示在1%、5%和10%水平显著，括号内为城市层面聚类稳健标准误。下同。

（3）偏误诊断与异质性稳健估计量。笔者采用适用于非平衡面板的 CD 分解方法进行偏误诊断，发现正权重为 7165 个、负权重为 1648 个、负权重占比为 18.7%，表明异质性处理效应对基准回归结果的影响较小。为进一步检验双向固定效应模型的稳健性，笔者采用 C—H 估计量[①]、S—A 估计量[②]进行检验，平均处理效应分别为 0.049、0.070，且均在 5% 的水平显著。结果表明，本章的交叠 DID 估计结果较为稳健，"坏的处理组"不会产生较大偏误。

（4）排除混淆政策冲击。笔者搜集了 5 个与数据要素市场化较为相似的政策。具体而言，公共数据开放政策（DIT_DATA_OPEN）旨在提高数据可获得性，促进数据流通与共享。国家大数据综合试验区建设（DIT_BIG_DATA）与数据交易平台建设都涉及大数据的开发和应用，推动数据产业的发展。"宽带中国"试点（DIT_BROAD_CHINA）能够改善网络基础设施，可能间接支持数据交易平台的运行，影响企业数据获取和传输效率。智慧城市建设（DIT_SMART_CITY）通过整合城市管理和服务中的数据资源，为企业提供更多的数据应用场景，这与数据交易平台的应用场景重叠，影响企业数据使用策略。智能制造试点（DIT_SMART_MANU）与数据交易平台涉及数据深度应用，都可能提高生产效率。

---

① DE CHAISMARTIN C, D'HAULTFOEUILLE X.Two way fixed effects estimators with heterogeneous treatment effects [J]. American Economic Review, 2020, 110（9）: 2964–2996.

② SUN L, ABRAHAM S.Estimating dynamic treatment effects in event studies with heterogeneous treatment effects [J]. Journal of Econometrics, 2021, 225（2）: 175–199.

笔者借鉴方锦程等[①]的研究，在基准回归模型中引入上述混淆政策的虚拟变量。表11-5中列（1）至列（5）分别为引入公共数据开放、国家大数据综合试验区建设、"宽带中国"试点、智慧城市建设以及智能制造试点等政策的估计结果。结果表明，在控制了上述混淆政策冲击后，数据要素市场化的估计系数仍然显著，表明数据要素市场化能够显著促进企业新质生产力发展。列（6）将上述全部政策与数据要素市场化同时纳入回归模型，数据要素市场化的估计系数仅从基准回归结果的0.052增加至0.053，说明基准回归结果基本不受其他混淆政策因素的影响。

表11-5 排除混淆政策冲击

变量	（1）	（2）	（3）	（4）	（5）	（6）
DIT	0.052*** (0.019)	0.057** (0.023)	0.048** (0.019)	0.052*** (0.019)	0.054*** (0.019)	0.053** (0.023)
DIT_DATA_OPEN	是					是
DIT_BIG_DATA		是				是
DIT_BROAD_CHINA			是			是
DIT_SMART_CITY				是		是
DIT_SMART_MANU					是	是
常数项	−0.255 (0.609)	−0.232 (0.597)	−0.343 (0.591)	−0.259 (0.612)	−0.218 (0.604)	−0.298 (0.596)
控制变量	是	是	是	是	是	是
企业固定效应	是	是	是	是	是	是
年份固定效应	是	是	是	是	是	是
观测值	25622	25622	25622	25622	25622	25622
组内 R^2	0.037	0.037	0.037	0.037	0.038	0.038

（5）安慰剂检验。笔者随机指定接受数据交易平台建设处理的企业和未接受数据要素平台建设处理的企业，采用Bootstrap方法随机抽取1000次进行安慰剂检验。结果表明，双边P值为0.004、右边P值为0.002，故在1%水平强烈拒绝"处理效应为0"的原假设。处理效应真实值分布在核密度图的右侧尾

---

① 方锦程，等.公共数据开放能否促进区域协调发展？——来自政府数据平台上线的准自然实验[J].管理世界，2023，39（9）：124-142.

部,证实了企业新质生产力发展来源于数据要素市场化,而非其他随机因素。

11.4.2 内生性与稳健性检验

(1)内生性处理。参考黄群慧等[①]的研究,笔者以上一年全国层面互联网宽带接入端口数(与时间相关)与企业注册地距离八纵八横光缆骨干网络的距离(与个体变化相关)构造交互项,作为该年数据要素市场化的工具变量。表11-6列出了工具变量的回归结果。列(1)中工具变量对数据要素市场化的估计系数在1%的水平显著为负,符合理论预期;列(2)为工具变量的第二阶段回归结果,数据要素市场化的估计系数在10%的显著性水平为正,表明本章基准回归结果保持稳健。从统计学检验来看,Kleibergen-Paap rk LM 统计量为13.617,在1%的置信水平显著,表明工具变量满足可识别性;Kleibergen-Paap rk Wald F 统计量的值为25.596,大于Stock-Yogo弱识别检验10%水平的临界值16.38,表明不存在弱工具变量问题。为了进一步验证工具变量的外生性,即仅通过数据要素市场化这一渠道对企业新质生产力产生影响,本章将工具变量与数据要素市场化同时纳入回归。列(3)为相关估计结果,工具变量的估计系数不显著且接近于0,而数据要素市场化的系数仍显著为正,进一步验证了工具变量的外生性。

表11-6　　　　　　　　　工具变量回归

变量	(1)	(2)	(3)
	DIT	NQP	NQP
DIT		0.124* (0.070)	0.036* (0.019)
IV	−0.004*** (0.001)		−0.000 (0.000)
常数项			−0.550 (0.686)
控制变量	是	是	是
企业固定效应	是	是	是

---

① 黄群慧,余泳泽,张松林.互联网发展与制造业生产率提升:内在机制与中国经验[J].中国工业经济,2019(8):5-23.

续表

变量	(1)	(2)	(3)
	DIT	NQP	NQP
年份固定效应	是	是	是
观测值	21244	21244	21244
组内 R^2			0.035

（2）稳健性检验。笔者从添加事前变量、排除预期效应、控制交互固定效应以及剔除特殊样本等方面进行稳健性检验。

第一，添加事前变量。使用交叠双重差分模型的理想情况是数据交易平台建设城市是随机的，然而各地方政府、企业或其他建设主体可能结合城市的资源禀赋、产业基础、经济发展水平等条件作出选择，这些因素可能会对企业新质生产力产生影响。因此，参考蔡运坤等[①]的研究，在基准回归基础上进一步控制各城市 1995 年的社会经济特征与时间趋势的交互项（DIT_BEFORE），包括 1995 年的经济发展水平、地区产业结构、财政教育支出及信息化水平。表 11-7 列（1）为添加事前变量的估计结果，表明考虑了各地历史上社会经济特征后，数据要素市场化对企业新质生产力的促进效应仍然显著。

表 11-7　　稳健性检验估计结果

变量	(1)	(2)	(3)	(4)	(5)	(6)
DIT	0.052** (0.020)	0.040** (0.020)	0.040** (0.020)	0.091*** (0.029)	0.066*** (0.022)	0.071*** (0.026)
DIT_BEFORE	是	否	否	否	否	否
DIT_1		0.018 (0.015)	0.004 (0.011)			
DIT_2			0.019 (0.017)			
常数项	−31.432 (52.388)	−0.309 (0.613)	−0.320 (0.616)	0.406 (0.702)	−1.296* (0.654)	−0.338 (0.715)
控制变量	是	是	是	是	是	是
企业固定效应	是	是	是	是	是	是

---

① 蔡运坤，周京奎，袁旺平.数据要素共享与城市创业活力——来自公共数据开放的经验证据[J].数量经济技术经济研究，2024，41（8）：5-25.

续表

变量	（1）	（2）	（3）	（4）	（5）	（6）
年份固定效应	是	是	是	是	是	是
行业×年份	否	否	否	是	否	否
省份×年份	否	否	否	是	否	否
观测值	24875	25622	25622	25604	16714	19965
组内 R^2	0.037	0.037	0.037	0.025	0.044	0.041

第二，排除预期效应。企业可能会对政府关于数据交易的政策产生预期效应，例如，企业可能会提前加大对数据基础设施的投资力度，以便在数据交易平台建设后能够快速参与数据交易。为此，构建数据交易平台建设前一年的处理变量（DIT_1），将其纳入基准回归模型以控制企业预期行为对其新质生产力的影响。表11-7列（2）显示，数据交易平台建设前一年处理变量不显著，而数据要素市场化的估计系数仍然显著。进一步构建数据交易平台建设前两年的处理变量（DIT_2），将其与 DIT_1 共同纳入基准回归模型。表11-7列（3）显示，数据交易平台建设前一年、前两年的估计系数均不显著，而数据要素市场化的估计系数仍然显著，表明企业尚未对数据要素市场化形成预期效应。

第三，控制交互固定效应。数据要素市场化是一个动态过程，其影响可能随时间、行业、地区动态变化。某一特定行业可能在某年经历重大技术突破或政策调整，某个省份可能在特定年份实施了特定数字经济政策。这些行业和省份时变因素与数据要素市场化相关，如果不控制这些时变的行业和地区因素，可能会导致遗漏变量偏误。因此，笔者在企业年份双向固定效应的基础上进一步控制行业×年份和省份×年份交互固定效应，以控制时变行业特征与省份特征，捕捉数据要素市场化在不同行业、地区和时期可能产生的异质性影响。表11-7列（4）显示，在控制了交互固定效应后，基准回归结果仍然成立。

第四，剔除特殊样本。首先，剔除异常年份。新冠疫情作为一项大规模的外生冲击，许多企业被迫加速数字化转型，这可能导致数据要素市场化进程出现非自然的加速或扭曲。笔者将研究跨期缩短至2009—2019年，估计结果见表11-7列（5）。结果表明，剔除了新冠疫情异常年份后，数据要素市场化对于企业新质生产力的影响依然正向显著。其次，排除直辖市。北京市、天津市、上海市以及重庆市等直辖市通常拥有更丰富的人才、资金和技术资源，导致直辖市在数据要素市场化和企业新质生产力发展上都处于领先地位。表11-7列（6）的估计结果显示，在剔除特殊直辖市企业样本后，研究结论依然成立。

11.4.3 异质性检验

本章从劳动力、资本、技术密集程度等角度探究数据要素市场化对不同行业属性的企业新质生产力发展的差异化影响。借鉴尹美群等[①]的研究，将样本划分为劳动密集型与非劳动密集型行业、资本密集型与非资本密集型行业、技术密集型与非技术密集型行业。

表11-8中列（1）、列（2）分别为非劳动密集型行业与劳动密集型行业的估计结果。在劳动密集型行业组别中，数据要素市场化的估计系数尽管为正值，但未通过显著性检验；在非劳动密集型行业组别中，数据要素市场化的估计系数在1%的水平显著。结果表明，数据要素市场化对非劳动密集型行业企业的新质生产力促进作用更为明显。可能的原因在于，信息技术、金融服务和自动化制造等非劳动密集型行业通常拥有较强的IT基础设施和高技能劳动力，能够快速整合利用数据要素。表11-8中列（3）、列（4）分别为非资本密集型行业与资本密集型行业的估计结果。数据要素市场化的估计系数在非资本密集型行业分组中为0.038，在资本密集型行业分组中为0.091，均通过了显著性检验，表明相较于非资本密集型行业，数据要素市场化对资本密集型行业企业的新质生产力促进效应更为显著。可能的原因在于，资本密集型行业的关键特征是高额的固定资产投资和高度自动化的生产设备，通常拥有复杂的生产流程，这有助于实现生产、运营、供应链等数据要素的整合和利用，从而通过资本要素与数据要素的协同实现更高的资源配置效率。表11-8中列（5）、列（6）分别为非技术密集型行业与技术密集型行业的估计结果。数据要素市场化的估计系数在技术密集型行业样本组中为0.070，在5%的水平显著；对于非技术密集型行业企业新质生产力的影响不显著，表明相较于非技术密集型行业，数据要素市场化对技术密集型行业的企业新质生产力促进效应更大。可能的原因在于

---

① 尹美群, 盛磊, 李文博. 高管激励、创新投入与公司绩效——基于内生性视角的分行业实证研究[J]. 南开管理评论, 2018, 21（1）: 109-117.

技术密集型行业的企业通常走在数字化转型的前列,更容易将数据要素融入生产经营的各个环节中,充分发挥数据要素作用。

表11-8 异质性检验估计结果

变量	(1)非劳动密集	(2)劳动密集	(3)非资本密集	(4)资本密集	(5)非技术密集	(6)技术密集
DIT	0.084***(0.024)	0.016(0.028)	0.038**(0.018)	0.091*(0.046)	0.025(0.027)	0.070**(0.028)
常数项	0.543(0.768)	−0.210(1.218)	0.104(0.655)	−0.624(1.208)	−0.626(0.777)	1.303(0.844)
控制变量	是	是	是	是	是	是
企业固定效应	是	是	是	是	是	是
年份固定效应	是	是	是	是	是	是
观测值	17649	7940	21258	4350	12716	12874
组内 R^2	0.038	0.036	0.035	0.029	0.034	0.033
组间差异检验	0.068**		−0.053*		−0.044**	

注:组间差异的显著性通过自助法抽样1000次得到。

11.4.4 作用机制检验

为了验证数据要素市场化的要素配置效应与组织运营效应,笔者借鉴江艇[①]对中介效应分析的操作建议,设定中介效应检验模型:

$$MED_{i,t}=\beta_0+\beta_1 DIT_{i,t}+\beta_c Z_{i,t}+\mu_i+\lambda_t+\varepsilon_{i,t} \quad (11-2)$$

其中,$MED_{i,t}$ 为要素配置效应与组织运营效应的代理变量,其他变量含义同式(11-1)。

(1)要素配置效应检验。劳动力要素配置(TA)采用科技人才区位熵衡量。借鉴李麦收等[②]的研究,将科技人才范围限定为在科研技术服务和地质勘查业、金融业、信息传输计算机服务和软件业、租赁和商业服务业、教育业以及文化体育和娱乐业等行业的从业人员。资本要素配置(VC)采用城市风险投资额占GDP比重衡量。风险投资具有高风险、高收益的特点,城市风险投资额的增加

---
① 江艇.因果推断经验研究中的中介效应与调节效应[J].中国工业经济,2022(5):100-120.
② 李麦收,李华.国家大数据综合试验区设立能缓解城市经济发展不平衡吗?[J].经济经纬,2024,41(3):16-27.

通常意味着资本向更具创新性和发展潜力的领域流动。技术要素配置（PA）采用城市专利申请量的自然对数衡量。专利申请量是衡量企业和地区创新能力的重要指标，能够较好地反映技术要素配置效果。表11-9中列（1）、列（2）和列（3）的被解释变量分别为劳动力要素配置、资本要素配置、技术要素配置，数据要素市场化的估计系数分别为0.059、0.015、0.098，且均在1%的水平显著。上述结果表明，数据要素市场化能够通过优化生产要素配置这一中间路径间接促进企业新质生产力发展，研究假设H2得到验证。

（2）组织运营效应检验。关于组织支撑（ORG），笔者采用国泰安数据库关于组织赋能的评价，从数字资本投入计划、数字人力投入计划、数字基础设施建设以及科技创新基地建设等方面构建评价指标体系，并采用面板数据熵值法进行测度。关于管理成本（MAN），笔者以管理费用率作为企业管理成本的代理指标[1]。关于业务创新（BUS），笔者采用国泰安数据库关于业务创新水平的评价，以上市公司年报中关于业务创新词频的自然对数作为代理指标。业务创新特征词包括智慧农业、智能交通、智能医疗、智能家居、智能投顾、智能文旅、智能环保、智能电网、智能能源、互联网医疗、互联网金融、数字金融、Fintech、金融科技、量化金融、开放银行、网联，以及"互联网+"等。表11-9中列（4）、列（5）和列（6）的被解释变量分别为组织支撑、管理成本、业务创新，数据要素市场化的估计系数分别为0.017、-0.005、0.092，且均在1%的水平显著。结果表明，数据要素市场化能够通过优化组织运营这一中间路径间接促进企业新质生产力发展，研究假设H3得到验证。

表11-9　　　　　　　　　　机制检验结果

变量	（1） TA	（2） VC	（3） PA	（4） ORG	（5） MAN	（6） BUS
DIT	0.059*** （0.018）	0.015*** （0.005）	0.098*** （0.020）	0.017*** （0.003）	-0.005*** （0.001）	0.092*** （0.024）
常数项	3.573*** （0.604）	-0.005 （0.051）	16.540*** （5.211）	-0.281*** （0.100）	0.444*** （0.058）	-2.666*** （0.689）

---

[1] 任英华,刘宇钊,李海彤.人工智能技术创新与企业全要素生产率[J].经济管理,2023,45(9):50-67.

续表

变量	(1) TA	(2) VC	(3) PA	(4) ORG	(5) MAN	(6) BUS
控制变量	是	是	是	是	是	是
企业固定效应	是	是	是	是	是	是
年份固定效应	是	是	是	是	是	是
观测值	16658	25189	6368	25622	25622	24818
组内 R^2	0.076	0.094	0.040	0.043	0.119	0.019

11.5 结论与建议

11.5.1 研究结论

本章基于2009—2022年中国城市与沪深A股上市公司的匹配数据，以数据交易平台建设作为准自然实验，运用交叠双重差分模型研究数据要素市场化对企业新质生产力发展的作用机理及影响效果，得到以下研究结论。第一，数据要素市场化能够直接促进企业新质生产力发展。该结论经过排除混淆政策冲击、安慰剂检验、内生性处理以及稳健性检验后依然成立。第二，作用机制分析表明，数据要素市场化对企业新质生产力具有要素配置效应与组织运营效应。具体而言，数据要素市场化能够通过优化劳动力、资本、技术生产要素配置，强化组织支撑、降低管理成本以及促进业务创新，促进企业新质生产力发展。第三，针对不同行业属性，数据要素市场化对企业新质生产力的促进效应存在异质性。具体而言，数据要素市场化对于非劳动密集型、资本密集型、技术密集型行业的企业新质生产力促进效应更强。

11.5.2 政策建议

首先，推动数据交易平台建设与优化。各地应因地制宜建设数据交易平台，打造数据要素流通的重要枢纽。优化平台功能设计，提升数据分类、定价、交易、结算等核心功能，增强平台的安全性和可信度。建立统一的数据分类标准和元数据管理体系，构建基于区块链技术的数据交易溯源机制，保障交易的透明性和可追溯性。其次，**加强数据要素市场化的配套支持**。通过建设城市级大数据中心、推动5G网络全面覆盖、构建边缘计算节点等方式，为数据要素的高效流通提供硬件支撑。培育数据分析、数据安全等相关产业，为数据要素市场化提供技术支撑。通过设立数据产业发展基金、提供税收优惠等方式，鼓励企业在数据挖掘、机器学习、隐私计算等领域的技术创新。最后，**制定差异化的数据要素市场化政策**。对于非劳动密集型行业，重点加强数字化基础设施建设，提升数据处理和分析能力。对于资本密集型行业，着力支持企业将数据要素与现有资产设备深度融合，提高资产利用效率。推动建立行业级数据平台，实现供应链上下游数据的整合与共享。对于技术密集型行业，政策重点应放在加大对企业数据科学团队和数据基础设施建设的支持力度上，鼓励产学研合作，推动前沿数据技术在行业中的应用。

第12章 大数据能否催生企业新质生产力

——基于国家级大数据综合试验区的准自然实验

12.1 引　言

当前,生产要素正处于质变的关键时期,也是发展新质生产力的重要阶段。习近平总书记提出,新质生产力以劳动者、劳动资料、劳动对象及其优化组合的跃升为基本内涵,以全要素生产率大幅提升为核心标志,特点是创新,关键在质优,本质是先进生产力。作为经济发展的战略概念,新质生产力由技术革命性突破、生产要素创新性配置、产业深度转型升级而催生[①]。核心问题便是如何催生并发展新质生产力。目前第三轮科技革命蓄势待发,大数据超越了传统数据库的获取、存储、管理与分析功能,已成为一个重要的新型生产要素。全球主要经济体纷纷出台数字化战略规划,试图在数字时代重塑国际新格局,并积极应对大数据的发展浪潮和国际竞争。党的二十届三中全会明确指出,要健全因地制宜发展新质生产力体制机制,健全促进实体经济和数字经济深度融合制度。在数智化的时代浪潮下,通过大数据政策实现数据要素创新性配置,把握新质生产力的形成和发展规律,是掌握未来经济社会发展主动权的核心,也是百年未有之大变局下大国竞争的关键。

数据要素作为推动新质生产力发展的核心动力,其重要性和研究价值日益凸显。新型生产要素与传统要素的融合将会催生新质劳动资料、新质劳动对象

---

① 刘伟.科学认识与切实发展新质生产力[J].经济研究,2024,59(3):4-11.

以及新质劳动力,这三者在新质生产力的发展过程中彼此关联和互动[①]。作为新型生产要素,数据已经渗透到企业价值创造与价值获取的各个环节中,在生产过程中通过优化生产要素配置、突破有形生产要素的资源边界、改善资产营运效率和劳动力资源结构、拓宽企业知识宽度、缓解信息不对称、提高投资效率等诸多渠道[②][③],推动企业全要素生产率的跃升。因此,大数据的获取与应用成为企业作出科学决策并保持竞争力的关键。

新质生产力依靠科技创新驱动,现阶段催生新质生产力必须首先构建面向新质生产力的科技创新政策体系[④]。自1912年约瑟夫·熊彼特提出"创新"及"创造性毁灭"这一颇具颠覆性的概念以来,全球创新经济活动的巨大价值不断印证了他的前瞻性论断。由于大数据时代下的技术创新变革深化,创新从机械化演变为数字化、智能化,创新模式从单一主体拓展到多方参与,形成新的"数据—技术—经济"范式。而大数据政策赋能科技创新体系的着力点在于形成更加密集的创新网络、更加宽广的创新边界以及更加强劲的动态吸收能力[⑤]。大数据政策集聚高层次创新人才,嵌入知识网络和合作网络中[⑥],推进产学研交叉融合和多技术领域集成创新,从而形成新质生产力的科技创新体系。随着科技创新体系对生产过程的重塑,掌握更多数智化技术的新质劳动者,人工智能、智能机器设备等新型生产资料以及大数据等新型生产对象及其优化组合,将催生新产业、新模式、新动能。

本章基于上市公司微观层面的新质生产力数据,采用多期双重差分方法,评估大数据政策对企业新质生产力的影响,并从产学研合作、知识宽度

---

① 孟捷,韩文龙.新质生产力论:一个历史唯物主义的阐释[J].经济研究,2024,59(3):29-33.

② WEI J, ZHANG X.The role of big data in promoting green development: based on the quasi-natural experiment of the big data experimental zone[J]. International Journal of Environmental Research and Public Health,2023,20(5):4097.

③ LEE H L. Big data and the innovation cycle[J]. Production and Operations Management,2018,27:1642-1646.

④ 任保平.生产力现代化转型形成新质生产力的逻辑[J].经济研究,2024,59(3):12-19.

⑤ 鲁若愚,等.企业创新网络:溯源、演化与研究展望[J].管理世界,2021,37(1):217-233.

⑥ ACEMOGLU D, AKCIGIT U, KERR W R. Innovation network[J]. Proceedings of the National Academy of Sciences,2016,113:11483-11488.

和知识吸收能力3个方面进行机制分析。与以往研究相比，本章的边际贡献如下。

第一，已有文献从大数据发展的经济后果角度对经济增长、产业转型、绿色发展、企业创新和劳动收入份额等方面进行了相应的探讨[1][2]，但是少有研究聚焦大数据政策对新质生产力的影响。本章在理论和实证上探讨大数据政策对企业新质生产力发展水平的影响，不仅丰富了新质生产力催生因素的相关研究内容，也拓展了大数据政策经济后果的研究。

第二，已有研究探讨了新质生产力的形成及其发展[3]，但大多数停留在质性分析层面，对大数据政策与新质生产力发展水平之间的因果关系缺乏足够的关注。本章基于数据要素已成为发展生产力的关键要素这一基本事实，以大数据政策为研究切入点，回应了"大数据政策如何催生新质生产力"这一问题，进一步厘清了两者的关系，为把握数智化时代下的新质生产力发展规律提供了新证据。

第三，从已有研究看，大数据政策如何赋能新质生产力发展水平的影响机制探究还比较缺乏，本章分析了新质生产力发展水平的数据要素创新驱动逻辑，基于社会网络理论、知识基础理论和动态能力理论，检验了促进产学研合作、提高企业知识宽度、提高企业吸收能力的大数据政策三重影响机制，丰富并拓展了对大数据政策的微观经济效果评估。

12.2 制度背景与研究假说

12.2.1 制度背景

数据要素作为第三轮科技革命中最为活跃的技术创新要素，正在全面重构

---

[1] 陈丹,任晓刚,谢贤君.大数据发展、创新生态与企业技术创新质量：基于国家大数据综合试验区的准自然实验[J].中国科技论坛,2024（9）：79-89.

[2] 卜寒,高远东,寻舟.大数据如何影响劳动收入份额？——来自国家级大数据综合试验区的证据[J].南方经济,2023（11）：62-82.

[3] 张秀娥,王卫,于泳波.数智化转型对企业新质生产力的影响研究[J/OL].科学学研究,2024（5）.

全球生产、流通、分配、消费等环节,在国家治理、经济发展、产业转型等方面产生了深刻影响。2014年政府工作报告首次提及"大数据"一词,2015年国务院相继印发《促进大数据发展行动纲要》《关于积极推进"互联网+"行动的指导意见》等战略部署,明确指出要加快大数据发展,党的十八届五中全会通过的《中华人民共和国国民经济和社会发展第十三个五年规划纲要》再次提出实施国家大数据战略,至此拉开了大数据发展战略的帷幕。

国家级大数据综合试验区主要分为两批实施,取得了显著的经济社会效应。自2015年贵州省建设首个国家大数据综合试验区以来,国务院陆续批复设立了京津冀、珠江三角洲以及上海市、河南省等综合试验区。8个大数据试验区在资源禀赋、经济实力、信息发展水平、生态环境等方面存在差异,具备不同的目标和定位。整体而言,该政策搭建起大数据发展实践的框架。

国家级大数据综合试验区政策区别于供应链示范区、数据要素平台设立、跨境电子商务综合试验区等其他政策,在定位、目标、范围、重点以及实施方式上有特殊之处,这也是本章选择该政策作为准自然实验的原因。首先,国家级大数据综合试验区的定位和目标在于通过大数据技术与应用的创新,驱动区域经济结构优化升级,培育新的经济增长点,并形成一批具有典型示范效应的大数据应用案例,为全国其他地区提供可借鉴的经验模式。其次,大数据政策着重构建区域性大数据产业生态系统,包括基础设施、技术创新、产业融合、政策法规、人才培养等多个层面的全方位发展。最后,试验区政策聚焦产业生态构建,鼓励大数据技术的研发与应用创新,推动大数据与人工智能、物联网、云计算等前沿技术的深度融合,促进大数据与实体经济各行业的深度融合,为新质生产力提供强大的要素驱动力。

12.2.2 研究假说

数据要素是企业培育发展新质生产力的重要驱动力,将促使企业催生新质劳动者、新质劳动资料和新质劳动对象,并实现要素组合模式的变革。本章从企业劳动力结构升级、劳动资料优化升级、劳动对象提质升级3个方面,分析大数据政策驱动企业新质生产力的直接效应。

首先,大数据政策能够促进企业劳动力结构升级。一方面,根据技能偏向技术变迁理论，信息技术尤其是大数据技术的发展倾向于增加对高技能劳动者的需求，减少对低技能劳动力的需求。随着大数据政策的推广，数据要素和技术嵌入企业的生产活动、商业模式、组织架构的形成与演变①，导致劳动力结构向高技能方向转变。另一方面，根据Stigler等②的工作搜寻理论，在大数据驱动下，企业可以通过数据分析手段精确寻找符合企业需求的高技能人才，更高效地进行招聘，有助于减少信息不对称，降低交易成本，从而促进企业劳动力结构的升级。

其次，大数据政策能够促进劳动资料优化升级。从科技劳动资料角度看，大数据政策通过政策引领和数据赋能等方式，推动企业采用先进的科技设备实时收集和分析生产数据，加速新兴技术的研发与应用，提升劳动资料的技术含量和使用效率。从绿色劳动资料角度看，大数据政策通过打破信息壁垒，促进信息技术交流平台的构建，推动企业间绿色创新合作超越时间和空间的限制，有效抑制"漂绿"行为，增强企业进行绿色技术创新的动力。从数字劳动资料角度看，由于大数据政策提高了数据的质量和价值，通过创新性地配置数据要素，可以更好地发挥其应用价值，并利用数据要素的独特属性改变企业的组织结构，推动制造生产过程的数字化和智能化。

最后，大数据政策能够促进劳动对象提质升级。一方面，大数据政策扩大了传统劳动对象的规模。大数据政策有助于企业改善供应链协调性，精准评估市场环境，减少不确定性对固定资产决策的影响。同时，通过自动化、数据分析和流程优化等手段提高生产效率，降低库存水平和缩短交付周期，进而通过提高现金流水平促进固定资产的投资。另一方面，大数据政策扩大了新质劳动对象的范围。随着大数据政策的实施，信息、数据、知识等非物质资源成为新质劳动对象。新质劳动对象与传统生产要素相互融合，催生出新的商业模式和经济场景。基于以上分析框架，提出假说H1：大数据政策能够提高企业新质生产力发展水平。

---

① GARDINER A, AASHEIM C, RUTNER P, et al.Skill requirements in big data: a content analysis of job advertisements [J]. Journal of Computer Information Systems, 2018, 58 (4): 374-384.

② STIGLER G J. Information in the labor-market [J]. Journal of Political Economy, 1962, 70 (5): 94-105.

"三螺旋模型"认为企业、高校和科研机构等创新主体的角色相互渗透，构成了产学研创新联合体，这种创新联合体是提升新质生产力的重要动力[1]。大数据政策有利于推动形成相互协同、供需联动的产学研合作系统[2]。首先，大数据政策通过构建数字产业标准化体系、强化网络信息安全以及保护数字经济知识产权等措施，既规范了市场行为，又营造了良好的数字化创新生态，有效激发了参与主体的创新活力。其次，大数据政策有利于促进数字技术的开发和应用，为企业跨区域、跨行业开展技术交流与合作提供数字化平台条件。最后，大数据政策还为企业转型升级提供了资金支持，为高等院校、科研院所提供了项目扶持，有效促进了创新要素和资源的数字化整合，激发了各创新主体开展协同创新合作的意愿，促进了产学研合作水平的提升。

基于社会网络理论，产学研合作通过构建和利用社会关系网络，能够通过促进创新扩散、弥补结构洞和建立强弱连接提升企业的新质生产力。首先，创新扩散在产学研合作网络中得以加速，企业通过社会网络嵌入产学研的创新联合体中，获取并吸收前沿技术和研究成果[3]，转化为推动新质生产力的实际应用。其次，根据结构洞理论，网络中的某些节点之间缺乏直接联系[4]。企业通过合作能够连接原本分离的知识领域和技术资源，通过跨学科、跨行业的合作，形成独特的新质生产力优势。最后，基于 Granovetter[5]的强弱连接理论，产学研合作使企业在强连接下实现高信任度的合作，有助于深入资源共享与联合开发；弱连接则能提供更多非冗余的资源，帮助企业更好地利用跨边界的外部资源优势，促进新质生产力发展。基于"政策—网络—结果"分析框架，提出假说 H2：大数据政策能够促进产学研合作，从而提高企业新质生产力发展水平。

---

[1] 王雪原，孙美霞.基于创新联合体的科技领军企业升级发展实现过程[J].中国科技论坛，2024（10）：128-140.

[2] 王晓红，李娜.数字技术发展、产学研合作与企业创新能力：基于国家级大数据综合试验区的分析[J].科技管理研究，2022，42（17）：1-8.

[3] ETZKOWITZ H,LEYDESDORFF L. The dynamics of innovation：from national systems and"mode 2"to a triple helix of university-industry-government relations［J］. Research Policy，2000，29（2）：109-123.

[4] AHUJA G. Collaboration networks, structural holes, and innovation: a longitudinal study［J］.Administrative Science Quarterly，2000，45（3）：425-455.

[5] GRANOVETTER M S. American journal of sociology［J］.American Journal of Sociology，1973，78（6）：1360-1380.

基于知识管理理论，知识宽度是指企业技术领域覆盖的范围或种类的广泛程度。知识覆盖范围越广，企业就越能避免创新过程中的惯性与僵化问题。已有研究表明，大数据政策极大促进了组织内外知识的存储、扩散和共享[①]。一方面，大数据在知识获取方面具有巨大优势，使企业能够采集与整合海量数据，从而拓宽信息获取的边界。企业能够将信息转化为可交流的知识，丰富企业内部的知识集合，进而催生新质劳动资料和新质劳动对象[②]。另一方面，大数据政策具备持续的反馈与优化机制，促进企业与供应商、客户之间共享来自不同行业和部门的非冗余信息，增强企业在新兴领域拓展知识宽度的能力[③]。

Robert[④]将知识视为企业核心资源，企业内部积累的知识宽度越广，新质生产力发展水平提升幅度也会越大。首先，在内生技术进步模型中，企业通过知识积累推动技术进步和生产力提高。知识积累所带来的收益增长主要通过两种途径实现：一种是通过垂直创新制造出更高质量的产品[⑤]，另一种是通过水平创新扩大产品种类[⑥]。其次，企业内部的知识宽度越广，其知识结构就越灵活，意味着企业拥有的知识元素涉及更多的技术领域，并且这些知识元素之间的连接较为松散，更容易被重新组合。因此，跨领域的知识探索和重新组合能力有助于提升研发人员的创新能力，从而促进新质生产力的产生。基于"政策—知识—结果"分析框架，提出假说H3：大数据政策能够拓展企业知识宽度，从而提高企业新质生产力发展水平。

在动态能力理论中，吸收能力被定义为一种与知识获取、同化、转化和应

---

① WALKER S. Big data: a revolution that will transform how we live, work, and think [J]. International Journal of Advertising, 2014, 33 (1): 181-183.

② LEE H L. Big data and the innovation cycle [J]. Production and Operations Management, 2018, 27: 1642-1646.

③ GRANT R M. Toward a knowledge-based theory of the firm [J]. Strategic Management Journal, 1996, 17: 109-122.

④ GROSSMAN G M, HELPMAN E. Innovation and Growth in the Global Economy [J]. Mit Press Books, 1993, 1 (2): 323-324.

⑤ ROMER P M. Endogenous technological-change [J]. Journal of Political Economy, 1990, 98 (5): 71-102.

⑥ COHEN W M, NELSON R R, WALSH J P. Links and impacts: The influence of public research on industrial R&D [J]. Management Science, 2002, 48 (1): 1-23.

用有关的能力，是企业获取和保持竞争优势的重要能力①。在以数据为新型生产要素的数智化时代，大数据政策将重塑企业创造和利用知识的范式，从而提升企业自身的吸收能力。首先，借助大数据政策，企业可以通过培育数智化能力、搭建数智化平台来突破传统知识吸收的技术瓶颈和物理时空限制，形成数智化、构件化的知识模块和跨组织的知识链接，有利于生产要素的重新优化组合。其次，大数据政策能够推动企业建立"去中心化式"数字系统，高效地创造知识、构建知识网络、储存和应用知识，降低企业的匹配成本和知识搜索成本，进而促进企业吸收能力的提升。

高吸收能力是企业更新和利用知识的先决条件，不仅能加速企业创新，还能显著催生新质劳动者，提高企业新质生产力发展水平。企业吸收能力越强，越能有效识别和获取外部有价值的知识，从而融入自身创新过程当中②。首先，当企业具备较高的吸收能力时，可以更有效地利用外部差异性和互补性信息，降低搜索外部资源和信息的成本、风险以及回报的不确定性，从而提高企业新质生产力的发展水平。其次，吸收能力有助于高效整合行业间碎片化研发能力，激发全产业链相关科研机构、公共部门和企业等主体的协同创新潜力。最后，在大数据政策的推进下，企业通过强化人工智能、区块链等数据要素的应用，不仅增强了组织的吸收能力，还提升了员工的数据技能和素养，促进企业新质劳动者比例的增加。基于"政策—能力—结果"分析框架，提出假说 H4：大数据政策能够提高企业吸收能力，从而提高企业新质生产力发展水平。

产学研合作、知识宽度和知识吸收能力 3 个因素在影响企业新质生产力中具有重要且互补的作用③④。从这 3 个方面进行分析，可以比较全面地揭示大数据政策对企业新质生产力的微观影响机制。综上所述，本章构建的理论模型如图 12-1 所示。

---

① LANE P J, KOKA B R, PATHAK S. The reification of absorptive capacity: A critical review and rejuvenation of the construct [J]. Academy of Management Review, 2006, 31 (4): 833-863.

② 温兴琦, 孙凯新, 李诗瑶. 产学研合作、知识吸收能力与企业创新绩效——高管学术背景与政府创新补贴的调节作用 [J]. 科技进步与对策, 2024, 41 (15): 55-64.

③ 任宇新, 吴艳, 伍喆. 金融集聚、产学研合作与新质生产力 [J]. 财经理论与实践, 2024, 45(3): 27-34.

④ 刘伟. 科学认识与切实发展新质生产力 [J]. 经济研究, 2024, 59 (3): 4-11.

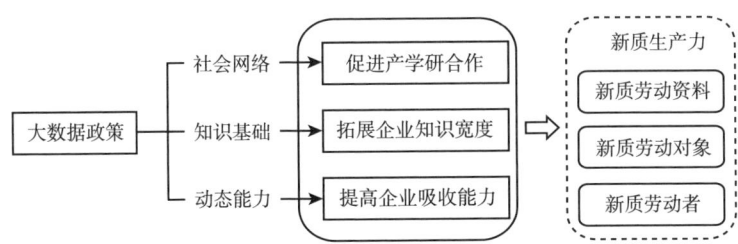

图 12-1 大数据政策影响机制理论模型

12.3 研究设计

12.3.1 识别策略

笔者将"国家级大数据综合试验区"政策视作准自然实验,使用双重差分模型考察大数据政策对企业新质生产力发展水平的作用,设定的基准回归模型形式如下:

$$Pro_{it}=\beta_0+\beta_1 Treat_i \times Post_t+\gamma X_{it}+u_i+\delta_t+\varepsilon_{it} \qquad (12-1)$$

其中,被解释变量 Pro_{it} 表示企业 i 在第 t 年的企业新质生产力发展水平;核心解释变量为交互项 $Treat_i \times Post_t$;$Post_t$ 为时间虚拟变量,实施前为 0,实施后为 1;$Treat_i$ 为处理组虚拟变量,当企业受到大数据政策冲击时,$Treat_i$=1,否则为 0。本章引入了个体固定效应 u_i 和时间固定效应 δ_t,从而控制不随企业个体和时间变化的不可观测因素。此外,由于处理变量 $Treat_i$ 不随时间改变,而政策冲击变量 $Post_t$ 与企业个体无关,分别被个体和时间固定效应所吸收,故不再单独控制。

12.3.2 关键变量

(1)被解释变量。新质生产力以劳动者、劳动对象和劳动资料及其优化组合的质变为基本内涵。基于此,借鉴张秀娥等[1]的做法,构建包含 11 项指标的

---
[1] 张秀娥,王卫,于泳波.数智化转型对企业新质生产力的影响研究[J/OL].科学研究,2024(5).

企业新质生产力指标体系，如表 12-1 所示。由于熵值法依据数据自身特性计算指标权重，既可以克服主观因素引起的偏误问题，也使各指标获得更为合理的权重，故本章采用熵值法确定各指标的权重，计算得到样本的企业新质生产力指数。

表 12-1　新质生产力指标体系

变量	因素	子因素	指标	衡量方式
新质生产力	新质劳动者	员工素质	高素质员工	研究生以上学历占比
			研发人员占比	研发人员占总员工的比例
		管理层素质	管理层数字化背景	高管团队是否具有数字化背景
			CEO 职能经历丰富度	CEO 职能经历计数
	新质劳动对象	生态环境	环境绩效	华证 ESG 评分体系中的环境得分
		未来发展	固定资产占比	固定资产 ÷ 资产总额
			机器人渗透率	企业层面机器人渗透率
	新质劳动资料	科技劳动资料	企业创新水平	ln（企业申请专利数+1）
		绿色劳动资料	绿色技术水平	ln（企业申请绿色专利数+1）
			绿色专利占比	企业申请绿色专利数 ÷ 企业申请专利数
		数字劳动资料	智能化水平	ln（智能化水平词频+1）
			数字资产占比	数字化相关资产 ÷ 无形资产总额

（2）机制变量。本章设置的机制变量如下。

产学研合作 $Collabor_{it}$。借鉴刘斐然等[①]的做法，从国家知识产权局网站检索上市公司专利申请数据，以上市公司是否与高校和科研院所联合申请的发明与实用新型专利构建产学研合作变量，如果有赋值为 1，否则赋值为 0。

知识宽度 $Width_{it}$。借鉴张杰等[②]的研究成果，运用赫芬达尔指数的原理，利用发明和实用新型专利分类号测度企业知识宽度，公式如下：

$$Width_{it}=1-\sum\left(\frac{P_{imt}}{P_{it}}\right) \quad (12\text{-}2)$$

---

① 刘斐然, 胡立君, 范小群. 产学研合作如何影响企业的市场绩效？[J]. 科研管理, 2023, 44（1）: 155-163.

② 张杰, 郑文平. 创新追赶战略抑制了中国专利质量吗？[J]. 经济研究, 2018, 53（5）: 28-41.

其中，$Width_{it}$ 代表企业的知识宽度；P_{imt} 代表企业 i 在 m 专利大组分类下第 t 年专利的累计数量；P_{it} 代表所有专利大组分类下的专利总量。

吸收能力 $Absort_{it}$。借鉴温兴琦等[①]的研究结果，对企业知识吸收能力的测度采用研发支出强度，即样本企业研发支出与企业营业收入的比值。

（3）控制变量。参考相关研究[②]，本章设置的控制变量如下：①企业规模 Size，采用总资产的自然对数来表示；②资产负债率 Lev，采用债务总额除以总资产的比值来表示；③资产回报率 ROA，采用净利润除以平均总资产的比值来衡量；④两职合一 Dual，当总经理兼任董事长时，该指标取值为 1，否则为 0；⑤第一大股东持股比例 Top1，采用第一大股东持股数量与总股数的比值来表示；⑥董事规模 Board，采用董事会人数的对数来衡量；⑦公司价值 TobinQ，采用市场价值与其重置成本之比来衡量；⑧四大审计 Big4，公司经由四大审计为 1，否则为 0；⑨企业性质 SOE，企业为国有企业取值为 1，否则为 0。

12.3.3 数据来源

考虑到大数据政策的发布时间以及数据的可得性，本章聚焦 2012—2022 年 A 股市场中非金融类上市公司。数据清理过程遵循如下步骤：①剔除属于金融行业的上市公司；②对于被标记为 ST 或 *ST 的公司予以剔除；③对于关键变量数据缺失的样本进行删除；④为了消除极端值对回归可能造成的估计偏差，对变量采取 1% 水平的缩尾处理。经过一系列数据清洗与整理步骤，获得 18843 个观测值的非平衡面板数据集，所使用的各类企业数据均源自权威的 CSMAR 数据库和 Wind 数据库，主要变量的描述性统计指标见表 12-2。在探究产学研合作创新的作用时，本章从国家知识产权局官方网站抓取了相关企业的专利数据，将上市公司与高校、科研机构等第三方共同申请的专利界定为产学研合作专利，以此作为衡量企业是否参与产学研合作创新的依据，共收集到合作创新模式相关的有效数据记录 5832 条。

---

① 温兴琦，孙凯新，李诗瑶.产学研合作、知识吸收能力与企业创新绩效——高管学术背景与政府创新补贴的调节作用［J］.科技进步与对策，2024，41（15）：55-64.

② 王茹婷，彭方平，李维，等.打破刚性兑付能降低企业融资成本吗？［J］.管理世界，2022，38（4）：42-64.

表 12-2　　　　　　　　主要变量的描述性统计指标

变量	样本量	均值	标准差	最小值	中位数	最大值
新质生产力	18843	0.114	0.097	0.020	0.080	0.440
大数据政策	18843	0.311	0.463	0.000	0.000	1.000
企业规模	18843	22.389	1.331	18.190	22.200	28.190
资产负债率	18843	0.434	0.202	0.010	0.430	1.000
资产回报率	18843	0.039	0.072	−1.130	0.040	1.280
两职合一	18843	0.271	0.445	0.000	0.000	1.000
第一大股东	18843	0.341	0.149	0.020	0.320	0.900
董事规模	18843	2.125	0.196	1.390	2.200	2.890
公司价值	18843	2.074	1.638	0.640	1.630	56.810
四大审计	18843	0.066	0.248	0.000	0.000	1.000
企业性质	18843	0.387	0.487	0.000	0.000	1.000

笔者按照处理组和控制组计算企业新质生产力发展水平均值，如图 12-2 所示。据此得出两点基本判断：一是 2012 年以来处理组和控制组的企业新质生产力发展水平基本呈逐步上升状态，在 2021 年增速有所放缓可能是受到突发公共卫生事件的影响；二是处理组和控制组在试点政策前变化趋势基本平行。在大数据政策实施后，处理组增速高于控制组，组间的差异有较为明显的扩大。笔者初步推测：相对于控制组，处理组企业新质生产力发展水平的变化是由大数据政策带来的。

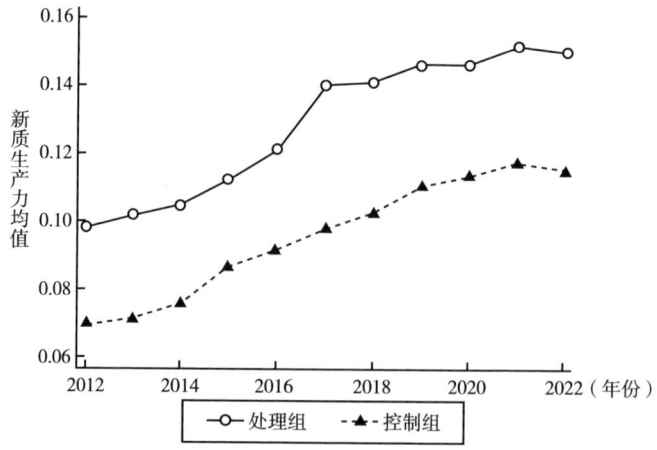

图 12-2　处理组和控制组新质生产力均值变化

12.4 实证结果

12.4.1 基准回归

表 12-3 列出了多期双重差分的基准回归结果，其中，列（1）是基于核心解释变量的估计结果；列（2）加入了企业层面的控制变量；列（3）和列（4）则分别加入行业和城市固定效应。在上述 4 个回归结果中，大数据政策的交乘项系数均在 1% 的水平显著为正，表明大数据综合试验区的实施显著提高了试点城市企业的新质生产力发展水平。以列（4）为基准，从经济意义看，由于新质生产力均值为 0.1140，在大数据综合试验区设立后，试点城市企业的新质生产力发展水平显著增加了约 3.508%。因此，由列（1）至列（4）结果可知假说 H1 得到初步验证。

表 12-3　　大数据政策对新质生产力的回归结果

变量	（1）Pro	（2）Pro	（3）Pro	（4）Pro
$Treat_i \times Post_t$	0.005*** (3.311)	0.005*** (2.995)	0.004*** (2.682)	0.004** (2.364)
Size		0.009*** (8.670)	0.010*** (8.865)	0.010*** (8.597)
Lev		−0.009** (−2.140)	−0.010** (−2.357)	−0.009** (−2.027)
ROA		0.006 (0.831)	0.006 (0.912)	0.006 (0.927)
Dual		0.001 (0.517)	0.001 (0.515)	0.001 (0.575)
Top1		−0.021*** (−3.164)	−0.022*** (−3.253)	−0.020*** (−2.913)
Board		0.013*** (3.688)	0.014*** (3.779)	0.014*** (3.866)
TobinQ		0.000 (0.941)	0.000 (1.325)	0.000 (1.180)

续表

变量	(1) Pro	(2) Pro	(3) Pro	(4) Pro
Big4		−0.005 (−1.382)	−0.005 (−1.467)	−0.006* (−1.737)
SOE		−0.002 (−0.568)	−0.003 (−0.948)	−0.003 (−1.011)
企业固定	是	是	是	是
年份固定	是	是	是	是
行业固定	否	否	是	是
城市固定	否	否	否	是
常数项	0.085*** (60.311)	−0.135*** (−5.675)	−0.163*** (−4.095)	−0.181*** (−4.036)
N	18843	18843	18843	18843
R^2	0.093	0.100	0.108	0.118

注：*、**、***分别表示在10%、5%、1%的水平显著，下同；括号内为 t 值。

12.4.2　稳健性检验

（1）平行趋势检验。双重差分法的有效性依赖于平行趋势假设的验证。本章遵循 Jacobson 等[①]提出的事件研究框架，选取大数据综合试验区试点政策实施前后各4年，共计8年的时间观测窗口，考察政策影响前后企业新质生产力发展水平的变化情况。以政策实施前一期作为基期，设定年度虚拟变量 $year_i$，该变量与反映试验区与非试验区分组差异的变量进行交互，构建如下计量模型：

$$Pro_{it}=\beta_0+\beta_t\sum_{2012}^{2022} year_i \times Post_t+\gamma X_{it}+u_i+\delta_t+\varepsilon_{it} \quad (12-3)$$

图12-3所示的结果表明，在大数据综合试验区政策正式推行之前，对应时间段内的政策效应虚拟变量估计系数均未能达到统计意义上的显著水平。说明在政策启动前阶段，试验区与非试验区企业在新质生产力发展水平上并未有显著差异，二者发展轨迹基本保持一致。进一步探讨政策的动态效应，可见政策实施当年对试验区企业新质生产力提升的直接刺激作用并不显著。然而，在

---

① JACOBSON L S, LALONDE R J, SULLIVAN D. Earnings losses of displaced workers［J］.American Economic Review，1993，83（4）：685-709.

政策实施后一期，试验区企业的新质生产力开始稳步攀升，表明大数据政策效应具有显著的动态持续性特点。

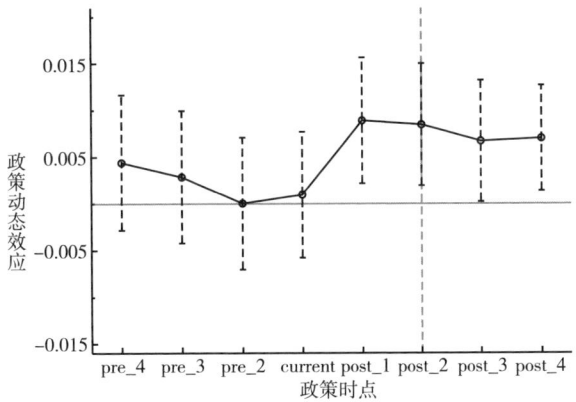

图12-3　大数据政策平行趋势检验图

（2）安慰剂检验。为了进一步排除在双重差分模型中不可观测因素对估计结果的影响，本章在全样本中随机虚构出大数据政策的交互项 $Treat_i \times Post_t$，用来替换模型（12-1）中表征政策影响的关键变量，该安慰剂检验回归过程被重复500次，所得结果汇总于图12-4中。不难看出，由模拟实验产生的替代性 β_1 系数在数值上大面积集聚于零点附近，其分布形态呈现标准正态分布特征。另外，从纵轴看，绝大多数的估计结果 P 值均大于0.1，真实 β_1 值远大于虚假的 β_1 值，表明该结果在安慰剂检验中是极小概率发生的情况。因此，估计结果通过了安慰剂检验，表明大数据政策开展地区的企业新质生产力发展水平提高与不可观测因素的关系较小。

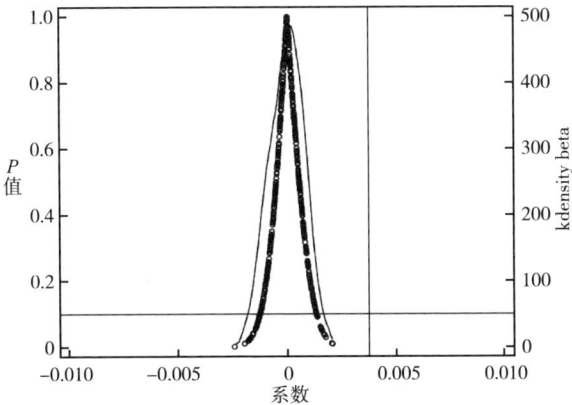

图12-4　大数据政策安慰剂检验图

（3）PSM-DID。为了确保控制组的选择与处理组有更好的匹配性，本章引入倾向得分匹配的双重差分法（PSM-DID）进行稳健性检验，将基准回归中所设定的控制变量均作为匹配过程中的协变量，分别通过最近邻匹配、半径匹配及核匹配三种倾向得分匹配方法，以共同支撑域中样本企业为基础，重新采用双重差分法估计大数据政策对企业新质生产力发展水平的因果关系。估计结果见表12-4列（1）至列（3），可以看出，无论采用何种倾向得分匹配的方式，PSM-DID估计系数在系数大小、系数方向以及显著性等方面均与基准回归结果相近。因此，大数据政策提升了企业新质生产力发展水平的研究结论稳健。

表12-4　　　　　　　　　　大数据政策的稳健性检验

变量	（1）近邻匹配	（2）半径匹配	（3）核匹配	（4）跨境电商试验区	（5）供应链示范区
$Treat_i \times Post_t$	0.004** (2.055)	0.005*** (2.721)	0.005*** (2.728)	0.0041** (0.0017)	0.0048*** (0.0017)
$POLICY1$	否	否	否	是	否
$POLICY2$	否	否	否	否	是
控制变量	是	是	是	是	是
企业固定	是	是	是	是	是
年份固定	是	是	是	是	是
城市固定	是	是	是	是	是
常数项	−0.190*** (−4.427)	−0.150*** (−4.831)	−0.150*** (−4.827)	−0.1475*** (0.0311)	−0.1485*** (0.0311)
N	14506	18843	18842	18913	18913
R^2	0.112	0.109	0.109	0.1089	0.1091

（4）排除其他政策干扰。在大数据综合试验区政策实施期间，我国开展了系列同期政策，如跨境电商试验区、供应链示范区等。为了消除研究期内其他相近政策可能引起的偏差，本章在回归模型中纳入两个控制变量：跨境电商试验区（$POLICY1$）及供应链示范区（$POLICY2$），通过增加相应的虚拟变量再次分析，结果见表12-4列（4）和列（5）。在考虑其他同期试行政策的影响后，大数据政策仍显著促进了企业新质生产力发展水平。

（5）双重机器学习（DDML）。在当前大数据背景下，Chernozhukov 等[①] 提出的双重机器学习方法可以有效弥补传统因果推断方法的不足。原因在于该方法使用内曼正交估计矩进行交叉拟合估计，应用于双重差分模型中能够避免函数形式误设的偏差，并克服线性回归中可能存在控制变量太多导致的维度诅咒缺陷。在未知协变量函数形式的情况下，通过双重机器学习依然能获得无偏的处理效应估计。首先，本章采用初始随机森林模型，样本分割比例设定为 1∶5，结果如表 12-5 列（1）所示。其次，将机器学习模型算法由基准回归的随机森林模型重新设定为套索回归与梯度提升算法，结果如表 12-5 列（2）、列（3）所示。最后，将模型的样本分割比例由初始的 1∶5 重新设定为 1∶3 与 1∶7，进行敏感性分析，结果如表 12-5 列（4）、列（5）所示。上述结果均表明，采用双重机器学习模型并未改变基准回归研究结论，大数据政策的实施能够显著提升新质生产力的发展水平。

表 12-5　　基于双重机器学习的稳健性检验

变量	（1）随机森林	（2）套索回归	（3）梯度提升	（4）三折交叉检验	（5）七折交叉检验
$Treat_i \times Post_t$	0.019*** (0.001)	0.006*** (0.002)	0.034*** (0.002)	0.022*** (0.001)	0.019*** (0.001)
控制变量一次项	是	是	是	是	是
控制变量二次项	是	是	是	是	是
企业固定	是	是	是	是	是
年份固定	是	是	是	是	是
N	18843	18843	18843	18843	18843

注：括号内为稳健标准误。

（6）其他稳健性检验。替换被解释变量：新质生产力发展的核心标志是全要素生产率大幅提升。本章采用半参数估计方法计算企业全要素生产率 TFP_OP 和 TFP_LP，结果如表 12-6 列（1）、列（2）所示。可见大数据政策仍然显著提升了企业新质生产力发展水平，该结果与基准回归类似。需要说明的是，尽管大数据政策并未大幅提高全要素生产率，但也为大数据催生企业新质

---

① CHERNOZHUKOV V，CHETVERIKOV D，DEMIRER M，et al. Double/debiased machine learning for treatment and structural parameters［J］. Econometrics Journal，2018，21（1）：1-68.

生产力提供了支撑证据。高维固定效应：虽然固定效应在一定程度上能够缓解估计偏误，但是仍然存在不可观测的因素对估计结果产生影响。笔者进一步采用高维固定效应重新对基准回归进行估计，结果如表12-6列（3）所示，可见大数据政策仍然显著提升了企业新质生产力，该结果与基准回归类似。

表12-6　大数据政策的其他稳健性检验

变量	（1） TFP_OP	（2） TFP_LP	（3） 高维固定效应
$Treat_i \times Post_t$	0.024** （2.354）	0.033*** （3.108）	0.004** （2.264）
控制变量	是	是	是
企业固定	是	是	是
年份固定	是	是	是
城市固定	是	是	是
常数项	−2.672*** （−14.103）	−4.312*** （−22.030）	−0.113*** （−3.787）
N	17848	18048	18539
R^2	0.521	0.585	0.809

12.5　进一步分析

12.5.1　机制分析

促进产学研合作、提高企业知识宽度、提高企业知识吸收能力，这是大数据政策构建面向新质生产力科技创新政策体系的核心。为了论证作用机制的存在性，笔者参考江艇[①]关于中介效应的讨论与建议，选择与结果变量因果关系清晰的变量作为机制变量 M，检验大数据政策与中介变量的因果关系。考虑到中介变量 M 对新质生产力发展水平 Pro 的因果推断可能并不充分，进一步分析中介变量对新质生产力发展水平的影响。

（1）促进产学研合作。基于社会网络理论，大数据政策通过搭建创新平

---

① 江艇.因果推断经验研究中的中介效应与调节效应［J］.中国工业经济，2022（5）：100-120.

台,吸引高校、科研机构、企业等多方主体,利用协同创新网络中的结构洞和强弱联系,从而提升企业新质生产力。表12-7中列(1)列出了大数据政策对上市公司产学研合作的影响,根据估计结果可知,大数据政策对产学研合作 *Collabor* 的估计系数为0.170,并在5%水平统计显著,表明大数据政策在促进企业开展产学研合作方面的有效性;列(2)在控制了大数据政策影响下,产学研合作对新质生产力的影响显著为正,进一步证实了产学研合作这种合作创新模式对于提升上市公司新质生产力的重要性,验证了本章的研究假说H2。

(2)拓展企业知识宽度。基于知识基础理论,大数据政策促进大数据产业集聚和技术知识扩散,从而有助于拓展企业知识宽度,提升企业新质生产力发展水平。表12-7中列(3)的回归结果显示,大数据政策对企业知识宽度 *Width* 有显著正向影响,考虑到知识宽度的累积性特质,长期来看,持续的小幅增长可能会积累为显著的知识优势,特别是大数据产业快速发展、知识更新迅速的背景下,持续的知识宽度提升对企业的长远竞争力尤为重要;列(4)的回归结果显示,知识宽度对企业新质生产力发展水平的估计系数在1%的水平显著为正,符合知识管理理论的基本观点,即企业知识资源的丰富程度、多样性与深度对其竞争力具有重要支撑作用,验证了本章的研究假说H3。

(3)提高知识吸收能力。知识的吸收能力是企业能够在快速变化的技术环境中持续学习、创新的基础,是企业提升新质生产力的重要能力。对知识吸收能力的回归结果如表12-7列(5)、列(6)所示,大数据政策显著提升了企业的知识吸收能力 *Absorb*,并在1%的水平显著。同时,知识吸收能力的增强显著提升了企业新质生产力的发展水平,这种能力的提升不仅优化了企业内部资源,还增强了企业对外部环境的适应性,使得企业在激烈的市场竞争中能够维持较高水平的新质生产力发展,验证了本章的假说H4。

表12-7　　　　　　　　　　大数据政策的机制分析

变量	(1)	(2)	(3)	(4)	(5)	(6)
	Collabor	*Pro*	*Width*	*Pro*	*Absorb*	*Pro*
$Treat_i \times Post_t$	0.170** (2.313)	0.007** (1.975)	0.020** (2.020)	0.007*** (3.508)	0.003*** (4.424)	0.005*** (2.718)
Coper		0.002*** (3.143)				

续表

变量	(1) Collabor	(2) Pro	(3) Width	(4) Pro	(5) Absorb	(6) Pro
Width				0.006*** (2.802)		
Absorb						0.118*** (4.978)
控制变量	是	是	是	是	是	是
企业固定	是	是	是	是	是	是
年份固定	是	是	是	是	是	是
城市固定	是	是	是	是	是	是
常数项	−3.062*** (−2.651)	−0.216*** (−3.744)	0.606*** (3.376)	−0.108*** (−2.855)	0.054*** (5.289)	−0.146*** (−5.101)
N	5832	5832	10982	10982	16267	16267
R^2	0.029	0.102	0.108	0.135	0.111	0.109

12.5.2 异质性分析

为了进一步考察大数据政策实施所产生的差异化作用,本章从企业外部环境以及内部特征两个维度对企业进行异质性分析,由外向内研究新质生产力是否存在差异化的反应模式,为本章的核心逻辑提供更多经验证据。

12.5.2.1 企业外部环境的异质性

(1) 区域差异。区域的差异将直接导致大数据发展与应用的差异,更会导致大数据对新质生产力的影响差异。因此,本章将样本企业划分为东部、中部、西部进行分组回归,见表12-8列(1)至列(3)。在中西部地区,大数据发展对新质生产力均呈现出显著的正向影响,这是由于基数效应、经济基础等原因,大数据政策对企业新质生产力等方面产生了更强的驱动力。东部地区的回归系数虽为正,但并不显著,说明大数据政策对新质生产力的影响在东部地区的作用相对有限。

(2) 市场化差异。在大数据政策试点之后,大数据政策的实施可以通过提供数据支持、政策激励以及优化资源配置等方式,弥补地区市场机制的不足。据此不难推断,对于市场化程度更低的地区而言,大数据政策对企业新质生产力的促进作用理应更为凸显。笔者按照年份计算市场化程度的中位数,并进行市场化分组。表12-8中的列(4)、列(5)列出了分组回归结果,可见高市场化组的大数据政策对企业新质生产力的影响在统计上不显著,在市场化程度较低的地区对新质生产力的促进作用更为明显。

表12-8　　　　　　　　　　企业外部环境的异质性

变量	(1) 东部	(2) 中部	(3) 西部	(4) 高市场化	(5) 低市场化
$Treat_i \times Post_t$	0.003 (1.614)	0.008* (1.656)	0.004** (2.239)	0.001 (0.559)	0.007*** (2.604)
控制变量	是	是	是	是	是
企业固定	是	是	是	是	是
年份固定	是	是	是	是	是
城市固定	是	是	是	是	是
常数项	−0.187*** (−4.672)	−0.069 (−1.149)	−0.161*** (−4.685)	−0.218*** (−4.618)	−0.092** (−2.474)
N	13237	2566	15803	10047	8796
R^2	0.106	0.115	0.107	0.114	0.097

12.5.2.2　企业内部特征的异质性

(1)生命周期差异。在企业的不同发展阶段,企业的创新策略、治理能力等都存在较大差异,企业发展的内外部环境也有所不同[1]。大数据对企业新质生产力的影响受到企业自身资源禀赋等因素的综合影响,能够预期大数据政策对企业新质生产力的影响存在生命周期差异。借鉴刘诗源等[2]的做法,采用现金流模式法,根据经营现金流净额、投资现金流净额、筹资现金流净额,将样本企业划分为成长期、成熟期和衰退期3个子样本。表12-9中的列(1)至列(3)表明:大数据政策对成长期企业新质生产力的影响最大(0.009),在成熟期和衰退期企业的估计系数并不显著。一方面,成长期企业处于快速发展阶

---

[1] MILLER D, FRIESEN P H. A Longitudinal Study of the Corporate Life Cycle [J]. Management Science, 1984, 30: 1161-1183.

[2] 刘诗源,林志帆,冷志鹏.税收激励提高企业创新水平了吗?——基于企业生命周期理论的检验[J].经济研究,2020,55(6):105-121.

段，通常更具灵活性和创新动力。大数据政策能够为这些企业提供丰富的数据资源和技术支持，使其更好地把握市场机会，优化生产流程。另一方面，由于面临市场竞争加剧、技术落后以及战略重心转移等问题，大数据政策对成熟期和衰退期新质生产力的提升效应相对较弱且不显著。

（2）融资约束差异。在融资约束较高的环境下，企业可能难以将数据资产与实体运营紧密结合，阻碍数据驱动的商业模式创新和价值创造，从而影响新质生产力。笔者依据 KZ 指数的年度中位数进行分组，如果企业的 KZ 指数低于平均值，则视为低融资约束组。融资约束的异质性回归结果见表 12-9 中的列（4）、列（5）。对于融资约束较低的企业，大数据政策提高了其新质生产力发展水平，并且在 1% 的显著性水平成立。相比之下，低融资约束组的影响不仅强度更大，其显著性也更高。这是因为在低融资约束条件下，企业更容易获得必要的资本要素来投资大数据技术、培养数据分析能力，从而更有效地推动新质生产力的增长。

表 12-9　　企业内部特征的异质性

变量	（1）成长期	（2）成熟期	（3）衰退期	（4）高融资约束	（5）低融资约束
$Treat_i \times Post_t$	0.009*** (3.201)	0.003 (1.195)	0.001 (0.125)	0.004 (1.597)	0.005** (2.212)
控制变量	是	是	是	是	是
企业固定	是	是	是	是	是
年份固定	是	是	是	是	是
城市固定	是	是	是	是	是
常数项	−0.204*** (−4.562)	−0.054 (−1.099)	−0.174** (−2.496)	−0.150*** (−3.597)	−0.142*** (−3.355)
N	7863	7197	3783	9425	9418
R^2	0.123	0.119	0.120	0.102	0.112

12.6　结　语

在新一轮科技革命向纵深发展和经济结构面临战略性转型的双重挑战下，加快培育新质生产力已成为经济高质量发展、推进中国式现代化的重要任务。

本章通过"国家级大数据综合试验区"构建双重差分识别框架以控制内生性，检验了大数据政策对企业新质生产力的影响。研究表明，大数据政策对上市企业的新质生产力产生了显著正向影响。该结论不仅补充了大数据政策的积极效应，一定程度上还回答了中国的独特制度如何影响企业新质生产力。进一步机制分析发现，大数据政策通过促进产学研合作、提高企业知识宽度、提高企业吸收能力而对新质生产力产生影响，说明大数据政策有利于构建一个更加开放、灵活和创新的经济体系，支撑经济高质量发展。异质性结果表明，中西部地区、低市场化地区、成长期企业、低融资约束的分组企业对大数据政策更为敏感，为剖析大数据政策效应提供了植根于本土逻辑的经验证据。本章的政策启示如下。

（1）大数据政策提高了企业新质生产力发展水平，表明试验区的成功经验应逐步推广到更广泛的范围。在国家层面，应进一步加强对大数据政策的支持与规划引导，具体措施包括设立专项资金支持、制定详细的实施方案、建立政策评估机制，根据实际效果和反馈及时调整政策策略。充分发挥大数据试验区的辐射带动作用，激发企业的数据要素活力，推动数据资源的整合与共享。在地区层面，应进一步加强数字化基础设施建设，包括建立数据中心、提升云计算能力、扩展高速网络覆盖率。培养和引进数字人才，通过设立培训项目、吸引高层次人才等方式提高地区数字化能力。优化大数据核心产业布局，支持大数据企业发展，完善产业链条，以实现新质劳动者、劳动资料和劳动对象的有效配置，为企业转型升级提供坚实的数据基础。

（2）大数据政策能够通过促进产学研合作、扩展企业知识宽度和提升企业吸收能力，对新质生产力产生积极影响。首先，利用大数据政策推动产学研合作，形成创新联合体，具体措施包括设立专项资金和建设合作平台，鼓励企业、高校和科研院所联合开展技术研发和成果转化，以形成推动新质生产力的强大合力。其次，推动数据开放和跨领域融合，建立或参与开放式创新平台，并构建行业内的数据共享平台，使企业能够访问和利用来自其他企业或行业的数据资源，从而帮助企业通过大数据获取来自不同领域的新质劳动资料。最后，鼓励企业设立内部实验室或创新中心，建立高效的知识管理体系，推动员工持续学习和多元化发展，提升其数据分析与处理能力，进而帮助企业培养和发展新质劳动者。

（3）中西部地区、低市场化地区、成长期企业、低融资约束的分组企业受到大数据政策的影响更大。因此，在推动大数据等信息技术发展时，应因地制宜强化大数据政策培育企业新质生产力的积极作用。在区域外部环境上，建设跨区域数据要素合作平台，探索数字资源优化配置机制，推进东部、中部、西部共建跨区域的大数据生态系统。在企业内部特征上，应对部分重点企业进行针对性和阶段性的扶持，包括补贴、税收优惠和信贷机制等，协助企业充分利用数据生产要素，平稳跨越大数据转型时期。

第 4 篇

产业创新与新质生产力

第13章 为未来产业营造适宜的创新生态

在2014年中央经济工作会议上,习近平总书记指出"要通过发挥市场机制作用探索未来产业发展方向"。此后,在国内外多个重要场合,习近平总书记从科技创新、区域发展、数字经济、国际合作等对未来产业发表一系列重要论述。2023年以来,习近平总书记立足发展新质生产力,进一步对布局建设未来产业进行部署。《中华人民共和国国民经济和社会发展第十四个五年规划和2035年远景目标纲要》指出,要"着眼于抢占未来产业发展先机,培育先导性和支柱性产业,推动战略性新兴产业融合化、集群化、生态化发展"。这都需要我们深刻认识未来产业的内涵,面向前沿技术和新兴领域,抓住全球产业结构和布局调整过程中的新机遇,完善优化创新生态,为开辟产业新领域、挖掘发展新动能创造条件。

13.1 未来产业的内涵及创新生态特征

13.1.1 未来产业的政策内涵

自提出"新质生产力"这一概念以来,习近平总书记先后在多个重要场合围绕新质生产力的意义、内涵和如何更好发展新质生产力发表一系列重要讲话,为培育和发展未来产业明确了方向,主要体现在以下4个方面。一是以科技创新为核心要素。科技创新能够催生新产业、新模式、新动能,是发展新质生产力的核心要素,更是形成未来产业的核心要素。原创性、颠覆性技术创新一旦获得成功，将迅速成为市场主导技术，重塑产业和市场竞争格局，使劳动者、劳动资料、劳动对象及其优化组合实现新的跃升，形成未来产业。未来产业是基于重大科技创新，特别是前沿、新兴、交叉、颠覆性创新而形成的具有强大正向溢出效应的产业，对经济社会变迁将产生关键性、支撑性、引领性作用。二是以人才为第一资源。培育发展未来产业，要求畅通教育、科技、人才的良性循环，加强基础学科、新兴学科、交叉学科建设，重视跨学科科研，推进跨学科教学，提升拔尖创新人才的培养质量。三是以企业为关键主体。培育发展未来产业，需要整合并使用优质的、新型的生产要素，以拓展形成现代化产业体系的新组成。其中，企业既能集聚整合创新资源，又能准确把握市场需求，是未来产业发展最关键的主体。四是以全面深化改革为动力。未来产业发展具有高度的不确定性，必须进一步深化改革，加强管理和制度层面的创新，形成适宜的制度环境，才能更好地发挥科技创新和体制机制创新的"双轮驱动"作用，更好地平衡体制机制稳定性和灵活性间的关系。

13.1.2　未来产业的理论内涵

针对未来产业，诸多学者从不同视角进行了分析探索，主要涉及概念、特征、发展条件等方面。对于概念，一些学者认为，未来产业是由前沿科技与颠覆性技术突破所推动形成的具有引领性和高成长潜力的产业。未来产业与战略性新兴产业相比更能代表未来科技和产业发展的新方向，对经济社会变迁起到关键性、支撑性和引领性作用。[①] 对于特征，有学者认为，未来产业具有战略引领性、超强颠覆性、高成长潜力等典型特征，且从基础研究、技术转化到成功产业化是一个充满不确定性的非连续创新过程，其科技和产业的双重属性十分突出。[②] 特别是，颠覆性技术对未来产业发展的路径、方向和国际竞争格局

---

① 陈劲,朱子钦.全球未来产业的发展态势及对中国的启示[J].新经济导刊,2021(3);潘教峰,等.从战略性新兴产业到未来产业：新方向、新问题、新思路[J].中国科学院院刊,2023(3);李军凯,高菲,龚轶.构建面向未来产业的创新生态系统：结构框架与实现路径[J].中国科学院院刊,2023(6);李晓华.未来产业发展的新趋势和中国特色发展之路[J].人民论坛,2022(13);李研.落实"十四五"规划加快推进我国未来产业发展[J].科技中国,2021(12).

② 李军凯,高菲,龚轶.构建面向未来产业的创新生态系统：结构框架与实现路径[J].中国科学院院刊,2023(6).

具有关键影响。①创新前沿颠覆性技术攻关组织模式将成为化解我国技术供需结构失衡矛盾、实现经济高质量发展的破局之举。②对于发展条件，许多学者进行了系统梳理，如潘教峰等认为，需要增强原始创新能力、提高科研成果转化率、完善要素市场、构建良好产业创新生态体系、优化产业分工和空间布局，以及创新领域管理模式、持续扩大对外和对内开放、构建国内国际双循环体系。③张越等认为，我国应面向未来产业建立长期、动态的颠覆性技术甄别与支持机制。④陈凯华等认为，未来产业的科技发展动力体现在科技要素供给、科技场景培育、科技政策保障3个方面，构建未来产业科技发展的创新生态，需要关注科技多元治理、科技转化、国际科技合作等方面。⑤李晓华认为，我国应充分利用在体制机制、企业主体、科技创新、产业配套、市场规模等方面的优势，前瞻布局、加快培育未来产业，走出一条具有中国特色的未来产业发展之路。⑥

13.1.3 未来产业的科技内涵

其一，未来产业聚焦于特定的科技领域，代表着技术经济周期波动的最前沿，也代表着现代化发展的新形态。现代化的概念发轫于工业革命，现代化发展进程与技术经济周期同步，呈现周期性、叠加性特征。在两次科学革命和五次技术革命的引领带动下，全球现代化进程呈现出多轮"科学革命—技术革命—产业革命—社会变革"的叠加。⑦每一轮技术革命的主导技术形成新的经

---

① 张越，等.颠覆性技术驱动的未来产业培育模式与路径研究——美国布局下一代集成电路产业的启示[J].中国科学院院刊，2023（6）.
② 李哲.面向国家战略需求的关键核心技术攻关组织模式研究[J].人民论坛·学术前沿，2023（1）.
③ 潘教峰，等.从战略性新兴产业到未来产业：新方向、新问题、新思路[J].中国科学院院刊，2023（3）.
④ 陈凯华，等.我国未来产业科技发展战略选择[J].中国科学院院刊，2023（10）.
⑤ 李晓华.未来产业发展的新趋势和中国特色发展之路[J].人民论坛，2022（13）.
⑥ 李哲，钮钦.推进中国式现代化 走好新时代中国特色自主创新道路[N].科技日报，2022-10-19（2）.
⑦《中华人民共和国国民经济和社会发展第十四个五年规划和2035年远景纲要》第九章第二节"前瞻谋划未来产业"明确，在类脑智能、量子信息、基因技术、未来网络、深海空天开发、氢能与储能等前沿科技和产业变革领域，组织实施未来产业孵化与加速计划，谋划布局一批未来产业。

济部门并被经济社会活动充分消化吸收后,这一轮现代化基本完成。

其二,未来产业相关技术具有突出的通用性、颠覆性特征。回顾过去几次科技革命,往往是科技进步在某个行业或领域形成重大技术突破,带动这些行业或领域实现创新性发展,跨领域、跨经济部门的消化吸收时间较长。与以往不同,当前这一轮技术革命的通用性、颠覆性特征明显,跨领域、跨经济部门的消化吸收时间大大缩短。颠覆性技术创新一旦获得成功,将迅速成为市场主导技术,重塑产业和市场竞争格局,使劳动者、劳动资料、劳动对象及其优化组合实现新的跃升。类脑智能、量子信息、基因技术、未来网络等为代表的新一代数字技术迅猛发展,极大而迅速改变着各行各业的技术经济范式,推动产业发展由分工深化逐步走向相互融合,催生新产业、新业态和新模式,生成新的经济增长点。

其三,未来产业相关技术具有一定的"锁定效应"。未来产业的核心竞争力来自科技,技术轨道跃迁、新生技术奇点和颠覆性创新带来的"从0到1"、从无到有的科技创新,是催生未来产业的根本驱动力。未来产业的技术"门槛"高,通常具有"锁定效应"和"先发优势"。一旦这些技术取得突破性进展,将很可能实现"赢者通吃",能够最大限度获得"技术红利"。这不仅对抢抓科技发展制高点提出了更高更紧迫的要求,也凸显了未来产业在国家技术经济竞争层面的特征,即能够培育发展未来产业的国家,在这个领域必然是先发国家。或者说,同样的产业转移至后发国家后,也许仍然是高科技含量、高经济回报的产业,但已经不能被认为是未来产业。

13.1.4　未来产业的创新生态特征

创新生态是一个经济体通过科学、技术因素有效参与生产函数以实现创新,进而实现高质量、高效益、可持续发展能力的综合体现。影响创新生态的因素有基础条件、种群多样性、演化动力、竞争机制和开放程度等。[①] 创新生态以企业为核心,以市场价值为导向,以公共政策为引导,以创新友好的社会环境为依托,以"科技—经济—科技"良性循环为演化动力。从科技创新的现

---

① 李哲.促进创新生态的良性循环[J].今日科苑,2023(10).

实活动来看，创新主体、创新资源、组织机制、制度环境等共同组成创新生态的基本要素。通过对未来产业政策内涵、理论内涵、科技内涵的分析可以发现，培育发展未来产业，既体现了科技创新生态的一般特征，也体现了一些独有的创新生态特征。

一是能够形成最前沿的科技突破。未来产业的"锁定效益"，决定了创新生态中的各个主体对前沿科技突破的激烈竞争，这就要求创新生态具备门类齐全的学科和高水平的科研活动。二是能够形成市场化的场景应用。前沿技术、颠覆性技术的应用是未来产业的关键环节，但这些技术并无现成的产品或工程来带动，往往需要设定特定的场景并通过市场机制配置科技要素，带动产业形成和发展。三是能够形成数字化的资源平台。数字技术是这一轮技术经济周期的主导技术，无论是数据自身作为资源，还是数字技术作为资源管理手段，还是科研范式的变化，数字化程度都决定了创新生态的资源配置效率。四是能够形成智能化的组织机制。在科技创新组织信息化、扁平化的基础上，"科层制"的组织机制将进一步被削弱，人工智能等技术将深度参与科技创新活动的组织，有的环节甚至将取代人为选择。五是能够形成弹性化的制度环境。科技发展的不确定性决定了未来产业的不确定性，也涉及复杂的伦理、安全等问题，需要设定相对宽泛的制度空间，开展审慎包容监管，进行弹性治理、敏捷治理。

13.2 营造未来产业创新生态的现实因素

13.2.1 以数字技术为引领的科技突破

前沿科学技术是形成未来产业的内在因素，决定着创新生态的基本形态。当前世界正处于第五次技术革命后半段，由数字技术引发的产业革命进入"深入拓展期"，突出表现在数字技术日臻成熟，技术门槛和产业门槛大幅降低，其潜能加速向其他经济部门广泛融入和带动，推动着"技术—经济"范式的变迁。在数字技术渗透应用下，各领域技术实现群体性突破、跃进态势，智能制造、智慧能源、智慧医疗、数字空间等成为各领域技术变革方向。

第一，人工智能、量子信息等前沿科技加速突破应用，引发以智能化为特征的产业变革。人工智能快速发展，大数据驱动的深度学习、人机协同增强智能成为重要方向。量子信息取得重大突破，量子计算机具备超快并行计算和海量信息处理能力，人类对量子世界的探索正从探测走向主动调控。物联网技术正在将硬件和应用场景相融合，为万物互联的经济社会提供强大基础支撑。区块链在共识算法等技术环节持续发展，为未来世界创造新型的信用机制。

第二，融合机器人、新材料等先进制造技术加速推进制造业转型。机器人、智能工厂、大数据、云计算等技术成为推动高端智能制造发展的重要因素，人机共融的制造模式快速推广。光子集成技术、柔性混合电子技术等应用使大规模定制和个性化量产成为可能。纳米、碳纤维、石墨烯等新型材料的广泛应用将极大降低产品制造成本，提升产品性能和质量。

第三，合成生物学、脑科学等为代表生命科学领域孕育新的变革。基因编辑技术向更精准、更高效、低成本方向演进。脑神经科学与其他基础学科的跨学科交叉，为记忆、思维、意识和语言发生等重大神经问题提供全新研究思路和方法。疫苗、干细胞技术、组织工程技术为核心的再生医学不断取得新突破。

第四，以清洁高效可持续为目标的能源技术引发全球能源变革。以传统能源清洁利用为核心的能源技术将形成清洁能源为基础的产业形态，促进二氧化碳减排、可再生能源利用和能效提升。风能、太阳能、生物质能等可再生能源开发存储技术的突破应用，将加速推动能源结构转型。信息及互联网技术的应用推动能源数字化、分布式精准管理。

第五，空天、海洋与网络技术正在拓展人类生存发展新疆域。空天技术方面，新型运载火箭与推进技术发展迅速，可重复使用运载技术取得重要进展，空间感知、导航通信能力不断增强。海洋技术方面，以卫星遥感、全球定位等为代表的信息技术在海洋领域加快应用，海洋资源勘查与开发技术向深远海发展。网络技术方面，虚拟现实、数字孪生等技术改变人类的认知方式、活动范围、安全属性。

13.2.2 以科技企业为引领的创新群体

创新主体是不同类型、不同环节创新任务的基本载体，主要包括企业、科研机构、高校、战略科技力量、创新创业服务机构等。其中，科技企业是颠覆性、前沿性技术转化为未来产业的关键主体。

美国在领军企业科技创新、未来产业企业培育方面领先，我国企业创新也具备了更多先发优势。根据《欧盟产业研发投资记分牌》的统计数据，过去10年，全球研发投入前2000名企业的研发投入规模增长了130%，表现出对未来竞争力的持续布局。从区域分布来看，2022年美国和中国是进入欧盟产业研发投入记分牌前2000名企业数量最多的国家，分别是686家和507家，其中美国企业研发投入规模占比42.51%，领先其他经济体；中国（占17.33%）、欧盟（占17.30%）处于第二梯队。根据《2022全球未来产业发展指数》，43%最具影响力的未来产业相关企业来自美国；中国排名第二，这一比例为17.5%。美国在未来产业的主要领域都表现出了非凡的竞争力，尤其是在信息技术产业（量子信息、智能机器人、元宇宙）方面具有领先优势；中国各领域发展较为均衡，在量子信息、绿色能源、智能机器人和元宇宙等领域创新优势突出。①

我国企业创新的基础相对以往呈现出重大变化，体现在规模、结构、能力等方面。从规模看，2022年中国进入全球企业研发投入前2000名的507家企业，年度研发投入总和达到了2110.95亿欧元，这两项数据比10年前分别增长了4.5倍和9.7倍（93家、198.09亿欧元）。从结构看，各类创新主体围绕创新链不断演进，形态更加多元化、层次更加鲜明。科技领军企业聚焦行业共性技术和复杂性技术研发；隐形冠军企业聚焦细分领域持续"专精特新"；独角兽、瞪羚和科技孵化器企业面向新兴技术；公共科研机构、研究型大学聚焦基础研究和应用基础研究领域；部分社会科研机构和企业专注科技成果转移转化。从能力看，2022年中国有32家企业的研发投入和营业收入均进入全球前500名，华为、上汽、中石化等6家企业的两项指标均进入全球前100名。在2024年自然指数榜单中，中国国内有21所高校进入"世界50强"。

发展未来产业，需要突出企业科技创新的前瞻引领作用，与高水平研究型大学、国家科研机构等主体间加强协同。首先，近年来尽管相关部门陆续出台

---

① 李一聪，庞鹏沙，黄燕飞.全球未来产业发展进展及对中国的启示与建议——基于《2022全球未来产业发展指数》[J].全球科技经济瞭望，2023（4）.

政策，引导企业前沿性、颠覆性技术开发，但许多政策缺乏配套细则，分类施策的针对性需要完善。例如，研发投入加计扣除等政策，在实操中无法有效区分前沿性颠覆性技术和一般性技术研发，导致企业倾向于投入相对周期短、风险性低的技术研发。其次，贯穿"基础研究—技术攻关—中试研究—成果转化"全链条的创新生态体系不健全。例如，技术要素在价值形成分配过程中所占比例过低，技术价值不能得到合理的市场回报，形不成研发促进转化、收益反哺科研的良性循环。同时，尽管企业、科研机构、研究型大学等创新主体在创新生态中的职责定位较为明晰，但由于各创新主体隶属不同部门，使得各创新主体间的组织协同仍然面临体制机制障碍。

13.2.3　以数据驱动为引领的资源配置

创新资源是创新生态运转的基本条件，也是表征创新生态实力、活力与潜力的客观指标，主要包括人才、资本、数据、科技设施等。创新资源需要积累，也需要自由顺畅流动，才能充分实现其潜力和价值。数字技术引领的阶段性特征决定了发挥好数据驱动作用，是培育未来产业的资源配置突破点。

数据成为发展未来产业的战略性资源。未来制造、未来信息、未来材料、未来能源、未来空间和未来健康等未来产业领域[①]都与数据密切相关，数据的收集、处理与分析一定程度上决定了未来产业的突破与发展速度。2022年，美国发布《确保联邦政府资助的研究数据公平惠及全美国的新指南》，大幅提升科研数据公开获取与共享水平，推动相关领域研发加速。同年，美国商务部设立首席数据官，推动政府数据与私营部门数据的整合与战略性使用，并主动推动与欧盟和英国达成数字传输协议，为美国大型科技企业跨国获取数据、推动人工智能等发展打下重要基础。我国于2023年组建国家数据局，负责协调推进数据基础制度建设，统筹数据资源整合共享和开发利用，统筹推进数字中国、数字经济、数字社会规划和建设等，为我国未来产业的发展奠定了重要数据基础。

我国庞大的科研产出、丰富的应用场景以及完整的制造业体系为发展未

---

① 2024年1月，工业和信息化部、教育部、科学技术部、交通运输部等七部门联合印发《关于推动未来产业创新发展的实施意见》，提出了这六大方向产业发展。

来产业奠定了数字驱动基础。目前，我国在人工智能、材料科学、电子工程等领域的国际论文发表量（含高被引）论文发表量已经位居世界前列，这为我国发展未来产业提供了良好的显性知识资源基础。根据 Web of Science 数据库，2023 年我国在人工智能、电子与电气工程领域发表的国际论文分别为 25453 篇和 20676 篇，美国为 10021 篇和 18009 篇。这些具有显著赋能作用学科领域的知识累积，经过数字化编码形成知识体系后，将为未来产业提供重要的生产要素。我国具有庞大的人口和经济规模，各领域信息化的快速发展以及线上、线下产业新形态的快速崛起，正在推动我国成为数据生产和积累量最大、类型最丰富的国家之一。消费者群体、科技企业依托数字平台共同助力新兴技术的快速研发、商业化和迭代，为未来产业提供了独特发展优势。完整的制造业体系，不仅为未来制造、未来能源等未来产业发展提供了重要的生产制造基础，其生产过程形成的海量数据也为未来产业的数字化、智能化发展提供了天然而连贯的数据基础。

发展未来产业，需要挖掘数据化潜力，进一步提升资源利用能力和效率。相对于未来产业的发展需求，我国数据资源的开发利用水平还处于初级阶段，数据资源在营造创新生态中还未发挥其应有的作用。同时，优质创新资源短缺、流动渠道不畅、现实生产力转化能力不足、全球资源供给受扰等问题的解决，也依赖数字化的技术手段。以人才为例，根据科睿唯安（Clarivate）发布的"2023 年年度全球高被引科学家"名单，中国大陆高被引科学家数量虽然增长迅速，为 1275 人次，但远低于美国的 2669 人次。以科技成果转化为例，我国发文量世界排名第一的材料科学、电子与电气工程和人工智能领域，学术界与产业界合作论文的比例只有 2.1%、4.5% 和 5.1%，均不到美国的一半（4.3%、9.3% 和 11.8%），这一定程度上导致了我国在众多领域论文发表量世界第一，但产业竞争力不匹配的现象。只有在保持规模持续增长的同时，利用数据技术手段加强各类网络、平台的建设运营，提高资源在整个生态系统中的配置效率，才能适应未来产业所需的资源供给。

13.2.4 以应用导向为引领的创新机制

创新机制是将创新主体与创新资源相结合的作用机制，除市场环境下的以经济利益为导向的自组织机制以及学术界追求个人价值与好奇心驱动的自组织机制，还包括政府为实现目标与需求的他组织机制等。任何重大的科技创新活动都是以上各种机制的混合。适应未来产业的快速迭代，需要高效、敏捷的创新机制。

应用导向、有组织的科研有利于为未来产业提供积极的市场预期。为抢占未来产业先机，主要国家纷纷制定战略规划、明确重点领域，强化有组织的科研，鼓励高风险性研究和非共识性研究。2022年，美国《芯片与科学法》制定了重大挑战清单和重点领域清单，聚焦战略新兴领域与未来产业领域，同时授权美国国家科学基金会（NSF）设立技术、创新与伙伴关系理事会专职促进关键技术研发与成果转化，将美国国防部高级研究计划局（DARPA）模式快速推广到生命健康（ARPA-H）领域。欧盟第九框架计划引入目标导向的资源分配机制，新设欧洲创新理事会、战略技术平台等机构加速关键技术突破和产业化。英国、法国、德国、日本、韩国等也纷纷通过出台清单和机构改革等方式强化战略性新兴技术研发与转化，瞄准未来产业。为推进非共识性研究，丹麦和德国等国家已经开始试点的"金票"制度，赋予项目评审人一枚"金票"，确保具有重大潜力的研究申请在其他评审人都反对的情况下能够获得资助。

我国拥有集中力量办大事的制度优势，积累了组织实施重大科技任务的丰富经验。我国通过国家科技重大专项不断探索和完善新型举国体制，充分发挥我国集中力量办大事的制度优势，探索实施了"揭榜挂帅""赛马制""里程碑式考核""政企联合基金"等一批新机制、新模式。中央科技委员会的成立，进一步强化了我国组织实施重大科技任务的统筹协调能力，为未来产业的技术研发与突破奠定了重要的组织基础。与此同时，破解美国不断收紧的对我国科技封锁与市场禁入，客观上也强化了我国自主创新技术与产品的市场预期。

发展未来产业，需要以应用带动教育科技人才协同、"四链融合"等机制的完善。教育、科技、人才的协同与衔接，重点在于一体化布局与激励约束制度建设。当前，我国在教育评价、职称晋升、评奖评优等方面的"科技创新"导向性仍不足，尤其是对解决国家战略需求、产业共性发展需求的评价导向不足，导致教育、科技、人才的激励约束的协调性不足，难以形成推动未来产业发展的合力。创新链、产业链、人才链和资金链的深度融合需要政府与市场的良好配合。企业在国家科技战略、重大项目设立实施等方面的长期利益衔接机制不足,容易造成创新链与产业链深度结合不足,而部门间、单位间的人才流动壁垒,以及创新激励不足等也导致人才难以有效配置到创新链与产业链中。对于高风险性的科研活动,类似"项目经理人"的机制虽然已有探索,但由于缺乏经费、人事等方面的制度试点突破,"项目经理人"仍不具备足够的资源协调管理授权。对非共识性研究的资助得到了重视,但依然缺乏稳定的遴选和支持机制,需要在厘清和免除责任风险等方面加强探索。

13.2.5 以技术治理为引领的创新环境

创新环境是构成创新生态的隐性因素,既包括法规制度等硬约束,也包括文化、习俗等软约束。未来产业对技术治理高度敏感,需要关注的创新环境主要包括技术监管、科研伦理等方面。

科技领先国家争夺新兴技术治理规则主导权。美国、欧盟等主要经济体正在积极推进人工智能、新一代无线通信等事关未来产业发展的新兴技术的治理话语权构建。以人工智能为例,欧盟依托法律、法规和指令等全面实施强监管,2024年5月正式通过《人工智能法案》,被认为是全球首个对人工智能进行系统性监管的立法。美国通过出台《人工智能应用监管指南》(《人工智能应用规范指南》)、《人工智能风险管理框架》和组织协调人工智能领域主要企业作出风险承诺等方式开展监管。

我国在人工智能新等新兴技术治理方面率先探索。《中华人民共和国国民经济和社会发展第十四个五年规划和2035年远景目标纲要》明确指出,"在类脑智能、量子信息、基因技术、未来网络、深海空天开发、氢能与储能等前沿科技和产业变革领域,组织实施未来产业孵化与加速计划,谋划布局一批未来产业"。针对人工智能,《中华人民共和国电子商务法》《中华人民共和国数据安全法》《中华人民共和国个人信息保护法》《中华人民共和国网络安全法》等法律相继颁布实施;《新一代人工智能治理原则——发展负责任的人工智能》《科技伦理审查办法(试行)》等规章制度先后发布。针对未来产业,《工业和信息化部办公厅关于组织开展2023年未来产业创新任务揭榜挂帅工作的通知》《工业和信息化部等七部门关于推动未来产业创新发展的实施意见》《新产业标准化领航工程实施方案（2023—2035 年）》等一系列重要文件出台。这些政策文件及治理措施为未来产业发展提供了较为系统的制度保障。

发展未来产业，需要更有利于可持续创新、开放创新的稳定环境。未来产业所依赖的技术突破需要有组织地进行攻关，但在更前沿的科学领域，也高度依赖自由探索与开放合作。现阶段，我国鼓励自由探索，尤其是中长期自由探索的基础性制度尚不健全，对人才和机构的考核侧重中短期，不利于长周期、颠覆性技术的自由探索研究。同时，由于数据安全等法规约束，目前的科研数据（含跨国公司的研发数据）等跨境流动仍不顺畅，我国主导建设全球性开放创新平台与数据库的能力依然不高，期刊免费开放获取、软件和代码开源的程度与范围依然与领先国家存在差距。此外，在美国主导下，我国与欧美国家的科研合作渠道、资源交互渠道、人员交流渠道等都受到不良影响，原有的国际合作制度框架受到挑战。

13.3 营造未来产业创新生态的政策方向

一是加速前沿科技与场景应用的良性互动。提高前沿科学技术的前瞻主动布局能力和应用场景的技术集成带动作用，通过二者间的良性互动为未来产业提供动力。第一，绘制全球科学扫描图谱。针对各领域全球排名前列的科研机构、学科带头人、高被引论文等指标，汇集分析科学问题及最新进展。第二，强化技术预见。完善技术预见体制机制，建立新兴领域关键技术评估指标体系，围绕未来产业细分领域研究制定技术路线图、产业路线图。第三，凝练特定领域应用场景。依托科技园区等产业创新集群，规划设计具有技术先进性和规模化潜力的应用场景，以应用场景牵引相关基础研究、应用研究和技术创新实现全链条贯通。

二是突出企业对科技创新能力的引领功能。相对于其他产业，企业在发展未来产业过程中需要在科技布局上更向前一步，在领域间、领域内带动集成其他创新主体的能力。第一，明确企业技术需求。组织产学研专家共同凝练前沿性、颠覆性技术清单，跨领域形成"产品—技术—原理"全链条的科技对接。

第二，建立政企研会商机制。政府或行业协会针对特定领域，定期组织召开公共科研机构、研究型大学和代表性企业会商，以企业为纽带加强创新主体间联动。第三，共建合作平台。鼓励企业利用资本、技术、设施和平台等要素共建创新联合体、未来产业研究院、未来产业实习基地等合作平台，开展"订单式""实景式"青年人才培养。

三是推动创新资源配置方式的数字化转型。以重大项目（工程）为牵引，推进数据、人才、资金等资源优化配置。其一，打好智能化科研（AI for Science）基础。推进数据平台、算力平台、人工智能平台等新型科研基础设施建设，聚焦重点领域新建实验验证与中试平台，推进科研数据、公共数据与社会数据汇交公开。其二，建立柔性引才数字平台。围绕重大项目（工程）需求，汇集各方面数据形成特定领域的人才数据平台，破除科技创新人才跨领域、跨部门流动的信息障碍。其三，建设科技金融支持体系。引导银行、证券、保险、风险投资等行业利用数字技术改进金融服务与产品，建设适应漫长研究和开发过程的"深度技术"的创新创业融资平台和基金，构建适应未来产业发展的金融支持体系。

四是完善资助与评价导向一致的衔接机制。从企业参与、分类支持、项目管理、评价等方面统筹设计，形成创新链前端研发支持与后评价引导相衔接的机制。第一，提升科技企业在战略规划、重大项目提出与遴选、重大项目组织实施、项目成果评估验证等方面的参与度与话语权。第二，实施前沿性、颠覆性技术分类分级管理，并综合考虑不同所有制、不同类型、不同行业的企业特点，差异化设置企业牵头科研项目的比例。第三，完善"项目经理人"机制，面向未来产业的发展进一步开展管理授权试点。第四，理顺教育、科技、人才的评价机制。以国家需求和产业需求为目标，强化教育和人才方面的评价与奖励，吸引优秀人才向重点领域和方向聚集，防止不同领域的考评造成领域内封闭式循环。

五是营造包容中长期自由探索的开放环境。针对未来产业发展重点学科领域深化改革，形成有利于中长期自由探索的开放创新环境。第一，鼓励政府资金与社会资金设立联合基金，加强对中长期自由探索项目的布局，探索实施资助非共识性研究项目的"金票"机制。第二，开展中长期研究项目评价试点，不对研究人员设置明确的研究任务，不做项目进度考核。第三，以可查找性、可访问性、互操作性和可重用性（Findability，Accessibility，Interoperability，and Reusability，FAIR）为导向，推进科研数据、软件代码、科研成果等方面的内部开放与国际开放，通过开放科学推进科研生态与学风作风建设。第四，通过打造和参与开放科学合作联盟，共建开放平台，打造"开放科学"品牌性学术会议等方式推进我国科研环境进一步提升国际化水平，在科研人员、科研经费跨境流动等方面破除制度障碍，塑造具有竞争力的开放创新生态。

第14章 现代化产业体系理论逻辑构建与路径选择研究

——基于发展新质生产力的视角

党的二十大报告指出,构建现代化产业体系是加快构建新发展格局、着力推动高质量发展的基本方略。习近平总书记在中共中央政治局第十一次集体学习中全面系统阐释了新质生产力的重要概念和基本内涵,为构建现代化产业体系提供了重要遵循,凸显了党中央要以科技创新推动产业创新,以发展新质生产力加快构建现代化产业体系的战略意图和决心。现代化产业体系是以科技创新引领生产力跃升为核心,以优质要素充分集聚、创新资源高效配置、产业组织协同联动为主要表现的产业体系,是推进中国式现代化的物质技术基础。在百年未有之大变局下,现代化产业体系的构建不能在对世界的哲学反思之外进行理解和实践。在相当长的时间里,关于传统生产方式的理解相对简单、有序,且具有规律性和必然性,人们努力构建对生产关系的确定性认知和理解。随着科技革命与世界发展格局的深刻变化,全球产业价值链发生改变,把握未来发展趋势成为最大的挑战。在这个充满了"黑天鹅"和"灰犀牛"的快速创新与深刻变革年代,产业体系安全性、完整性和先进性的新要求愈发凸显。因此,准确把握产业发展的国内外态势和局势,通过"创新驱动产业"和"产业牵引创新"来推动产业高端化、智能化、绿色化和融合化发展,以加快形成新质生产力统筹推进现代化产业体系的高质量发展和高水平安全,使之成为我国全面建成社会主义现代化强国所奠定的坚实物质技术基础。

14.1 新质生产力视域下构建现代化产业体系的逻辑揭示

生产力是推动人类社会发展进步的根本动力，而产业是推动人类社会发展进步的基本力量。人类社会诞生至今，生产力的系统性跃迁只完成了两次。第一次跃迁是以磨制石器替代打制石器成为标识，推动人类社会步入农业为主的农耕时代。第二次跃迁是以机械制器替代人力制器为标识，推动人类社会步入工业时代。当下，作为社会主要劳动资料的功能机器正逐步为智能机器所取代，生产力的第三次跃迁正加速演进，将推动人类社会实现由工业时代到新型工业化时代的跨越发展[①]。在这种人类社会生产力大跃迁的历史背景下，我国牢牢抓住科技创新这个"牛鼻子"，从党的十八大提出"创新驱动发展战略"到"提高自主创新能力"，再从"科技自立自强"到"高水平科技自立自强"，现在又提出"以创新为主导"的新质生产力，科技创新的地位和作用在经济社会发展中的作用越来越突出。马克思在《资本论》中提到，生产力是随着科技的不断进步而不断发展的[②]。当前，世界新一轮科技革命和产业变革突飞猛进，国际环境错综复杂，大国科技博弈空前激烈，全球产业链供应链面临重塑，产业发展的不稳定性、不确定性明显增加，贸易拉动型增长模式正面临严重威胁，需要从科技创新不断推动新质劳动者、新质劳动资料、劳动对象的角度构建符合我国高质量发展要求的现代化产业体系。现代化产业体系是新质生产力的重要体现，也是形成新质生产力的重要物化载体。新质生产力的"新"与现代化产业体系的"现代化"均植根于时代背景[③]，是先进生产力助推产业体系整体质态变化的动态过程。新一轮科技革命和产业变革使得生产力的发展不再依赖于劳动力成本和资本的增加，而是越来越依赖于科技的创新发展与持续进步[④]。当前，发展新质生产力的核心要素在于科技创新，这也是构建现代化产业体系的

---

① 蒋永穆，乔张媛.新质生产力：逻辑、内涵及路径[J].社会科学研究，2024（1）：10-18，211.
② 马克思，资本论[M].第1卷.北京：人民出版社，2004.
③ 贾品荣.新质生产力的要义、核心要素及创新发展路径[J].中国经济报告，2024（2）：19-26.
④ 姚宇，刘振华.新发展理念助力新质生产力加快形成：理论逻辑与实现路径[J].西安财经大学学报，2024，37（2）：3-14.

关键支撑，可见发展生产力与构建产业体系的逻辑起点在于科技创新。因此，无论是高效能、高效率、高质量的新质生产力，还是完整性、先进性、安全性的现代化产业体系，必须把科技创新放在核心位置，让科技创新推动产业创新，全面提升产业体系的现代化水平。

新质生产力视域下现代化产业体系的内涵要义需要从高质量、高科技、高效能三个层面进行阐述，即现代化产业体系意涵科技创新与产业创新深度融合的"新形态"[①]：首先，现代化产业体系的核心要义在高科技生产力层面体现为抢抓技术革命和产业变革机遇的先进性。其次，现代化产业体系的核心要义在高效能生产力层面体现为确保产业体系内部各部分之间的协调互补，以及整个体系稳定和高效运行的完整性。最后，现代化产业体系的核心要义在高质量生产力层面体现为提升产业链供应链韧性和安全水平的安全性。现代化产业体系在"国情、世情、科情"三大关键要素影响下，可以被描绘成一个以形成新质生产力为牵引逐步构建现代化产业体系的因果关系包络图，如图14-1所示。

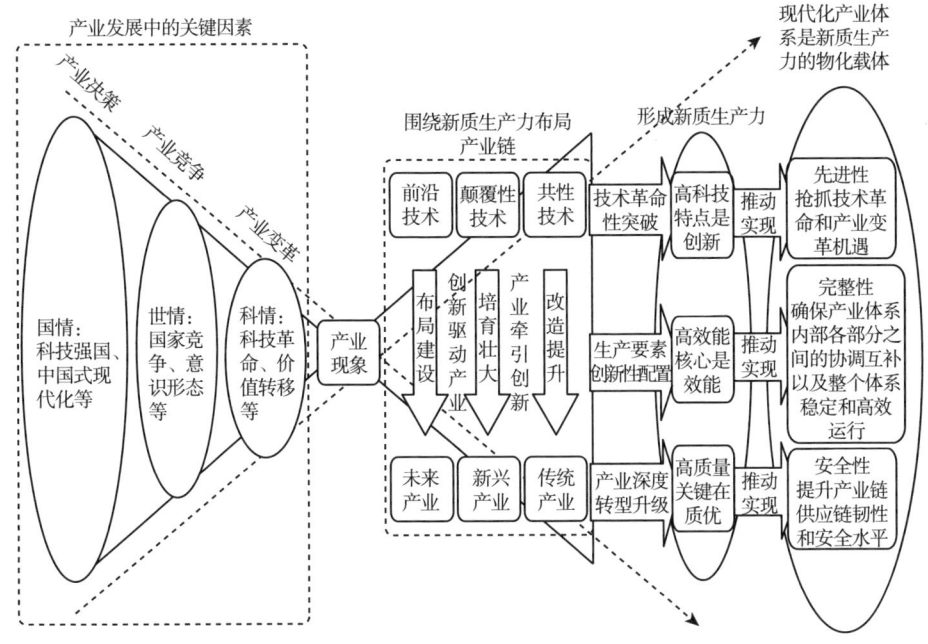

图14-1　新质生产力视域下产业体系构建的理论包络图

---

① 刘雅静.中国式现代化视域下新质生产力：理论渊源、价值意蕴与推进路向[J].改革与战略，2024，40（2）：26-37.

14.1.1 现代化产业体系之"先进性":高科技赋能的生产力催生产业变革新动能

现代化是面向人类经济社会发展世界前沿,实现并保持世界先进水平的行为和过程。因此,产业体系现代化演进的发生是因为新的范式揭示了传统产业体系的不足,而科技革命的先进性就是范式转变的先兆。革命意味着推翻旧的秩序,科技革命代表着科学知识和技术工具的重大突破,新的消费供给范式逐步形成,引发社会生产力的根本变革,从而使产业体系显现先进性特征[1][2]。当前,新一代信息技术在生产要素配置中不断优化和集成,将技术应用深度融合于各产业中,以科技创新推动产业高端化、数字化、绿色化和融合化,形成以科技创新为核心的先进生产力,打破传统产业信息不对称、交易成本高、生产效率低、创新能力不足的壁垒,加快科技创新成果向现实生产力转化,不断在人工智能、量子科技、合成生物等领域开辟出新赛道和新业态,凸显出现代化产业体系的先进性内涵。

14.1.2 现代化产业体系之"安全性":高质量特征的生产力提升产业链供应链韧性

产业发展中的安全性问题可以追溯到资产阶级产业革命早期的思想家亚当·斯密和稍后的汉密尔顿等人提出的产业发展和产业保护问题[3]。随着产业的发展与国家实力的变迁,复杂性理论、控制论、非决定论等越来越多的哲学理论开始由确定性思维向不确定性思维转变,而产业活动的本质是基于不确定性开展的[4],这对劳动者素质、劳动对象质量以及劳动资料组合效果都提出了更高的要求,即生产力的质优。这样的观点与经济学领域中的一般均衡理论、演化经济学理论、产业组织理论等交织在一起,形成了对现代化产业体系中发展与安全问题的解释力,同时,也成为现代化产业体系一个极为重要的基本理论。

---

① 库恩.科学革命的结构[M].第4版.金吾伦,胡新和,译.北京:北京大学出版社,2012.
② CHRISTENSEN C M. The innovator's dilemma: When new technologies cause great firms to fail [M]. Boston: Harvard Business School Press,1997.
③ 付春光,叶泽樱.马克思产业安全思想研究[J].学术界,2018(11):151-161.
④ 凯恩斯.就业、利息和货币通论[M].高鸿业,译.北京:商务印书馆,1999.

根据塔勒布①对于安全性问题是造成产业体系脆弱核心要素的解释。本章认为，现代化产业体系的安全性问题是指在国家竞争等复杂非均衡的经济环境下，产业体系系统性失灵、国家竞争行为等所造成产业发展中的不确定性增加，一般具有三个特点：国家动态竞争的复杂性、不同利益相关者的冲突性、不确定性问题的紧密耦合性。而新质生产力中的"新质"就是锚定于现代化产业体系高质量发展和降低产业安全不确定性的生产力新质态，随着科学技术进步不断取代"低质"生产力，提升核心科学技术的自主可控能力，并推动现代化产业体系由产业合理集聚朝向产业链安全水平提升的目标演进，为提高全要素生产率、形成产业竞争新优势提供持久动力，真正有效应对现代化产业体系构建过程中的诸多风险挑战。

14.1.3 现代化产业体系之"完整性"：高效能特征的生产力畅通产业体系四链融合

构建现代化产业体系是一个推进生产力全要素高效能协同的系统工程，是促进产业体系内创新链、产业链、资金链、政策链高效融合的过程，是国内工业门类完整、国际产业分工合理的现代化进程。因此，在新质生产力的视域下，现代产业体系的完整性包含三个层次：一是工业门类完整。工业革命以后，伴随着发达国家产业体系的逐渐成熟，发达国家跨国企业以获得最大利润为原则，聚焦于研发设计和品牌营销等高附加值链条，并将加工组装等低附加值链条分配至发展中国家，生产工序被多次分割并分布在不同的国家和地区，形成了目前基于价值链的国际分工格局②。中国经过40多年的改革开放，在参与全球分工中，产业整体竞争力快速提升，工业门类基本完整，逐步形成了产业体系完整性的初阶形态。二是传统产业、新兴产业和未来产业高效协同并举。现代化产业体系的完整性还包括产业发展状态的完整，即传统产业不断稳固与转型，新兴产业不断涌现并壮大，未来产业不断布局并培育。这三类产业之间通过深度融合和协同发展，可以提高整个产业体系的效能和竞争力。三是产业链

---

① 塔勒布.反脆弱：从不确定性中受益[M].雨珂，译.北京：中信出版社，2014.

② GEREFFI G. International trade and industrial upgrading in the apparel commodity chain[J].Journal of International Economics，1999，48(1)：37-70.

供应链的国内外循环的基本完整。当前的国际竞争形势严峻，全球产业分工格局正逐步发生变化，全球价值链的演变与重构形成了我国发展新质生产力的基本环境。在科学技术持续创新、要素配置不断优化的基础上，逐步构建形成国内大循环为主、国内国际双循环相互促进新发展格局的现代化产业体系。

14.2 中国产业体系存在的问题分析

改革开放后在参与全球分工中，我国在组装制造领域具有明显优势。随着我国制造能力的提升，也伴随着技术进步和自主知识产权拥有量的不断提高，尤其是PCT专利数量的逐年提高，我国许多传统制造业在全球处于领先地位，钢铁、汽车、手机等220多种工业品产量居世界第一[1]。但是，从国内来看，我国现有的产业体系中，要素驱动红利大幅下降，支撑要素驱动传统经济发展模式的人口、资源、环境等红利日益衰减，面临人口老化、收入差距贫富差距过大、地方政府债务居高不下、关键高新技术瓶颈等一系列结构性问题，发展不平衡不充分，传统生产力发展方式难以为继。从国际来看，新一轮科技革命和产业变革正在重构全球产业结构。在此国际国内现实背景下，我国经济结构发生了重大变化，需求侧快速嬗变、迭代、升级，供给侧总量、能力和结构却难以适应，一些重要的生产要素成本上升，现有生产力大多只能满足中低端、低质量、低价格的需求，无效供给又形成了大量过剩产能[2]，推动形成新质生产力的必然性和紧迫性日益凸显[3]。"基础能力不强、关键掌控不够、双链融合不够、产业空间分散"是目前我国产业体系现状的概括。

14.2.1 基础能力不强

基础能力不强是我国产业体系中的薄弱环节，产业基础能力亟待系统性提

---

[1] European Chamber of Commerce in China, China manufacturing 2025: putting industrial policy ahead of market forces [R].Beijing, 2017.

[2] 付春光，叶泽樱.马克思产业安全思想研究[J].学术界，2018（11）：151-161.

[3] 经济日报评论员.提升产业链水平 打造竞争新优势[N].经济日报,2019-01-31（1）；刘雅静.中国式现代化视域下新质生产力：理论渊源、价值意蕴与推进路向[J].改革与战略，2024，40（2）：26-37.

升。我国经济社会发展起步较晚，产业自主性不强，在可控性方面与发达国家相比还存在着较大差距，部分领域甚至存在技术供给空白，对进一步增强我国制造业核心竞争力和提升国际分工地位形成制约[①]。根据科学技术部牵头开展的第六次国家技术预测专家调查显示，在参与调查的2262项技术中，基础性技术来源于美国的技术多达1718项，占比76.0%，美国掌握了全球最多的技术源头，我国供给了98项基础性技术成果，占比仅为4.3%，科技在保障我国产业链韧性和产业安全中的作用还有待加强。

14.2.2 关键掌控不够

传统国际分工形成了路径依赖，高端和关键零部件依赖进口，高端供给不畅通。在国际分工中，由于后发国家的成本优势，主要从事加工、制造或者组装等低附加值的产业链环节，如果没有自主创新很容易出现路径依赖，形成发达国掌控核心技术或者设计研发等高附加价值环节、发展中国家做原始设备制造商（OEM）而被锁定在价值链低端环节的局面，使得发展中国家难以摆脱既有路径。从改革开放的实践来看，我国制造业产业链有部分行业已经实现了创新突破，向价值链高端发展，但整体而言，大部分行业还依赖于进口的高端和关键零部件，这种路径依赖和价值链低端锁定成为制约产业链现代化进程的关键因素。《中国产业链安全评估》显示，目前我国26类主要制造业中，6类产业自主可控，占比23%；10类产业安全可控，占比38.5%；2类产业对外依赖度高，占比0.77%；8类产业对外依赖度极高，占比30.8%[②]。主要领域关键核心技术受制于人，产业安全隐患严重。

14.2.3 双链融合不够

创新链和产业链有效结合度不高，产业链上下游尚未形成高效协同机制。一是创新资源配置的多元化和系统性治理结构不完善。我国科技资源配置的主体不仅涉及传统的来自政府部门的财政科技投入，来自企业、研究机构的科

---

① 徐建伟.构筑稳固而强大的产业基础能力[N].经济日报，2020-10-20（理论版）.
② 中国企业改革与发展研究会.中国产业链安全评估[EB/OL].（2019-10-21）[2024-01-19］.http：//www.cerds.cn/site/content/5418.html.

技资源也在大幅度增加。但是，创新资源配置方式过于单一，后补助、创新券、科技信贷等新的资源配置方式没有形成系统性治理能力，科技资源的使用效率较低，没有最大限度地调动社会各方面参与科技创新治理的积极性。二是创新链与产业链创新主体的考核指标不同，产学研究结合不够紧密，主体之间相对脱节。企业、高校、院所的创新考核指标不同，产学研结合存在创新目的不同，各创新主体在创新链不同环节的功能定位不明确。产业链企业相互之间以及与高校院所间难以形成相互支持、相互依赖的共同成长关系，与"新格局"要求不匹配。三是产业链创新主体定位不明晰、耦合性不强，创新要素供给不畅、动力不足。我国政府虽定位于服务型政府，但由于长期受到计划经济体制影响，导致对微观创新环境的行政干预过多，其他参与者对政府依赖性增强。尤其是企业作为创新主体，技术创新的主导地位还未完全发挥，企业创新生态群落发展不均衡、创新资源配置不平衡。四是创新生态的"孤岛现象"依然存在。企业创新主体地位已经确立，但整合创新资源、促进产学研用合作的主导地位和能力仍有待提升。创新主体间协同、共享的联动效应尚未形成，产业链、供应链、资金链、政策链的网络化建设有待进一步完善，在多样共生、自组织演化能力和开放式协调创新方面还存在系统性不足。根据世界知识产权组织发布的《2023年全球创新指数》，中国企业（不包括港澳台企业）与大学研发协作程度得分为 86.8 分，排名第 6 位，较以色列（100 分，第 1 位）、美国（99.9 分，第 2 位）、瑞士（99.4 分，第 3 位）等国家仍有差距。

14.2.4　产业空间分散

随着逆全球化和保护主义的蔓延，全球产业链呈现出分散化和多中心的新趋势。全球化发展的背后是全球产业链集中化的自然结果，效率获益大于安全考虑。世界主要经济体对产业链布局进行了战略调整，开始由重视效率转变为效率与安全发展并重。大国战略竞争和贸易冲突加速了全球价值链走向收缩和分裂，世界各主要经济体开始谋篇布局，全球化进入分散化多中心化新局面，形成特定区域内的产业空间集聚。尤其是新冠疫情发生后，各国开始对多数商品供给来源进行"备份"，以有效降低断供风险，进一步加速了全球产业布局多中心化的发展。

14.3 新质生产力驱动下产业体系价值理论修正与突破

14.3.1 传统生产力驱动的产业价值链理论缺失

迈克尔·波特[①]在《竞争优势》一书中提出价值链概念，用于研究企业的竞争优势。研究表明，价值链是一种适合传统产业特别是传统制造业的价值创造模式[②]。随着经济全球化发展进程的不断加快，产业价值链理论已经成为当前国际经济格局的重要理论之一，也是国家产业竞争的关键衡量因素。常见的产业价值链理论有传统的微笑曲线和变异微笑曲线两类，反映不同的产业及不同的产品具有曲线式价值链分工特点。

价值链理论产生于竞争力企业分析之中，强调的是价值的分割与对抗。线性、静态、分割、对抗是价值链分析的主要特征。依托于第二次世界大战后发达国家主导的国际经济治理体系，我国逐步形成以劳动密集型为特征的传统生产力和产业价值链。中美贸易竞争开始后，激发全球贸易格局的结构性变动，在新冠疫情的催化作用下，贸易保护主义、单边主义、民粹主义逐步抬头，逆全球化甚嚣尘上，全球生产、流通、消费、分配方式都发生了巨大变化，产业价值呈现企业专业化、产业模块化、生产工序模糊化、供应链网络化等特征，传统生产力已经无法适应当前全球产业竞争的新态势，线性的价值链理论遇到了前所未有的挑战。近年来，一些相关研究结果表明，很多企业并不是向微笑曲线的两端攀升，而是基于生产制造的智能化和数字化转型升级[③]。微笑曲线的趋平顺应了新质生产力的发展需求，产品价值流向价值链的前端、中端和后端，使得微笑曲线中端抬高。从单一产业价值链来看，产业价值分工不断细化

---

① 迈克尔·波特.竞争优势[M].陈丽芳，译.北京：中信出版社，2014.

② PEPPARD J, RYLANDER A. From value chain to value network: insights for mobile operators [J]. European Management Journal, 2006, 24 (2-3): 128-141; RANJAN K R, READ S. Value co-creation: concept and measurement [J]. Journal of the Academy of Marketing Science, 2016, 44 (3): 290-315; 迟晓英，宣国良.价值链研究发展综述[J].外国经济与管理，2000，22 (1): 25-30.

③ 王惠芬，郭瑶，吴显豪.微笑曲线失灵及广东OEM再造的微观实践分析[J].科技管理研究，2016，36 (12): 68-71, 82.

分解，为不同产业之间交叉融合提供了更加广阔的空间，纵向分工链条之间出现越来越多横向联系，形成更加复杂的网格化分工格局。从现代产业体系的构建角度看，百年未有之大变局背景下，产业价值链理论已经不足以诠释国家产业发展的状态和趋势。

14.3.2　新质生产力驱动的产业体系价值网理论的修正与补充

在新发展阶段，新一轮科技革命与产业变更会极大改变生产要素的结构与质量、生产函数的构成，以及生产关系的形态与特点[①]，并从根本上改变了全球产业价值链的发展走向，使链状结构向网状结构过渡。一是全球价值链"辐射度"不断增强。随着生产技术和通信运输技术的革命，国际分工不再受制约，发展中国家劳动力工资持续上涨加速了比较优势的消失，发达国家制造业低迷对国家经济和就业产生负面效应。不同国家、不同技术领域的跨界融合和集成创新加速全球价值链多元化辐射。二是产业附加值地理"分散度"不断扩大。越来越多的国家以保障国家安全和本国就业为由出台贸易管制等保护主义政策，高技术和知识产权密集型产品贸易受到愈发严格的审查和限制，进一步阻碍了全球化产业链的发展，迫使产业链附加值呈现出区域化特征。而新冠疫情的全球蔓延成为各国生产格局区域化的关键推动力。这种变化趋势使得产业价值的链条化分工格局逐步向网络化分工格局转变。

价值网（value web）概念最早出现在《发现利润区》著作中，主要聚焦企业之间构成的价值网络[②]。1996年，Jackson等[③]采用博弈论的方法构建了经济领域的复杂网络。从微观经济原理的角度解释价值网，还需引入复杂网络的自适应性和外部性概念。价值网的提出对于产业体系内价值拓展和价值转移研究的意义巨大，价值网脱离了价值链的层级结构，体现出聚集、非线性、流动、多样性的复杂网络特征。

[①] 程大中.全球价值网络演进与中国创新增长[J].世界经济综述，2022（4）：16–18.

[②] 斯莱沃斯基，莫里森，安德尔曼.发现利润区[M].吴春雷，刘宁，译.北京：中信出版社，2018；HAAKER T, FABER E, BOUWMAN H. Balancing customer and network value in business models for mobile services [J].International Journal of Mobile Communications，2006，4（6）：645–661.

[③] JACKSON M O, WOLINSKY A, A strategic model of social and economic networks [J].Journal of Economic Theory，1996（71）：44–74.

基于价值网理论，在构建现代化产业体系的过程中，龙头企业成为价值网的中心点（也称为"链主"），企业牵头组建的创新联合体就构成了强创新度，产业链和供应链在链上深度合作，提升创新效率，打破地域藩篱，打通痛点和堵点，实现生产要素的最优化分配，加速了新质生产力的形成；反之，在新质生产力高质量、高效能、高科技的牵引下，以国家战略需求和产业发展需要为目的，加速产业体系内部的创新联合化、生产智能化、协作平台化、服务延伸化、供应网络化和产品个性化等现代化形态形成，如图14-2所示。

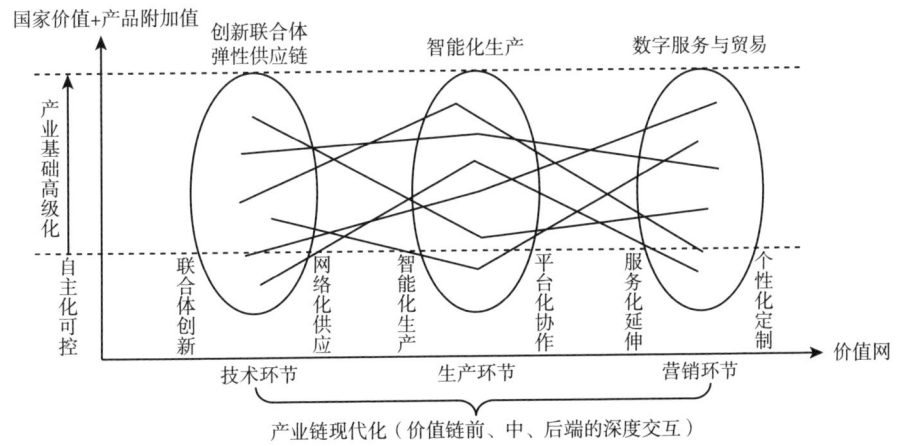

图14-2　新质生产力牵引下的"微笑曲线"趋平化和产业价值网络化

从生产关系的角度来看，产业组织形态正在由"中心—边缘"模式转变为"去中心化—多中心化"模式。新一代信息技术的高度融合和扩散完全打破了产业的边界，政府、企业、高校等既是中心又不是中心，但都是产业体系价值网中的重要节点，每一个节点之间可以创造价值，也可以共享价值，促使生产力向高效能发展。

从生产要素的角度来看，人力、技术和数据成为关键生产要素，生产模式由传统的要素驱动转向创新驱动。在新质生产力的形成过程中，传统的劳动力、土地等生产要素的地位下降，数据规模、数据采集存储加工能力和数据基础设施正在成为大国竞争的制高点[①]。不同区域、不同技术领域的跨界融合和集成创新正在催生创新的新范式新模式，产业体系中的生产要素正向可共享、可

---

① 王一鸣.百年大变局、高质量发展与构建新发展格局[J].管理世界，2020，36（12）：1-13.

持续的网络协同和优化调配发展。

从劳动分工的角度来看，国际产业分工呈现出服务业与制造业并重、垂直分工扩展、多极化等新趋势[1]，产业体系中产业链和供应链从线性模式向多元化、平台化、模块化和网络化方向转变，在智能技术广泛推广的环境中，无国界生产和服务体系逐步形成，基于产业融合的全球分工协作全方位展开。因此，在现代化产业体系价值网中，如何将双循环战略思路与现代化产业体系构建联动起来，加快形成新质生产力，提升国家价值和产业价值，成为我国产业体系应对复杂外部环境的立足之本。

14.3.3 价值网理论的本质是价值链的重构与生产力的跃迁

在政治经济学中，经济活动是一个生产、分配、交换和消费的动态循环过程。当前，在世界产业分工和格局的调整过程中，一方面，世界各国要通过网状价值产业体系防范价值链脆弱带来的经济和社会发展风险。另一方面，我国的高质量发展也产生了网状价值产业体系的内生现实需求。未来，我国所构建的现代化产业体系一定是在重塑现有国际产业分工格局和全球价值链体系基础上，打破发达国家的价值链控制和高端价值链垄断，通过产业结构和内外供需结构的调整，推动我国产业升级和消费升级，在供给侧和需求侧同步实现规模扩张、结构优化和质量升级。同时，现代化产业体系的构建要求以扩大开放为重要渠道，主动参与全球经济治理，构建形成具有韧性和张力的、内外互联的网络产业体系以对冲价值链脆弱带来的不稳定性与不确定性，增强现代化产业体系价值网的韧性，提高价值网的自主可控能力，逐步获取并掌控产业发展的主动权。

我国构建基于价值网理论的现代化产业体系将会对世界产生两个重要的影响：一是我国将会减少对世界的过度依赖，尤其是在关键核心技术领域，而世界将会增加对中国的依赖。早在"十一五"期间，中国政府就认识到出口导向的经济发展战略已经不适合中国，在五年规划中提出以内需为主的发展方针。2006 年，中国出口占 GDP 比达到 35.21% 的峰值，此后就开始持续下跌[2]。当

---

[1] 李瑞峰.国际产业分工格局新趋势及我国应对策略［J］.对外经贸实务，2016（2）：9-12.
[2] 余永定.准确理解双循环背后的发展战略调整［J］.全国新书目，2021（3）：35-36.

前,逆全球化趋势、贸易保护主义兴起、中美贸易冲突等加速了中国对出口导向政策的调整,迫切需要重构产业价值链,在兼顾国家利益与产品附加值攀升的目标下,以构建现代化产业体系的"双循环"为主,加强与国外产业价值网相互交叉、交替促进。二是我国将会减少对传统增长模式的依赖,通过发展新质生产力,促进传统产业转型升级、新兴产业培育壮大、未来产业布局建设,构建可持续发展的、具有竞争力的现代化产业体系。在双循环的战略布局下,以强化产业体系内循环去重塑外循环,并在外循环的冲击下提升内循环,这是我国现代化产业体系"双循环"演进的深层逻辑关系。

强化内循环是高质量发展的根本,也是提升产业安全防范能力、保障供应链安全稳定的核心本质,参与国际分工的外循环和调整现代化产业体系的内循环,应该是以不威胁国家安全与发展为前提条件的。双循环战略布局的形成使国际分工体系成为按产业链分工和按国际生产网分工的混合价值网体系。因此,在新质生产力的支撑与引领下,现代化产业体系价值网的最终价值体现为国家价值(国家利益与安全)与产业价值的综合价值,如图14-3所示,发展生产力将从以前主要考虑生产效率转向兼顾效率和安全,这是对先进生产力的一种拓展和增值,发展生产力的逻辑发生重大改变。构建我国现代化产业体系需要充分考虑国家价值在价值创造中的关键作用,以产业基础能力提升为先导,以创造消费新场景、新业态、新产业激活内需,以体系内循环的自我强化去重塑外循环,使现代化产业体系"双循环"成为应对大国战略时代国家竞争的有效手段。

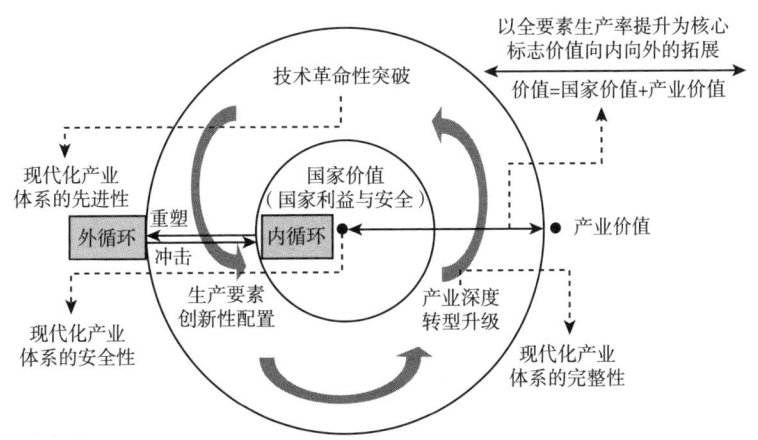

图14-3 价值网理论下产业价值链的重构与生产力的跃迁

14.4　新质生产力视域下构建现代化产业体系策略

习近平总书记指出，现代化产业体系是现代化国家的物质技术基础。在科技现代化全面引领中国式现代化的过程中，发展新质生产力支撑现代化产业体系建设是重中之重。古希腊哲学家亚里士多德[①]在《形而上学》中提出的四因说理论（动力因、形式因、质料因、目的因）表示：在任何过程中都有四种基质会起到作用。综合考虑价值网理论的最终价值体现，即国家价值与产业价值，在构建现代化产业体系过程中，充分发挥新质生产力的重要支撑引领作用，应该具备创新引领的动力因、链条韧性的形式因、要素协同的质料因、价值体现的目的因。

（1）坚持创新引领的动力因，以"补短板、锻长板、激活力"塑造"高科技"的生产力，加快形成现代化产业体系的"先进性"。习近平总书记在党的二十大报告中强调，必须坚持创新是第一动力。创新是科技发展的源泉，是新质生产力的基本特点，更是现代化产业体系高质量发展和高水平安全的最强引擎。真正的核心技术是买不来的，抵御不确定性因素对产业造成的危害，就应该立足产业创新发展，依靠提升产业创新主体的能力，解决产业短板难题。任何事情都有两面性，外部不确定性虽然使我国现代化产业体系存在一定安全风险，但也促使我国更加坚定地走创新驱动的产业发展道路，由以前依靠产业技术进口向产业技术创新转型。聚焦中国产业发展中短板问题和比较优势，"补短板、锻长板、激活力"是有效应对外部遏制打压和不确定不稳定风险的关键举措，也是加快现代化产业体系高质量发展的紧迫要求。

一是补短板。聚焦我国产业发展的短板和突出矛盾，强化本土企业自主创新能力。我国目前产业发展最大的短板在于缺乏重大原始创新和关键核心技术。强化以科技创新为核心的全面创新，在产业链上系统部署创新链、资金链和政策链，着力攻克制约我国产业转型升级的"卡脖子"技术和产业基础技术，消除价值网痛点和堵点，补齐产业链短板，保障产业链关键环节。以产业基础

[①]　亚里士多德.形而上学［M］.苗立田，译.北京：中国人民大学出版社，1993.

高级化带动引领性原创成果、关键核心技术、战略性技术产品的重大突破。提升自主品牌打造能力和标准制定能力，增强自主品牌的知识产权保护意识，使我国企业真正从全球价值链的参与者变为全球价值网的主导者。

二是锻长板。壮大新兴产业和培育未来产业并举，形成更多新的增长极，培养新的竞争优势。拥有一批优势长板是现代化产业体系的重要标志。立足中国产业规模优势、配套优势和部分领域先发优势，抓住新一轮科技革命和产业变革机遇，促进商业模式创新、提升供需适配度、推动双链融合发展。把握好产业发展趋势，不断渗透重大前沿科技，主动作为和超前布局培育和发展一批新兴支柱产业和未来产业，引领新兴产业发展方向，为加快推动现代化产业体系高质量发展注入新活力和新动能。

三是激活力。激发企业科技创新主体的创新活力，形成创新全面引领产业发展的新格局。厘清新型政商关系，切实履行政府监管义务，突出企业科技创新主体地位，激活企业在全链条的创新活力，为企业创造透明、法治的市场环境。鼓励在品牌影响力、技术创新力等方面具有超强实力的科技领军企业，组织全产业链协同创新活动，充分发挥"出题人""答题人""阅卷人"的作用。开展校企、院企科研人员"双聘"等流动机制试点，完善企业基础研究人才差异化评价指标，依托评价结果指导企业建立客观系统完备的"引、留、培、用"人才制度体系，推动更多高层次科技人才向企业集聚。

（2）强化链条韧性的形式因，以"强网、通网、治网"塑造"高质量"的生产力，进一步强化现代化产业体系的"安全性"。党的二十大报告强调，要加快构建以国内大循环为主体、国内国际双循环相互促进的新发展格局。随着逆全球化的到来，价值链理论已经不足以支撑双循环国家战略的发展要求。只有推动产业结构由价值链到价值网转变，通过网络多节点反驳的结构，形成主动防范风险挑战的抗压能力、对冲能力和反制能力，才能在危机中育先机、于变局中开新局，加快形成以国内大循环为主体、国内国际双循环相互促进的新发展格局。

一是强网。加强产业链供应链韧性，实施重要产品和供应渠道多元化战略。基于全球价值网理论，从产业链供应链孤岛向集成式弹性的产业网络发展，在突发事件中可以迅速组织产业链上下游各环节开展生产，有效应对相关物资需求的大幅变化，防止出现生产停摆等现象。强化新一代信息技术在产业链组织和供应链管理方面的应用能力，以国际视野加快推进重点领域的国家产业安全风险监测预警体系建设，加强情况分析与推演预测，实现高效与弹性并存的现代化产业管理体系。

二是通网。强化价值网向国际延伸，加速形成国内国际双循环相互促进新格局。与更多"一带一路"合作伙伴进行新基建共享合作，推进国家之间新基建相关战略与法律的对接，充分考虑各国不同的比较优势，实施精准的政策互补，加强价值链前端、中端和后端的深度交叉和协同发展，深化中国与相关国家的互利合作，持续优化"引进来"和"走出去"的开放格局。鼓励将中低端中间产品生产加工转移到其他发展中国家，将更多的高技能劳动力向中间产品创新环节配置，获取中间产品创新产业化规模经济优势。同时引进外资与对外投资并重，加强与发达国家在高技术密集的中间产品研发的合作与竞争，打破国界和产业的边界，促进产业价值网去中心化，实现多中心化。

三是治网。提升产业的现代化治理水平，完善我国对产业的监管措施。全面梳理我国产业基础，建立针对重大产品和关键材料等的风险评估平台，加强重点产业的供应链多元化布局，对产业链创新链各环节实施全周期监管治理，增强现代化产业体系的安全性。加快新一代信息技术在产业综合服务平台的推广应用，形成大数据支撑、网络化协同、智能化管理的产业治理格局。

（3）深化要素协同的质料因，以推动"四链"深度融合塑造"高效能"的生产力，构筑现代化产业体系的"完整性"。党的二十大报告强调，把实施扩大内需战略同深化供给侧结构性改革有机结合起来，增强国内大循环内生动力和可靠性，提升国际循环质量和水平，加快建设现代化经济体系，着力提高全要素生产率。与党的十九大报告中首次提到的"提高全要素生产率"相比，增加了"着力"两字，凸显提高全要素生产率的"四链融合"着力点，即创新链、产业链、资金链和人才链的深度融合。这也是缩短我国与主要发达国家产业体系根本差距的关键发力点。

一是构建创新主体高效协同的产业组织形态，加强"科技—产业—金融"的高水平循环。强化企业牵头的产学研协同创新机制，逐步形成以企业为主导、各类创新主体协同推进的新局面。支持科技领军企业发挥产业链引领带动作用，在前沿技术突破、关键技术攻关、创新生态构建方面，牵头实施产业应用导向的重大科技任务，在产业链细分领域形成科技型中小企业梯队，构建优势互补的"创新联合体"。构建需求导向的科技成果转化机制，畅通技术研发、中试验证、产业化应用全链条，切实提高科技成果转化和产业化水平。坚持支撑科技攻关和服务实体经济同步推进，以科技创新全链条、科技型企业全生命周期融资两大需求为系统牵引，丰富科技金融产品和服务，引导长期资本、耐心资本，投早、投小、投硬科技，促进"科技—产业—金融"高水平循环。

二是强化科技、产业、财税、金融、人才等政策协同联动。增强宏观政策取向一致性，加强重点领域政策统筹，确保宏观目标和整体利益的实现。完善保障创新要素协同的科技法律法规体系，优化新技术准入、规制等制度，健全支持科技创新的基础制度。建立政府部门与科技领军企业常态化联系工作机制，对受外国打压企业进行技术帮扶。坚持高水平开放创新，完善服务于国家战略的科技外交战略，畅通创新要素开放高效流动机制，构建具有全球竞争力的开放创新生态，实现强国位势的聚合力和贡献度。

（4）锚定价值体现的目的因，以加快推进"高端化、智能化、绿色化"塑造新时期产业价值，获取产业竞争新优势。党的二十大报告强调，推动制造业高端化、智能化、绿色化发展。这为现代化产业体系践行新阶段的新发展理念、获得未来竞争优势提供了遵循。推动高端化迈进取得新突破、智能化升级迈出新步伐、绿色化转型取得新进展，是推动我国现代化产业体系质量变革、效率变革、动力变革的基本方向和价值体现。

一是高端化。加速新兴技术在产业中的渗透，推动高端装备引领传统产业升级。实施产业基础再造工程和重大技术装备攻关工程，在工业机床、农机装备、医疗装备等标志性重点高端装备产品方面有所突破。加大传统企业设备更新和技术改造力度，支持传统工业基地转型发展，深挖传统产业发展潜力和空间，引导企业在提高品质、提升效率方面扩大投资，持续推动产业价值链向中高端跃升。

二是智能化。加速数字技术在产业中的渗透，促进数字产业化和产业数字化融合发展。充分利用新一代信息技术对产业发展的全方位智能化改造，以数字产业化为抓手，促进数字技术与实体经济深度融合，为产业数字化发展提供数字技术支撑、数字产品供应、数字平台服务，加速产业数据的形成、流通和利用，通过智慧产业、智慧城市、智慧社区、黑灯工厂等新业态、新场景，引领各行各业智能化转型升级，推动现代化产业体系中的生产关系变革。

三是绿色化。加速绿色技术在产业中的渗透，促进低碳、零碳和负碳产业快速发展。加大对绿色发展有利的基础技术、前沿技术和共性技术研发支持力度，重点加强负碳技术（直接空气捕获技术、生物能源的碳捕获与封存技术、碳矿化技术等）和去碳技术（碳捕获与封存技术等）的推广和产业化发展。构建绿色技术服务平台，发展碳期权、碳债券、碳资产证券化和碳基金等碳金融产品和衍生工具，完善绿色技术成果转化服务配套机制，适时启动全国绿色技术服务博览会，发挥碳市场服务低碳、零碳、负碳产业快速发展的推动作用。

14.5 结 论

大国战略竞争时代是一个全球产业大调整、大变革的时代，科技革命日新月异、产业供给侧不平衡、全球生产率停滞、经济增长总体缓慢、贸易战频繁发生，全球经贸格局调整和重组方兴未艾，特别是对于美国贸易保护主义的政治取向，明显违背了亚当·斯密提出的经济学理论基本原理，给世界经济和全球化带来更多的不确定性，也给我国构建现代化产业体系提出新的挑战。

第15章 培育未来产业发展新质生产力的动力机制与对策

习近平总书记强调,要整合科技创新资源,引领发展战略性新兴产业和未来产业,加快形成新质生产力。随着我国整体上从工业化中后期到后工业时代转变,产业创新逐步从跟随创新走向引领创新的新阶段,通过科技创新与产业创新的深度融合,培育新质生产力的需求随之增长。未来产业代表前沿科技创新和产业创新的方向,是最具创新活力和发展潜力的产业,是培育发展新质生产力的重要载体。前瞻布局未来产业,既可以塑造发展新动能新优势,又可以改造提升传统产业,培育壮大新兴产业,带来"弯道超车"或"换道超车"的新机遇,对培育新质生产力具有深远的战略意义。因此,开展培育未来产业发展新质生产力的研究,具有重要的理论价值和实践意义。

15.1 文献回归

15.1.1 未来产业的内涵

2024年,工业和信息化部等7个部门联合发布的《关于推动未来产业创新发展的实施意见》对未来产业进行了定义。当前未来产业处于孕育萌发阶段或产业化初期,是具有显著战略性、引领性、颠覆性和不确定性的前瞻性新兴产业,许多学者对未来产业作了界定。李军凯等[1]把未来产业认定为具有引领性、

---

[1] 李军凯,高菲,龚轶.构建面向未来产业的创新生态系统:结构框架与实现路径[J].中国科学院院刊,2023(6):887-894.

高成长性的战略性新兴产业；李晓华等[①]认为未来产业将来会成为国家经济的重要支柱，但目前还处在培育和孵化之中；余东华[②]认为未来产业是前沿科技产业化后形成的未来主导产业，是决定未来区域竞争力的重点支柱产业。以上定义都强调当前未来产业还处于培育阶段，代表前沿技术和产业发展趋势，是由颠覆性技术突破所推动形成。本研究认为，未来产业由前沿和颠覆性技术创新驱动，目前尚处于技术突破关键期或产业化初期，但具备发展成为经济增长新引擎的潜力，对未来经济社会发展具有重大引领和变革作用。

15.1.2 未来产业的特征

目前，国内学者对未来产业的主要特征、演进规律等进行了研究，普遍认为未来产业将是引领性、带动性强的产业。陈劲[③]认为，未来产业是比战略性新兴产业更能代表新技术和产业发展趋势，具有关键性、支撑性和引领性作用的前沿产业。李晓华等[④]以人工智能技术演进为例，认为前沿技术发展初期的不确定性大、投入的回收期长。本研究综合已有观点，认为未来产业具有战略引领性、超强颠覆性、高速成长性、长周期性等特征，未来产业演进的进程不可预测，可能面临技术路线切换、关键部件不成熟、高成本低效益、产业生态不齐全等各种挑战，需要多方协同、经过长期耐心培育才能得以发展。

15.1.3 未来产业的驱动力

未来产业的发展受到多重因素的影响，学者尚未达成共识，普遍认为政府在其发展的早期阶段、产业化之前发挥着不可替代的作用。李晓华等[⑤]从创新和市场需求的发展关系视角对未来产业的演进机制进行研究，认为技术推力和

---

① 李晓华，王怡帆.未来产业的演化机制与产业政策选择[J].改革，2021（2）：54-68.
② 余东华."十四五"期间我国未来产业的培育与发展研究[J].天津社会科学，2020（3）：12-22.
③ 陈劲.聚焦未来产业，探寻管理创新[J].清华管理评论，2020（9）：1.
④⑤ 李晓华，曾昭睿.前沿技术创新与新兴产业演进规律探析——以人工智能为例[J].财经问题研究，2019（12）：30-40.

市场拉力对未来产业的发展缺一不可。谢芬等[①]从产业生命周期视角进行研究，认为在技术赋能、利润税收激励、产业延链强链和优胜劣汰竞争四大机制作用下，未来产业经历了从孵化孕育期向萌芽期、成长期和成熟期的演化。李军凯等[②]从创新群落的角度进行研究，认为未来产业是在前沿知识创造群落、应用场景转化群落和产业价值实现群落相互作用下发展的。陈凯华[③]从产业创新生态角度出发，认为未来产业的发展需要以需求和情景为牵引，构建创新要素良性互动的产业创新生态。李亚伟[④]从超大规模市场角度出发，认为市场资源是中国的巨大优势，超大规模市场从消费需求、投资需求、规模报酬递增机制和建构性市场四个方面促进了未来产业发展。

上述学者对未来产业的基本内涵、主要特征、动力演进机制等进行了深入研究，但对动力机制研究未达成共识，还需进一步探索。为了更全面地理解未来产业的发展动力，本章从动态视角对未来产业发展动力机制进行分析，针对未来产业的特点，结合前沿技术及产业全生命周期理论，从技术、市场、治理三重逻辑深度剖析未来产业发展动力机制，并提出培育未来产业的对策，为推动未来产业发展提供理论与实践参考依据。

15.2　发展动力分析：技术市场治理三重逻辑框架

未来产业的发展来自科技创新和产业创新的深度融合，其核心驱动力是前沿和颠覆性技术创新，市场需求的牵引、政策制度与社会文化也是重要推动力。技术创新驱动力、市场需求牵引力、治理生态推动力三种力量共同作用，推动未来产业发展，三种力量缺一不可，发挥作用的机理也各不相同。

---

① 谢芬，杜坤伦.未来产业高质量发展的生命周期演化与政策体系构建［J］.江海学刊,2024（4）：97-103.

② 李军凯，高菲，龚轶.构建面向未来产业的创新生态系统：结构框架与实现路径［J］.中国科学院院刊，2023（6）：887-894.

③ 陈凯华.以需求和情景为牵引培育未来产业创新生态［J］.人民论坛.学术前沿，2024（12）：22-28.

④ 李亚伟.超大规模市场支撑新质生产力发展的理论基础、内在逻辑与实践指向［J］.内蒙古社会科学，2024（5）：126-133.

（1）技术创新驱动。技术创新是驱动未来产业发展的最为关键、最为核心的推动因素。当前发展阶段尚不成熟，很多技术处于实验室功能验证到小试阶段，产品处于原型机向工程样机开发阶段。技术的交叉融合与创新突破带来性能迭代、效率倍增、成本突破边界等，为产业发展创造了必要条件。

（2）市场需求牵引。对新技术、新产品、新服务的需求，是牵引未来产业发展的重要力量。我国具有超大规模的市场，有利于形成新经济增长点、产业转型升级、新消费模式等需求；有利于新技术快速大规模应用和迭代升级；有利于加速科技成果向现实生产力转化，从而加快未来产业的形成与发展。

（3）治理生态推动政策环境、监管规则、社会文化以及市场与政府在资源配置中的角色定位等，很大程度上引导资源要素注入，塑造未来产业的发展势能，包容审慎的监管环境、新兴技术市场准入等将为产业创新留足"试错空间"，健全的行业标准、知识产权保护、"无人区"创新的制度性保护等有利于行业规范发展，社会生态可以加速未来产业的发展。

15.2.1 技术创新驱动的逻辑

技术创新驱动的逻辑是推动技术到产品再到产业化的熟化过程，是未来产业发展的前提条件。未来产业的技术创新驱动的演化是从收敛到扩展的过程，在这一过程中表现为两个特点：一是从多技术路线齐头并进向主流技术路线收敛，这一过程反映了技术市场优胜劣汰的市场法则。二是从单点突破到技术族群式扩散创新，这一过程体现了技术创新的扩散效应，技术进步将带动整个产业链产生深刻变革。

（1）从多技术路线齐头并进向主流技术路线收敛。在未来产业发展初期，由于对最终应用方向和技术可行性的不确定性，创新主体通常会尝试多种不同的技术路径。随着实践的积累和技术的进步，一些技术路径在性能、成本和适用性方面开始显示出优势，并逐渐被市场接受。当部分技术被证明更加有效或更有前景时，资金、人才等资源会向这些技术倾斜，一方面加速了领先技术的发展，另一方面其他非主流技术发展放缓甚至退出市场。以新能源汽车为例，在其发展的初期，存在燃料电池、纯电、插电的路线之争，多种电池技术也存在竞争，包括铅酸电池、镍镉电池、锂离子电池等。随着技术竞争的演进，锂离子电池凭借高能量密度、长寿命等优点，成为电动车最常用的电源解决方案之一，其他类型电池的应用范围则相应缩小。

（2）从主流技术的单点突破到技术族群式扩散创新。随着技术的演进发展，某一特定的技术点实现了重要技术突破，围绕这项技术产生了更多的相关技术，形成了技术族群。随着技术族群的成熟，不同领域的技术开始融合，形成更加复杂和综合的应用。以新能源汽车产业为例，随着电池、电机、电控等关键技术出现重大突破，产业技术族群开始繁衍，快速形成技术体系，新能源汽车续航、动力、控制实现大幅提升，随着产业政策完善，大量社会资源导入，快速迭代的技术需求向上下游延伸，仅动力电池就形成了锂矿开采、正负极材料、动力电池、电池回收的全链条技术和产业体系，形成了扩散式创新。以上海联影公司为例，自2011年成立以来，通过攻克5.0T磁共振、75cm超大孔径3.0T磁共振等关键技术，逐步向技术族群扩展，打造了覆盖"整机系统—核心部件—关键元器件"的垂直创新体系，到2024年已向全球推出180余款硬件和软件产品。

15.2.2 市场需求牵引的逻辑

市场需求牵引的逻辑是拉动技术和产品持续迭代并满足有效需求的过程，是未来产业发展的必要条件。满足人民群众个性化、多样化、不断升级的产品需求是提升未来产业的产品性能与产业发展的动力源泉，市场需求爆发将拉动未来产业实现跨越式发展。

（1）应用场景催生需求和产品迭代。应用场景是新技术新产品的创新实验室也是产品体验提升的加速场，还是未来产业生态的聚合器AI（如视觉智能、语音智能等）、低空经济（如无人机、低轨卫星等）、元宇宙（如VR/AR）等新技术应用需要创造前无古人的新场景，改变现有游戏规则的场景，以真实的需求为导向，开展具体应用场景的试验，以供需联动为路径，将加速技术性能不断提升、产品体验不断改良，消费者对新产品的接受度达到临界点2014年上海发布鼓励购买和使用新能源汽车的政策，包括购买补贴、免费专用沪牌、充电设施补助、分时租赁等，新能源汽车的应用场景初具雏形，到2016年上海新能源汽车销量占全国17%。

（2）产业生态成熟放大市场需求。随着上下游配套、服务体系等产业生态不断迭代成熟，产品制造成本不断压缩，产业呈现规模化发展，推动产品更丰富多元、更高性价比、更大范围满足市场需求。以新能源汽车为例，2020年前新能源汽车产品昂贵、充电不便、产业无规模效益，随着技术持续突破、充电基础设施、产业上下游体系逐渐完善，一批新势力车企（如理想、蔚来、小鹏、问界等）加入竞争，产品性价比、使用体验、智能化水平等实现大幅提升，越来越多的消费者感受到新能源汽车的全新用户体验，市场需求从2020年以来呈现爆发式增长。

（3）超大规模市场需求牵引产业跨越式发展。我国超大规模的市场需求，创造了有利于未来产业的新产品快速大规模应用和迭代升级的独特优势。借力需求侧政策，超大规模市场需求将催化领先全球的未来产业规模，例如我国新能源汽车销量占全球一半，极大推动了产业的跨越式发展。2014年以来，国家和地方都出台了新能源补贴政策，北京、上海等地买车附赠本地车牌的政策刺激了消费者购买热情，新能源汽车渗透率从2016年的1%增长到2020年的5.4%，2020年以来，市场销量实现指数级增长，2023年渗透率达到31%，2024年预计超过50%，一批国产新能源品牌（如比亚迪、理想等）保持多年高速增长，市场占比大幅领先合资品牌。

15.2.3 治理生态推动的逻辑

治理生态推动的逻辑是支撑和推动未来产业发展的体系保障，是未来产业发展的必备条件。未来产业处于产业发展初期阶段，包容性强的外界环境、有效的政策和制度引导，有利于集聚要素、降低试错成本，避免社会文化不利的影响。

（1）政策引导集聚要素，降低应用门槛与试错成本。第一，引导人才、资本、技术等创新要素资源集聚，通过补贴研发投入，培育复合型人才，设立政府引导基金，引导市场资源投入。例如，上海设立规模100亿元的未来产业基金，重点投向未来产业重点领域。上海浦东新区先行先试药品上市许可持有人（MAH）制度，并在全国启动医疗器械注册人制度创新改革，激发创新热情，合理配置创新要素。第二，政策加速未来产业的产品应用与产业化，通过政府采购等方式，创造一个早期的应用市场，利用市场机制筛选出最具竞争力的产品和企业。例如，我国在风力发电、光伏发电、新能源汽车等领域对用户而不是对设备和产品的生产企业给予补贴，从需求侧激活市场竞争机制的作用。第三，降低产业发展的试错风险，未来产业的发展是一个试错过程，需要通过保险、担保、容错等机制鼓励大胆尝试和创新，对失败的项目给予一定的宽容和支持。例如，上海推动科技成果转化赋权改革，明确科技成果转化过程中的责任主体、责任范围、免责范围、免责方式、负面清单等事项，优化尽职免责和容错机制，破解"不敢转""不愿转"等瓶颈。

（2）制度创新破除发展障碍，重构博弈格局。第一，破除不利于产业发展的制度性约束，促进技术创新、市场拓展和产业升级。例如，我国于2010年以来逐步推进低空空域管理改革试点，从"离地三尺就要报批"到试点开放1000米以下低空，加速了低空经济的发展。上海浦东新区率先探索形成集成电路保税监管模式，改"准入退出"为"企业备案"制，鼓励共享减免税货物，建立"白名单"机制，设立优先查检通道，简化估价程序，扩大不予行政处罚情形。第二，优化全球科技竞争博弈的规制，重构相关规则、规制、管理、标准等制度，形成有利于产业发展的格局。例如，在全球移动通信产业发展过程中，各国不仅要考虑技术和标准，更要综合考虑专利、厂商等利益格局。第三代移动通信技术（3G）由我国TD-SCDMA与欧洲WCDMA、美国CDMA2000共建标准体系，2001年Intel等公司推出了WiMAX技术，其在远距离传输、高速接入、多媒体通信服务上比同时期竞争的3G标准更具先进性，但由于技术积累、专利布局、厂商分布等会对既有利益格局产生实质性影响，WiMAX技术推广遇到层层壁垒，最终被逐渐淘汰。

（3）社会文化推动未来产业的可持续发展，未来产业发展需要扎根社会文化土壤，获得社会广泛的理解和支持。例如，转基因食品的安全议题一直是社会关注的热点，对比而言美国社会对转基因较为包容，玉米、大豆、棉花、甜菜等转基因品种种植面积均超过90%；"遇事不决、量子力学"的各种误导性报道导致社会上对量子科技产生一些误解；2008年，规划中的沪杭磁悬浮项目沿线居民表达了对辐射风险、安全距离过小等的担忧，项目未能按计划推进，最终被搁置。因此，为了避免对新技术新产品缺乏科学认识的误导，需要强化科普宣传与引导，营造有利于新事物发展的社会文化环境。

15.3　当前面临的主要挑战

深刻认识技术、市场、治理的三重逻辑的动力机制是培育未来产业发展新质生产力的基础。在实践过程中，仍然存在如何寻找科技创新突破的新路径、如何破除新质生产力与生产关系的制度性障碍等挑战。

（1）新质生产力需要寻找科技创新突破的新路径。新质生产力要摆脱传统经济增长方式及生产力发展路径，具有高科技、高效能、高质量特征。技术革命性突破是推动其发展的首要条件，未来产业的技术突破是一个试错的过程，面临技术复杂性、交叉性、多技术路线齐头并进等不确定性，需要围绕处于早期萌芽或前沿探索阶段的颠覆性技术等战略方向，坚定战略决心和定力，久久为功，既要从技术前瞻性、先进性、可实现性等维度突破一批制约发展的关键共性技术、前沿引领技术、颠覆性技术，形成一批好用管用的重大科技成果，又要从技术经济性、生产成本约束、上下游材料或设备等方面形成一批现代工程技术创新，培育一批高水平工程技术和管理人才，这些创新突破都需要寻找新方法、新路径。

（2）新质生产力关系需要破除体制机制的弊端。未来产业培育是一个长期的过程，需要破除一批体制机制弊端、利益固化藩篱，推进生产关系与生产力相协调。在市场经济体制方面，需要破除制约要素流动和组合的体制机制，推动劳动者、劳动资料、劳动对象等优化组合，提升市场资源配置效率。在科技创新体制机制方面，需要提升有组织科研的管理水平，借助科学的过程控制策略工具，在多种技术路径和模式选择中找准正确赛道，遴选出最优的重点领域，并结合定期评估、比选寻优、动态纠偏机制进行动态调整，以最优资源配置方式、最具技术经济性的实施方案，将有限的创新资源聚焦到那些具有潜力成为优秀创新的团队或企业身上。在协调体制机制层面，需要打破各方同质化布局、恶性竞争格局，提升央地协调、市区协调、政府与市场协调、国企与民营协调的水平，建立符合未来产业生产关系的协同机制、风险共担机制、利益共享机制。

15.4 培育未来产业的政策设计

为了更彻底地破除体制机制障碍，发挥技术、市场、治理的三重驱动力作用，需要建立一套培育未来产业的政策设计组合拳。在技术逻辑层面强化技术创新到产品研发的全链条创新，在市场逻辑层面强化示范应用到产业放大的全场景支撑，在治理逻辑层面引导要素集聚、营造良好的创新生态，加速未来产业从技术到产品再到产业的发展壮大。

15.4.1 全链条的技术创新

第一，支持前沿和颠覆性技术创新，把握数字化、智能化、绿色化战略机遇。聚焦重点技术方向、关键瓶颈问题和重点领域未来化，建设未来产业技术研究院，布局支持高价值、高风险研究，组织开展体系化任务攻关，形成产品原型机或工程样机。

第二，加速科技成果验证与转化，推动重大任务工程，打造新技术新产品的中试和应用验证平台。建立科技成果同步进行验证、研发和成果转化的产业化和快速迭代机制，打造未来产业概念验证中心，开展概念验证、原理验证、中试验证、产品原型制备等服务。

第三，培育引领性创新主体，聚焦产业界共性难题。健全"企业出题"机制，面向"链主"企业、终端用户和重点团队需求开展协同创新，建立科技企业梯次培育体系，重点培育高成长引领性的科技企业，率先培育未来产业细分领域龙头企业与科技领军企业。

15.4.2 全场景的应用放大

第一，打造未来产业示范场景。以应用需求为导向，以供需联动为路径，定向开展重点支撑产品研发与应用示范。支持产品服务纳入市政府购买目录，加速未来产业在真实世界的应用与推广。在试点示范、数据共享、应用场景等方面给予政策支持，给予新技术、新产品、新模式更多展示空间。例如，上海正在探索打造投资、验证、孵化的一体化平台。

第二，建设未来产业示范基地。建立一批未来产业科技园、先导区等示范基地，一体化推进基础研究、技术创新和产业化，联动验证平台与高质量孵化器，建立投资、验证、孵化一体化孵化生态。开展未来产业培育赛马制，利用市场竞争机制筛选重点领域，支持最具竞争力的技术、产品和企业。例如，上海正推动建设张江、临港和大零号湾三个未来产业先导区。

15.4.3　全生态的政策赋能

第一，强化未来产业要素集聚，建立复合型人才培养模式。大力引进未来产业领军科学家、企业家，建立健全适应于未来产业人才发展规律的"引、选、用、评"制度，为重点领域未来产业人才提供生活便利。强化科技金融赋能，培育支持科技创新的长期资本、耐心资本，设立未来产业投资母基金，探索知识产权融资、未来收益权质押融资、供应链融资等创新融资模式。上海组建的未来产业基金重点支持有前沿颠覆性项目挖掘、资源整合、深度孵化能力的子基金，并与概念验证财政经费投入联动。

第二，推动关键领域标准体系建设，加强对知识产权的保护与标准化工作。完善重点新领域新业态的知识产权保护体系，推动形成一套拥有自主知识产权的技术标准与产品体系，制定未来产业重点领域行业规范和标准，加强对"无人区"创新的制度性保护。

第三，营造整体式创新生态体系，优化政策制度环境。构建包容审慎的监管环境，为产业创新发展留足"试错空间"，营造适宜未来产业发展的开放创新环境，探索建立更加便捷高效的产品审批认证和出海路径，加强统筹协调、市区联动、央地协同与政策衔接。支持举办未来产业相关创新创业赛事活动、论坛峰会，营造未来产业创新创业氛围。

15.5　结　语

本章从技术、市场和治理三重逻辑剖析未来产业的三重驱动力，并以此提出培育未来产业的政策举措。未来产业发展是技术、市场、治理三重逻辑的融合过程，深化对未来产业动力机制内在逻辑的研究，是培育未来产业形成新质生产力的基础性工作。未来产业培育需要坚持长期主义，保持战略定力和耐心，强化协调与政策引导，提升战略敏捷性。未来产业与新质生产力的关系仍需进一步厘清，未来产业三重驱动力之间的关系仍需结合具体领域进一步阐述分析，应继续深化研究技术创新驱动力、市场需求牵引力、治理生态推动力三种力量交互作用的机制，围绕重点领域深入分析如何更好地发挥三种力量的作用。围绕当前的主要挑战，深化研究生产力与生产力关系的制度性障碍，构建有效方法发现和甄别未来产业，提升战略敏捷性，降低试错成本，建立健全最优的培育政策工具。

第16章　科技创新促进文化新质生产力发展：理论分析与实证检验

文化新质生产力是新质生产力在文化领域呈现的新质态。近年来，随着新一轮科技革命和产业变革深入发展，科技创新对文化产业和事业发展的驱动作用日益显著，文化新业态、新场景不断涌现，正在引发文化领域创作生产、传播流通、营销推广等各环节的深刻变革。《中共中央关于进一步全面深化改革、推进中国式现代化的决定》明确提出，"探索文化和科技融合的有效机制，加快发展新型文化业态"。随着中国经济由高速增长转向高质量发展阶段，现有文化生产力与人民日益增长的精神文化需求之间的矛盾日益突出。同时，国际战略格局加速演变，文化软实力正在成为塑造大国竞争优势的关键。立足新时期新形势，坚持科技引领、创新赋能，培育文化新质生产力，塑造文化发展新动能、新优势，已成为推动中国文化高质量发展、更好地实现社会主义文化强国建设发展目标的战略选择。然而，目前中国文化与科技的融合尚处在探索阶段，对于科技赋能文化生产力提升的动力机制和有效模式的认识仍有待深入，制约了文化新质生产力效能的发挥[1]。在此背景下，厘清科技创新赋能文化生产力跃升的机理和逻辑，深入分析当前科技创新在文化新质生产力形成过程中的驱动作用和效果，具有重要的理论和现实意义。

---

[1] 张雅俊，夏杰长.文化与科技融合的驱动机制、挑战及对策[J].行政管理改革，2024（6）：60-69.

16.1 文献综述

自"新质生产力"概念提出以来,学界围绕文化新质生产力进行了一些探讨,主要围绕三方面内容展开。一是文化新质生产力的理论渊源和概念内涵。向勇[1]提出,文化新质生产力的作用过程,即具备符合时代需求的文化知识、数字技能、人文素养的新质文化劳动者以新型文化生产工具为介质作用于新型文化劳动对象,依托新技术、新场景、新模式实现文化生产质效跃升的过程。臧志彭[2]认为,文化新质生产力以文化和科技深度融合为核心驱动,以新一代信息技术集成应用为主要途径,以文化领域劳动者、劳动对象、劳动资料的质效升级和组合优化为基本内涵。二是文化新质生产力的时代特征。周建新[3]提出,文化新质生产力具有动态性、灵活性、未来导向性等特点。张振鹏[4]认为,文化新质生产力呈现文化创新、科技创新、人才创新、金融创新、治理创新"五力交互"的结构体系。苏衡[5]提出,文化新质生产力是数字化背景下的新型生产力,以主体虚拟化、要素数据化、数字资产通证化为特征。三是培育文化新质生产力的应然路径。魏鹏举[6]认为,培育文化新质生产力不仅要充分发挥人工智能等数字技术的生产力效应,还要以包容的心态积极发展数字文化新业态,以开放的姿态主动融入全球文化发展体系。花建[7]提出,培育文化新质生产力要以科技赋能为核心,通过激发创新创造活力、优化资源要素配置、完善

---

[1] 向勇.文化新质生产力的时代内涵、价值旨归和逻辑进路[J].艺术百家,2024,40(3):11-17.

[2] 臧志彭.文化新质生产力:新一轮信息技术革命的升维驱动[J].探索与争鸣,2024(7):25-28,177.

[3] 周建新.文化新质生产力的核心特性与逻辑意蕴[J].探索与争鸣,2024(7):9-12,177.

[4] 张振鹏.中国文化产业新质生产力的核心要素及其结构形态[J].深圳大学学报(人文社会科学版),2024,41(4):47-55.

[5] 苏衡.元宇宙视域下文化产业新质生产力发展探索[J].江苏社会科学,2024(4):213-221.

[6] 魏鹏举.新质生产力对文化强国愿景的效用[J].探索与争鸣,2024(7):17-20,177.

[7] 花建.文化新质生产力的基本特征与实践重点[J].探索与争鸣,2024(7):13-16,177.

文化建设体系和功能等加快文化生产的动力转换。陈能军[①]指出,"因地制宜"是培育文化新质生产力的重要关切,要立足不同地区的产业发展阶段、创新要素配置、文化资源禀赋等,设计差异化的文化生产策略。此外,部分文献聚焦文化旅游[②]、传媒出版[③]、文化遗产保护[④]等一系列细分领域,探究了新质生产力赋能文化发展的具体表现。

与本章关联度较高的另一类文献聚焦科技创新与新质生产力间的关系,主要围绕科技创新的赋能机制展开。张新能[⑤]和刘冬梅等[⑥]提出,科技创新具有产业变革、模式塑造、动能提升、资源整合、生态优化、风险防护等独特功能,是催生新质生产力的关键要素。李浩等[⑦]发现,创新政策能够通过绿色技术创新和产业结构变迁驱动城市新质生产力发展。梁昊光等[⑧]认为,科技创新引发劳动者、劳动资料和劳动对象的系统性革新,促进产业体系向绿色化、数字化、科技化的方向演变,进而助推新质生产力生产效用的实现。陈柏强等[⑨]提出,科技成果转化能够引领技术革命性突破、优化创新要素配置、引导产业深度转型升级,进而推动传统生产力向新质生产力跃迁。毛明芳[⑩]认为,当前中国以科技创新发展新质生产力仍面临诸多挑战,需进一步发挥企业创新主体作用,强化新兴产业和未来产业的引领作用,优化国家创新体系和创新生态,加

---

① 陈能军.新型生产要素融合创新——文化新质生产力的关键内容[J].探索与争鸣,2024(7):29-33,177.

② 叶紫青,张颖熙.新质生产力赋能文化旅游业高质量发展的理论逻辑与发展路径[J].经济问题,2024(9):16-23.

③ 强月新,胡阳.技术赋能与功能拓展:传媒新质生产力的理论阐释[J].中国编辑,2024(5):16-21.

④ 司马昊翔,戴俭慧,彭响.新质生产力赋能体育非物质文化遗产数字化转型研究[J].沈阳体育学院学报,2024,43(4):8-15.

⑤ 张新宁.科技创新是发展新质生产力的核心要素论析[J].思想理论教育,2024(4):20-26.

⑥ 刘冬梅,杨洋,李哲.科技创新作为发展新质生产力的核心要素:理论基础、历史规律与现实路径[J].中国科技论坛,2024(7):1-7.

⑦ 李浩,郑子卓.创新驱动政策赋能新质生产力发展——来自国家自主创新示范区的证据[J].哈尔滨商业大学学报(社会科学版),2024(4):97-116.

⑧ 梁昊光,黄伟.科技创新驱动新质生产力及其全球效应[J].财贸经济,2024(8):22-32.

⑨ 陈柏强,母璇,刘畅.科技成果转化加速新质生产力发展的内在机理及实践路径研究[J].北京理工大学学报(社会科学版),2025,27(2).

⑩ 毛明芳.以科技创新发展新质生产力的机理、瓶颈与路径[J].湖南社会科学,2024(5):10-16.

快构建适应新质生产力发展的创新体制机制。此外，也有学者聚焦科技体制改革[1]、科技金融[2]、创新型人才[3]、知识产权保护[4]等议题，对如何深化科技创新制度环境、优化科技创新资源配置，继而充分发挥科技创新对新质生产力发展的赋能作用进行了探究。

从文献梳理结果来看，既有研究虽在文化新质生产力领域取得了积极进展，但对于文化生产力形成机制的研究仍不充分，且主要集中于理论推演和定性分析，缺少基于定量分析的实证检验。同时，科技创新是新质生产力发展的原动力，已有文献虽然对科技创新赋能新质生产力的作用机理进行了系列研究，但聚焦文化领域的研究仍不多见，缺少相应的理论分析和现实证据。基于此，本章从科技创新视角切入，在总结归纳科技创新驱动文化生产力跃升内在逻辑的基础上，量化分析科技创新促进文化新质生产力发展的机制路径和效果，以期进一步深化对于文化新质生产力的认知，为提升文化领域创新驱动效能、加速培育文化新质生产力提供参考。

16.2 理论机制与研究假设

16.2.1 科技创新促进文化新质生产力提升的直接效应

一方面，科技创新颠覆传统文化生产逻辑，提高文化发展质量效益。回顾文化生产力的演进历程，可以看出，每一次文化生产力的重大进步均由突破性技术发明的出现而引起、由前沿技术与文化生产实践的结合而实现。传统农业

---

[1] 胡博成.论适配新质生产力发展的科技体制改革路向[J].宁夏社会科学，2024（4）：115-123.

[2] 邹克，刘翔，李细枚.科技金融发展的新质生产力生成效应与机制研究[J/OL].金融经济学研究，2024（6）；李燕凌，蔡湘杰.科技金融促进了工业新质生产力发展吗？[J].财经理论与实践，2024（6）.

[3] 陈劲，陈书洁.教育、科技、人才一体化加快新质生产力发展：关键问题、现实逻辑与主要路径[J].现代教育技术，2024，34（7）：5-12.

[4] 徐俊.新质生产力发展下的知识产权保护对策研究[J].中国应用法学，2024（4）：38-48；马一德.新质生产力的知识产权驱动路径与制度协同[J].知识产权，2024（7）：3-22.

社会时期，文化生产创作主要依赖小作坊式的手工制作，文化生产效率整体较低。工业文明时期，随着机械化生产对手工劳作的创新性替代，文化产品的规模化制作和流通成为可能，文化生产力得到极大提升。进入21世纪以来，计算机和互联网打破了传统文化生产范式下企业交流、资源流通的时空限制，改变了工业经济时代"知识积累—研发—应用"的线性创新链条，加速艺术设计理念和知识创新在文化生产主体间内的扩散和溢出，有效提升了文化创新创造的效能，助力文化领域规模经济和范围经济的实现[①]。同时，新一代信息技术的广泛应用重塑了文化生产的逻辑和过程，显著提高了文化生产的效率。大数据、人工智能、3D打印等技术为文化生产的数据实时获取、内容自动生成、产品打样试制等提供了便利，"5G+AR"文物修复助手、AI动态捕捉软件等工具降低了文化生产的技术性门槛，NFT、虚拟人、增强现实等技术催生了虚拟演播、数字藏品等一系列文化新业态，拓展了文化创意生成的发挥空间，文化创新发展活力显著增强[②]。

另一方面，科技创新重构文化表达场景模式，赋能文化领域新质产业形态涌现。文化的发展和进步势必伴随着文化资源开发形式和文化产品表现形态的嬗变，更高的表现形态必然需要以更加先进的技术为支撑[③]。新一代信息技术的广泛渗透极大地改变了文化消费的形式和特征，引发文化表达方式和呈现场景的变革，孕育了"云展览""云演艺"等数字文化新业态，使文化产品超越物理空间限制，触达更广泛的客群，极大拓展了文化产品的受众范围，有效推动了文化内容的商品化价值实现。同时，在VR、AR、元宇宙等新技术赋能下，文化生产由传统单向信息输出转向多元信息互动，沉浸式、体验式文化消费新供给快速增长，更具参与感、获得感的文化产品和服务出现井喷，引致文化消费新升级、创造文化消费新需求，推动形成"供需两旺"的文化消费新市场[④]。

---

① 周锦，夏仿禹.数字经济下传统艺术的文化产业价值链创新研究[J].艺术百家，2022，38（1）：56-62.

② 赵伟.文化产业数字化发展趋势及路径探析[J].人民论坛，2022（19）：107-109.

③ SCORELE L. Digital inspirational economy: the dialectics of design [J]. Information Communication and Society, 2021, 24（9）: 1192-1211.

④ ORMEN J, GREGERSEN A. Towards the engagement economy: interconnected processes of commodification on YouTube [J]. Media Culture & Society, 2023, 45（2）: 225-245.

此外，大数据、云计算等信息技术能够助力文化生产的精细化管理和精准化运营，文化生产者依托新技术新工具，基于对用户偏好的分析定位进行文化产品的柔性生产和定向分发，有效增进了文化生产供需两侧的良性互动①。

基于上述分析，提出假设1：科技创新能够提高文化生产效率、增进文化供需匹配，赋能文化新质生产力的形成（见图16-1）。

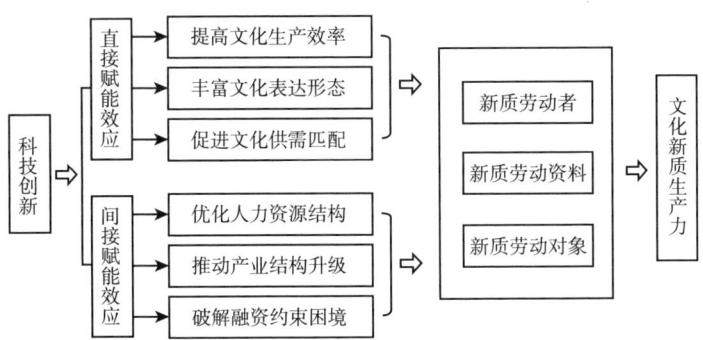

图16-1 科技创新驱动文化新质生产力的逻辑框架

16.2.2　科技创新促进文化新质生产力提升的间接效应

首先，科技创新能够促进人力资源结构性升级，夯实文化新质生产力发展的人才支撑。卢卡斯人力资本理论认为，专业化的高素质人力资本是经济增长的决定性因素。文化生产是典型的智力密集型、创意密集型活动。相较通过增加物质投入扩大规模的一般经济活动，文化生产具有显著的非物质性、强创造性特征，其发展高度依赖智力资源和人力资源的投入。根据熊彼特创新理论，创新资源作用的发挥需要以知识和技术的储备为支撑。一方面，活跃的创新活动能够促进知识密集、技术密集型产业发展。在此过程中，拥有较高技能水平和知识储备的高素质劳动力需求显著增长，低技能劳动力的市场需求逐渐被挤压或替代，高技能复合型创新人才在人力资源中的占比持续增加②。另一方面，创新活跃的地区往往拥有创新友好的发展氛围和丰富的交流学习机会，对高素

---

① 祁述裕.数字化赋能文化产业高质量发展[N].人民日报，2020-12-25（20）.
② ACEMOUGLU D，RESTREPO R. The race between man and machine: implications of technology for growth, factor shares, and employment[J]. America Economic Review, 2018（6）: 1488-1542.

质创意人才的吸引力也更强，带动高水平创意人才加速集聚①。综上，科技创新能够改变劳动力需求结构，倒逼人力资源结构向着高级化的方向演进，有效壮大了培育文化新质生产力的生力军。

基于上述分析，提出假设 2：科技创新能够优化人才资源结构，进而助推文化新质生产力的形成。

其次，科技创新能够推动产业结构升级，拓展文化新质生产力的发展空间。大数据、工业互联网等新一代信息技术的迭代应用为优化产业资源配置提供了有效手段，推动资源要素由生产效率较低的部门流向效率较高的部门，加快产业结构的高级化和合理化，国民经济的主导产业逐渐由第一产业和第二产业转向第三产业②。在这种转变下，文化服务业作为现代服务业的重要组成将得到更高的关注度，以及更完善的法律、通信、知识产权保护等服务资源支撑③。同时，产业结构的调整能够推动经济发展模式的变革，文化服务业作为高创新性、高附加值、低能源消耗和环境污染的行业在产业结构升级中的作用日益凸显，"文化+"也因此获得更大的市场需求和成长空间④。在此背景下，文化生产的链条逐渐完善、分工不断深化、协同水平持续提高，文化发展效能显著提升，"科技创新—产业结构升级—文化新质生产力提升"的正向激励逐渐形成。

基于上述分析，提出假设 3：科技创新能够促进产业结构升级，进而助推文化新质生产力的形成。

最后，科技创新能够提高金融市场资源配置效率，加强培育文化新质生产力的资金保障。与传统经济部门相比，文化机构天然具有资产轻量化、无形化、易复制等特点。由于文化创意、知识产权等无形资产难以准确估值，加之文化创意产品往往回报周期长、投资收益不确定性高，文化机构在求发展的过

---

① HE J L, PENG J, ZENG G. The spatiality of the creative digital economy: local amenities to the spatial agglomeration of creative E-freelancers in China [J]. Journal of the Knowledge Economy, 2023, 14 (4): 4608-4629.

② PAPADAKIS S, MARKAKI M. An in depth economic restructuring framework by using particle swarm optimization [J]. Journal of Cleaner Production, 2019, 215: 329-342.

③ PENEDER M. Industrial structure and aggregate growth [J]. Structural Change and Economic Dynamics, 2003, 14 (4): 427-448.

④ 江小涓. 数字时代的技术与文化 [J]. 中国社会科学, 2021 (8): 4-34, 204.

程中普遍面临融资难、融资贵的困境，极大限制了其发展空间[①]。特别是在新一轮技术革命的背景下，文化竞争力的塑造和文化生产力的提升更加需要坚实的资金保障。以人工智能为例，大模型能够带来生产活动的效率提升，但其技术层面的规模定律隐含着经济门槛。只有当算力、参数和数据量等达到一定规模时，模型的准确性和能力才会出现质的跃升，这无疑需要扎实的资金支持[②]。区块链、大数据、云计算等数字技术与文化金融的有机融合提高了金融机构在闲散资金吸纳、优质项目筛选、无形资产估值等方面的能力，使资金在文化领域的配置更加精准有效，能够显著缓解文化机构的融资约束，在培育文化新质生产力、助推文化高质量发展中发挥着重要的支撑性作用。

基于上述分析，提出假设4：科技创新能够提高金融服务能力，进而助推文化新质生产力的形成。

16.3 研究设计

16.3.1 模型设定

为了检验科技创新对文化新质生产力发展的推动作用，本章构造实证模型如下：

$$Cul_{i,t}=\alpha_0+\alpha_1 RD_{i,t}+\alpha_2 Controls+\delta_i+\delta_t+\varepsilon_{i,t} \quad (16-1)$$

其中，i 和 t 分别代表省份和年份；文化新质生产力发展水平（Cul）为被解释变量；科技创新力（RD）为核心解释变量；$Controls$ 为系列控制变量，包括经济基础、政府支持力度、居民文化消费水平、对外开放水平等；α_0 为常数项系数，α_1 反映科技创新对文化新质生产力的影响效果，α_2 为控制变量系数，δ_i、δ_t 分别为个体和时间的固定效应，$\varepsilon_{i,t}$ 为随机误差项。

为了探究科技创新促进文化新质生产力发展的具体路径，基于前文理论

[①] 戴钰，邓楠.数字金融如何赋能文化企业全要素生产率？——来自中国文化上市企业的证据[J].财经理论与实践，2024，45（4）：10-16.

[②] GONZALO G B，JUAN J. The Matthew effect: evidence on firms' digitalization distributional effects[J]. Technology in Society，2024（76）：102423.

分析，引入人力资源、产业结构、金融支持三个中介变量，构建中介效应模型如下：

$$Mediator_{i,t}=\beta_0+\beta_1 RD_{i,t}+\beta_2 Controls+\delta_i+\delta_t+\varepsilon_{i,t} \quad (16-2)$$

$$Cul_{i,t}=\gamma_0+\gamma_1 RD_{i,t}+\gamma_2 Mediator_{i,t}+\gamma_3 Controls+\delta_i+\delta_t+\varepsilon_{i,t} \quad (16-3)$$

其中，Cul 为文化新质生产力发展水平，RD 为科技创新力，$Mediator$ 为中介变量，$Controls$ 为式（16-1）中所有控制变量。当 β_1、γ_2 均显著为正时，表示"科技创新—中介变量—文化新质生产力"的传导机制成立。

16.3.2 变量选择

（1）被解释变量。科学技术的迭代应用使得劳动者、劳动资料和劳动对象在质量和形态等方面发生深刻变革，进而带动文化生产效率明显改善，实现文化领域质量效益全面提升[①]。为了反映各地文化新质生产力的发展水平，本章参考既有文献，从劳动者、劳动资料、劳动对象3方面选取16项指标，构建文化新质生产力发展水平的评价指标体系（见表16-1），并运用熵值法确定各项指标的权重，以指标体系测算结果作为本研究的被解释变量。

表16-1　文化新质生产力发展水平评价指标体系

一级指标	二级指标	三级指标	指标性质
劳动者	劳动者结构	文化企业从业人员数量占当地总就业人数比重	+
		经营性互联网文化企业从业人员数量占文化企业从业人员数量比重	+
	劳动者技能	文化机构中高级职称人员占比	+
		常住人口平均受教育年限	+
	劳动生产率	文化企业劳动生产率	+
劳动对象	新质产业发展	经营性互联网文化企业营业收入	+
		经营性互联网文化企业产品数量	+
		经营性互联网文化企业数量	+
	文化行业结构	文化服务业企业收入占文化企业总收入比重	+
		经营性互联网文化企业营业收入占文化企业总收入比重	+

---

① 郝彬凯.高质量利用外资支撑新质生产力涌现：内在逻辑与实践进路[J].当代经济研究，2024（6）：16-25.

续表

一级指标	二级指标	三级指标	指标性质
劳动资料	物质生产资料	公共文化空间总数	+
		图书馆藏书量	+
		长途光缆线路长度	+
		互联网宽带接入端口数	+
	无形生产资料	文化企业知识产权数	+
		域名数	+

（2）解释变量。随着创新驱动发展战略的提出和创新驱动效果的日益凸显，科技创新能力的测算已成为学界热点话题。借鉴已有研究，从创新投入产出及创新环境建设的角度切入，选取6个方面12项指标构建评价指标体系（见表16-2），并用熵值法合成计算出科技创新力综合指数，用以表征各地科技创新力发展水平。

表16-2　　　　　　科技创新力评价指标体系

一级指标	二级指标	三级指标	指标性质
创新投入	经费投入	R&D投入强度	+
		规模以上工业企业新产品研发费用	+
	人员投入	R&D人员全时当量	+
创新产出	创新成果产出	专利授权数	+
		SCI收录科技论文数	+
	创新成果转化	技术市场成交合同金额	+
		技术市场成交合同数	+
		规模以上工业企业新产品销售收入	+
创新环境	创业环境	孵化器数量	+
		在孵企业数	+
	市场化水平	（GDP−财政收入）÷GDP	+
		非国有企业就业人数占比	+

（3）中介变量。为了探究科技创新影响文化新质生产力的机制路径，笔者选取以下中介变量。①人力资本（HR）。文化新质生产力的培育应以符合时代需求的高素质人才队伍为支撑，而教育是提高劳动力劳动技能、文化修养、科

技素养、问题意识、沟通能力等现代化素质能力的有效手段[1]。基于此，选取各地具有高等教育经历的劳动者比例来表征人力资源发展水平。②产业结构（Str）。根据配第-克拉克定理，随着经济发展和国民收入水平的提升，第三产业将逐渐取代第一产业和第二产业，成为当地经济增长的核心引擎[2]。因此，选取各地第三产业与第二产业增加值的比值，作为产业结构优化水平的代理变量。③金融支撑（Fin）。金融是文化生产活动开展的必要物质保障，也是培育和发展文化新质生产力的关键支撑，鉴于此，选取各地金融机构年末存贷款余额与 GDP 的比值表征金融支撑度。④控制变量。为了避免其他因素对文化新质生产力发展的影响，更全面地分析科技创新的驱动作用，在实证模型中添加如下控制变量：经济基础（GDP），以各地人均 GDP 表征；居民文化消费水平（$Cons$），以各地居民文化娱乐消费占可支配收入的比重表征；政府支持力度（Gov），以各地文化事业费占财政支出比重表征；对外开放水平（Ex），以各地外商投资总额表征。

16.3.3 数据来源

考虑到数据的可获得性、连续性及有效性，利用 2015—2022 年 30 个省份（不含西藏和港澳台）的面板数据作为研究样本。原始数据来自《中国统计年鉴》《中国文化文物和旅游统计年鉴》《中国科技统计年鉴》《中国第三产业统计年鉴》等资料，部分缺失数据利用线性插值法估算补齐。主要变量的描述性统计结果见表 16-3。

表 16-3 主要变量的描述性统计结果

变量名称	平均值	标准差	最小值	最大值
Cul	8.78	7.67	1.63	48.40
RD	12.37	14.28	0.18	69.51
GDP	6.69	3.18	2.59	19.03
$Cons$	3.62	1.18	1.50	7.67

---

[1] NORRIS P. Digital divide: civic engagement, information poverty, and the internet worldwide [M]. Cambridge: Cambridge University Press, 2001.

[2] CLARK C. The conditions of economic progress [J]. The Economic Journal, 1941, 51 (201): 120-124.

续表

变量名称	平均值	标准差	最小值	最大值
Gov	0.48	0.12	0.28	0.95
Ex	3.62	6.56	0.07	56.70
HR	11.53	7.56	4.20	46.90
Str	1.42	0.75	0.72	5.30
Fin	2.00	0.76	0.87	5.25

16.4 科技创新促进文化新质生产力发展的实证分析

16.4.1 基准回归

为了探究科技创新如何影响文化新质生产力发展水平，基于式（16-1）对二者间的关系进行初步检验，结果如表16-4所示。可以看出，无论是否加入控制变量、是否固定个体效应和时间效应，核心解释变量的回归系数始终显著为正，表明在文化新质生产力的形成过程中，科技创新发挥了不可或缺的积极作用，假设1成立。

表16-4　科技创新促进文化新质生产力的基准回归结果

变量	（1）	（2）	（3）	（4）
RD	0.176***	0.124**	0.168***	0.116**
GDP	—	1.375***	1.242***	1.136**
Cons	—	0.087	1.095**	1.396**
Gov	—	5.559	3.563	4.740
Ex	—	0.065	0.103**	0.093**
常数项	0.697	3.810	3.813	14.063*
个体固定效应	否	是	否	是
年份固定效应	否	否	是	是
N	240	240	240	240
R^2	0.6170	0.8583	0.6383	0.8758

注：*、**、***分别表示通过10%、5%、1%水平显著性检验，下同。由于控制变量和常数项不是本章的重点关切，后续实证结果中均略去了控制变量和常数项的检验结果，下同。

16.4.2 稳健性与内生性讨论

（1）稳健性检验。为了验证基准回归结果的准确性，笔者对基准回归模型结论进行多维度的稳健性检验。

一是替换核心变量。为了避免核心变量测算方法造成的偏误，采用主成分分析法（PCA）对各地文化新质生产力发展水平及创新驱动力水平重新测算。表16-5中第（1）列至第（3）列分别对应以新的测算结果替换原有被解释变量、核心解释变量和同时替换两项变量的结果，可以看出，替换变量后，核心变量的系数和符号与基准回归结果基本一致，符合理论预期。

二是剔除特殊样本。直辖市相较其他普通省份资源相对集中，在政策优惠和创新资源集聚水平等方面存在一定优势。为了避免特殊样本造成的回归结果偏差，笔者剔除样本中的直辖市数据后重新进行回归，结果见表16-5第（4）列。此外，为了避免样本中的极端值影响，对原样本进行1%和5%水平的缩尾处理，并进行再次回归，结果见表16-5第（5）列、第（6）列。在保留一般样本后，科技创新对于文化新质生产力仍然表现出显著的促进作用，与前述结论保持一致。

三是增加控制变量。为了尽可能降低变量遗漏造成的回归结果偏差，在原有变量的基础上增加居民收入水平、城镇化水平、第三产业数字化水平等可能影响文化新质生产力形成的变量，并再次进行回归，结果见表16-5第（7）列，与前述基础回归结果不存在实质性差异。

表16-5　　稳健性检验结果

变量	替换核心变量			剔除特殊样本			增加控制变量
	（1）	（2）	（3）	（4）	（5）	（6）	（7）
RD	0.183***	0.128**	0.202***	0.143**	0.206**	0.196***	0.117*
控制变量	是	是	是	是	是	是	是
固定效应	是	是	是	是	是	是	是
N	240	240	240	240	240	240	240
R^2	0.9510	0.8761	0.9513	0.8602	0.8856	0.9228	0.8785

（2）内生性检验。为了减少遗漏变量或双向因果等原因造成的回归结果偏误，笔者基于工具变量和核心解释变量滞后期等角度进行核心解释变量估计结果的内生性讨论。

一是工具变量检验。借鉴 Nunn 等[①]、黄群慧等[②]、岳书敬等[③]的研究，选取各省份地表起伏度与年度变量的交乘项（$DE \times Land$）及各省份1998年邮局数量与年度变量的交乘项（$DE \times Post$）作为工具变量，进行两阶段最小二乘法（2SLS）检验。表16-6第（1）列至第（4）列列出了工具变量的回归结果，两项工具变量均通过了 Kleibergen-Paap rk-LM 及 Hansen J 检验，且 Kleibergen-Paap rk Wald F 统计量显著高于 Stock-Yogo 弱识别检验在10%水平上的临界值，工具变量选取合理；同时，在两阶段最小二乘法回归结果中，核心解释变量的参数估计结果在符号和显著性上与前文保持一致，科技创新对文化新质生产力仍显示出明显的促进作用。

二是滞后期检验。考虑到科技创新对文化新质生产力的影响可能具有一定长期性，同时为规避反向因果关系造成的内生性问题，选取滞后一期的科技创新力水平（RD-1）和文化新质生产力发展水平（Cul-1）替代原有核心解释变量和被解释变量，并分别进行再次回归，结果见表16-6第（3）列、第（4）列。根据回归结果，核心解释变量的回归系数符号及其显著性均与基准回归结果保持一致，前述结论依然稳健。

表16-6　　内生性检验结果

变量	工具变量检验				滞后性检验	
	2SLS第一阶段		2SLS第二阶段		RD-1	Cul-1
	$DE \times Land$	$DE \times Post$	$DE \times Land$	$DE \times Post$		
	（1）	（2）	（3）	（4）	（5）	（6）
RD	—	—	0.160**	0.268***	0.182**	0.193**
工具变量	0.462***	0.111***	—	—	—	—

---

① NUNN N, QIAN N. US food aid and civil conflict [J]. American Economic Review, 2014, 104（6）: 1630-1666.

② 黄群慧, 余泳泽, 张松林. 互联网发展与制造业生产率提升：内在机制与中国经验 [J]. 中国工业经济, 2019（8）: 5-23.

③ 岳书敬, 董迪妮, 赖晓冰. 数字创新如何影响城市经济差距——"数字鸿沟"还是"数字红利" [J]. 财经科学, 2023（9）: 76-88.

续表

变量	工具变量检验				滞后性检验	
	2SLS 第一阶段		2SLS 第二阶段		RD-1	Cul-1
	DE×Land	DE×Post	DE×Land	DE×Post		
	（1）	（2）	（3）	（4）	（5）	（6）
Kleibergen-Paap rk-LM 统计量	—	—	17.730***	21.090***	—	—
Kleibergen-Paap rk Wald F 统计量	—	—	33.367（16.38）	127.013（16.38）	—	—
Hansen J 检验 p 值	—	—	0.000	0.000	—	—
控制变量	是	是	是	是	是	是
固定效应	是	是	是	是	是	是
N	240	240	240	240	210	210
R^2	0.6469	0.8511	0.6268	0.6370	0.8987	0.8680

16.5 进一步分析

16.5.1 机制分析

为了探究科技创新促进文化新质生产力发展的具体路径，在前文理论分析的基础上，利用式（16-2）和式（16-3）对人力资源、产业结构、金融支撑三项中介变量的作用效果进行实证检验。表16-7中第（1）列、第（3）列、第（5）列分别对应科技创新对三项中介变量的回归结果，第（2）列、第（4）列、第（6）列则为科技创新通过影响中介变量赋能文化新质生产力形成的检验结果。

（1）科技创新与人力资源。由表16-7可知，研发创新之于人力资源、人力资源之于文化新质生产力均具有显著的积极影响，说明依托科技创新壮大高素质人才队伍继而推动文化新质生产力形成的假设成立。《中共中央关于进一步全面深化改革、推进中国式现代化的决定》提出，教育、科技、人才是中国式现代化的基础性、战略性支撑，应着力加强人才的创新能力培养。扩大创新型人才供给不仅有利于加快形成文化新质生产力，更是建设人才强国、科技强国的必然要求。作为最活跃、最能动的生产要素，劳动者在生产力的演进过程中扮演着关键角色，劳动者的生产知识、技术水平、职业素养等直接决定其所能创造的生产力水平[①]。因此，在新一轮科技革命背景下，加快完善新质人才培养体系、文化领域新质人才队伍建设，必将成为培育发展文化新质生产力的重要着力点。

表16-7 机制检验结果

变量	人力资源		产业结构		金融支持	
	（1）	（2）	（3）	（4）	（5）	（6）
RD	0.057***	0.269***	0.011**	0.133**	0.017**	0.225***
中介变量	—	0.344***	—	4.090***	—	2.509***
控制变量	是	是	是	是	是	是
固定效应	是	是	是	是	是	是
N	240	240	240	240	240	240
R^2	0.9892	0.6673	0.4437	0.8805	0.9610	0.6818

（2）科技创新与产业结构。表16-7中第（2）列研发创新和第（5）列产业结构的回归系数均显著为正，表明科技创新能够有效促进产业结构升级，进而助推文化新质生产力的发展。加快新旧动能转换、推动产业结构升级是高质量发展的核心任务和关键举措，也是新质生产力"新"之所在。创新驱动战略实施以来，中国的产业结构日益合理，现代产业体系建设成效显著，新业态、新模式不断涌现，各产业领域发展质量和效能持续提升。在产业结构调整的过程中，低技术含量、低附加值的产业逐渐被淘汰，高科技含量、高技术壁垒、高附加值的产业加速生长，不仅为文化创意等产业提供了更丰富的资源和机会，也为文化生产力的跃迁创造了更加有利的技术环境，对于文化生产力的转型升级具有重要的积极意义。

（3）科技创新与金融支撑。表16-7显示，科技创新及金融支持的回归系数均通过了1%置信水平的置信检验，且符号为正，表明"科技创新—金融支

---

① 史少杰，郭静.教育、科技、人才一体化发展视角下职业教育高质量发展的战略任务与基本路径[J].现代教育管理，2024（3）：118-128.

撑—文化新质生产力"的传导机制成立。大数据、人工智能、区块链等新一代信息技术能够助力优化文化机构资产评估机制，缓解信息不对称引发的道德风险和逆向选择，帮助金融机构筛选出更具实力和增长潜力的文化项目进行投资，在有效降低文化领域的金融可获得性门槛的同时，引导资金向着效率更高、更加符合时代发展需求的文化生产部门流动，进而加快文化新质生产力的形成和发展。强化"科技+金融"赋能，以科技创新提升文化发展的投融资效能，势必成为新发展阶段培育和发展文化新质生产力的关键之举。

16.5.2 区域异质性分析

由于各地人、财、物等方面存在较大差异，新技术新理念落地应用的深度和广度有所不同，区域发展不平衡对科技创新促进文化新质生产力发展的效果和效率可能具有重要影响。已有研究显示，当前中国科技创新力在空间上呈"东高西低"的梯次分布格局，东部科技创新优势明显，中西部仍有较大增长空间[1]。为了探究文化领域创新赋能效果的区域异质性，根据东部和中西部的区域归属对样本进行划分，并进行分组回归，结果如表16-8所示。可以看到，科技创新对东部和中西部地区文化新质生产力发展的影响均显著为正，前述结论仍然稳健，但各区域创新驱动的效能有所不同，中西部地区科技创新的回归系数较东部地区更高，创新驱动的效果更为显著。这也表明，科技创新在文化新质生产力的形成过程中具有一定的"追赶效应"，能够助力缩小发达地区与欠发达地区间的发展差距，为实现共同富裕凝聚文化力量。

表16-8　　　　　　　　　区域异质性分析结果

变量	东部地区	中西部地区
RD	0.130^*	0.371^{***}
控制变量	是	是
固定效应	是	是
N	80	136
R^2	0.8545	0.9157

---

[1] 李俊杰，周民良. 中国数字创新时空格局演变及驱动力多维解析：基于数字经济专利申请视角[J]. 经济地理，2024，44（7）：106-116.

16.6 结论与建议

16.6.1 研究结论

为了探究科技创新促进文化新质生产力发展的效果和路径，本章利用面板回归模型，对2015—2022年30个省市的科技创新及文化新质生产力发展情况进行分析。结果显示，科技创新已成为驱动文化新质生产力发展的重要力量，且这种驱动作用在替换变量、加入工具变量等情境下仍然稳健。利用中介效应回归模型，对科技创新赋能机制进一步分析发现，科技创新能够通过优化人才结构、加快产业结构调整、提升金融支撑水平等渠道助推文化新质生产力发展。此外，科技创新对文化新质生产力的赋能效果呈现"西高东低"的区域异质性，显示出一定的"追赶效应"，能够助力欠发达地区文化生产力的加速提升，缩小地区间文化发展的差距。

16.6.2 对策建议

一是坚持新理念引领，强化科技赋能的新质文化政策引导。科技创新是培育文化新质生产力的重要引擎，然而，目前中国面向"文化+科技"融合的政策仍以规划、指导意见、暂行办法等体例为主，法律、行政法规等数量较少，政策总体约束力不强、系统性较弱[1]。鉴于此，应将文化发展与科技创新的深度融合摆在更加突出的位置上，持续优化科技创新促进文化发展的顶层设计，制定培育文化新质生产力的分阶段目标和路线图，综合使用土地、资金、财税优惠等多种产业政策工具，逐步构建科学系统的新质文化政策体系。同时，面对元宇宙、ChatGPT等新兴数字技术引发的文化生产大变革，应提前做好研究谋划和风险研判，加强相关领域的政策储备，抢占数字时代文化发展的制高点和主动权。此外，面对新一轮科技革命背景下文化建设面临的新形势、新挑战、

---

[1] 陈庚，林嘉文.我国数字文化产业政策的演进脉络、阶段特征与发展趋势[J].深圳大学学报（人文社会科学版），2022，39（6）：40-51.

新要求，应进一步强化知识产权保护，建立健全行业标准体系，促进公平有序竞争，减少市场无序竞争引发的资源错配和低端锁定等问题。

二是坚持新模态聚能，锻造共赢共生的新质文化创新模态。新一代信息技术的应用打破了传统线性创新模式在时间、空间、形态上的限制，科技创新的开放性特征日益凸显。为了充分激发科技创新的赋能作用，应进一步加强主体间、行业间、区域间的合作互动，促进文化创新全链条融通。第一，加强多主体合作创新，围绕 AIGC 技术实时渲染、虚拟引擎等关键共性技术积极开展产学研联合攻关，鼓励链主企业牵头建设新质文化场景创新联合体。第二，加强跨行业融合创新，通过重大项目带动、开放型创新平台建设、典型案例推广等方式，积极探索文化与信息技术、旅游、体育、广告、智能装备等领域协同发展的有效模式，在跨界融合中进一步丰富新质文化产品供给。第三，加强跨区域联动创新，在产业谋划、政策制定、项目建设等方面形成发展合力，有序推进资质互认、资源共享，推动形成分工明确、特色鲜明、优势互补的新型文化生产空间布局。

三是坚持新要素支撑，扩大面向未来的新质文化要素供给。颠覆性的生产力革新离不开各类生产要素的质态焕新，优质丰富的资源要素和高效便捷的要素配置是发挥创新赋能作用的前提。对此，应充分发挥人才作为第一资源的作用，健全符合文化新质生产力发展特征和需求的新质文化人才培养体系。加强"高新技术＋文化生产"的复合型学科建设，优化完善新质文化人才激励机制和评价体系，提高人才创新创业、成果转化、生活待遇等方面的支持力度，充分激活新质文化人才的创新力和向心力。应提升文化金融发展水平，依托区块链、生成式 AI 等新技术丰富文化金融服务产品和模式，拓宽文化机构融资渠道，鼓励优质耐心资本加入文化新质生产力培育进程。应加快推进"数据要素 ×文化旅游"行动，建立健全新质文化数据要素的标准和交易规范，探索公共文化基础数据的分级分类。

第 5 篇

区域创新与新质生产力

第17章 北京因地制宜发展新质生产力的观察与思考

17.1 引　言

2024年3月，习近平总书记在参加十四届全国人大二次会议江苏代表团审议时强调"要牢牢把握高质量发展这个首要任务，因地制宜发展新质生产力"，为各地加快发展新质生产力提供了方法论指引。2024年7月，习近平总书记在党的二十届三中全会通过的《中共中央关于进一步全面深化改革、推进中国式现代化的决定》中再次提出因地制宜发展新质生产力，并对"健全因地制宜发展新质生产力体制机制"提出明确要求，作出具体部署。

发展新质生产力是发挥社会主义制度优越性、推动生产力水平加快提升的必然要求，是全面贯彻新发展理念、扎实推动高质量发展的现实需要，是适应新一轮科技革命和产业变革趋势、赢得发展主动权的时代要求[1]。我国幅员辽阔，各地发展水平很不均衡，情况千差万别。必须结合自身实际，因地制宜，牢牢把握住新质生产力"因地制宜"的本质要求，才能培育出适合当地特点的新质生产力，实现高质量发展。

17.2 因地制宜发展新质生产力的理论研究

自从习近平总书记提出发展新质生产力以来，学术界围绕此领域进行了深入研究，形成许多有价值的学术成果，回答了什么是新质生产力，如何因地制

---

[1] 何立峰.健全因地制宜发展新质生产力体制机制[N].人民日报，2024-07-30.

宜发展新质生产力等核心问题。

17.2.1 基于生产力理论视角对新质生产力的概念进行阐释

有学者[1]认为，新质生产力本质上仍属于生产力的范畴，是推动经济社会发展的动力。还有学者[2]认为，新质生产力是马克思主义生产力理论的重大创新与发展，是继物质生产力、社会生产力和自然生产力之后的又一生产力形态，与社会生产力的发展和社会制度的革新紧密相关。新质生产力作为生产力发展和科技进步的产物，其核心要素是科技创新，关键在于实现技术的革命性突破[3]。从经济社会发展的历史规律看，生产力朝着科技生产力的方向不断演化，并将在新一轮科技革命潮流中再次跃迁，使人类社会进入以新质生产力为主导的新阶段[4]。加快形成新质生产力需要解放思想、全面深化改革，形成与新质生产力发展相适应的新型生产关系，在处理好有为政府和有效市场关系的基础上，从"激发市场活力与创造力"向"解放和发展社会生产力、释放和增强社会活力"跃升[5]。

17.2.2 对新质生产力的内涵与外延进行辨析

黄汉权[6]认为，应警惕关于新质生产力的三个认知"误区"。第一个误区，以为发展新质生产力就是发展战略性新兴产业和未来产业，没传统产业什么事。第二个误区，以为发展新质生产力只能在科技创新集中的地区推动，实际上，经济欠发达地区也有比较优势，可以因地制宜根据产业禀赋有针对性地发

---

[1] 杜传忠，疏爽，李泽浩.新质生产力促进经济高质量发展的机制分析与实现路径[J].经济纵横，2023（12）：20-28.

[2] 李政，廖晓东.发展"新质生产力"的理论、历史和现实"三重"逻辑[J].政治经济学评论，2023，14（6）：146-159.

[3] 袁野，等.创新联合体赋能新质生产力的理论机制与实践路径研究[J].科技进步与对策，2024（20）：32-44.

[4] 洪银兴.新质生产力及其培育和发展[J].经济学动态，2024（1）：3-11.

[5] 陈劲，李根祎.加快形成新质生产力背景下国家创新体系重塑与发展举措[J].创新科技，2024（5）：1-9.

[6] 黄汉权.发展新质生产力要避免认知误区[EB/OL].（2024-06-24）.http://www.news.cn/fortune/20240624/ba172ed2398b4216b46289e8d52f58c6/c.html.

展新质生产力。第三个误区，以为发展新质生产力依靠科技创新就能进行，实际上也要重视管理和制度创新，要通过进一步全面深化改革推进管理和制度创新，推动新质生产力发展。也有学者[①]认为，需要厘清关于发展新质生产力认识和实践中的误区。一要谨防瞄准生产力"单打一"，忽视新型生产关系。事实上，发展好新质生产力需要与之相适应的生产关系，即能够促进颠覆性技术和前沿技术的突破以及促进其转化为现实生产力的一系列体制机制。二要谨防"唯技术论"，忽视科技创新与产业创新深度融合。不能把发展新质生产力简单等同于新发明和新技术，要注重科技创新成果的产业化。三要谨防片面追求"新"，忽视甚至放弃传统产业。四要谨防"闭门造车"，忽视国际交流合作。

17.2.3 对因地制宜的深层含义和新质生产力发展路径进行探究

有学者[②]认为，从现代化产业体系看，通过科技创新助力新兴产业和未来产业培育是新质生产力的发展路径；从区域发展战略看，要依托区域重大战略和区域协调发展战略，充分发挥城市群等集聚区优势，因地制宜打造新质生产力的引领区。有学者[③]把新质生产力的理论内涵归纳如下：原创性、颠覆性科技创新的催化孕育产业发展新动能；产业链的优化升级形成新质生产力发展的内在韧性；产业集群的规模效应释放区域经济高质量发展的内在活力；现代化产业体系的建设发展构筑我国整体发展竞争新优势。也有学者[④]指出，因地制宜中的"地"是各地千差万别的实际情况，即差异、特殊，包括以时间为主导的发展阶段不同、以产业为主导的发展原则不同、以地理区位为主导的发展方式不同。还有学者[⑤]认为，因地制宜发展新质生产力既要系统思维，又要有针对性；既要突破发展瓶颈，又要带动整体发展；既要重视技术创新，又要重视

---

① 陈光俊.谨防发展新质生产力中的几个误区［J］.新华文摘，2024（13）：27-28.
② 贾若祥，王继源，窦红涛.以新质生产力推动区域高质量发展［J］.改革，2024（3）：38-47.
③ 周亚虹.健全因地制宜发展新质生产力的体制机制：学理意蕴与实践指向［J］.新疆财经，2024（5）：14-18.
④ 李传兵.因地制宜发展新质生产力的学理阐释［J］.新疆师范大学学报，2024，46（2）：115-122.
⑤ 黄祖辉.健全因地制宜发展新质生产力的体制机制［J］.中国农村经济，2024（9）：10-14.

体制适配。

总而言之，因地制宜发展新质生产力既要抓住新质生产力的核心要义，又要结合各地客观实际，尊重区域发展规律。无论从现实逻辑、历史逻辑还是理论逻辑看，各地要发挥各自比较优势，探索符合本地实际情况的特色发展路径，才能避免低效、同质的新质生产力潮的出现[①]。

本章认为，当前围绕因地制宜发展新质生产力的研究与学术界关于国家创新体系以及区域创新体系建设方面的研究在理论体系和逻辑框架上基本一致。前者是马克思主义生产力理论的新发展，也是后者在新时代的进一步深化与升华。新质生产力的要素同样包括技术、人才、资金、市场等要素，是知识创新、技术创新、产业创新、体制机制创新等的协同与整合。因地制宜发展新质生产力需要立足地方实际、直面地方问题，以实现汇聚地方力量、激发地方活力的效果。

17.3 因地制宜发展新质生产力的北京实践

北京地区汇集了近百所高校、超千家科研院所，研发投入强度多年保持在6%左右，在全球名列前茅。从科研成果看，被引论文数量、万人发明专利拥有量之高国内无出其右者。从产业转化看，国家高新技术企业、专精特新"小巨人"企业、"独角兽"企业数量均居全国首位[②]。发展新质生产力，北京有底气、有实力、有优势，理当勇争先、走在前、作表率。

党的十八大以来，特别是2014年习近平总书记到北京视察工作并提出首都科技创新中心的城市战略定位以来，北京积极落实国家战略，结合自身区位优势、资源禀赋、文化特色，不断创新体制机制，扎实推进国际科技创新中心建设发展，从创新布局、产业布局、企业布局、空间布局、政策布局上多措并

---

① 叶振宇，郑韬.因地制宜发展新质生产力：基本逻辑与实践路径［J］.齐鲁学刊，2024（5）：125-134.

② 北京市科委、中关村管委会政务新媒体平台"北京国际科技创新中心".北京全方位竞逐新质生产力［EB/OL］.（2024-03-27）.https://news.cctv.com/2024/03/27/ARTIQx9FfXwO3xVgJ7hH7Nl240327.shtml.

举,对因地制宜发展新质生产力的模式和路径进行探索实践。

17.3.1 创新布局上遵循"因地制宜"

基于北京地区科技创新资源高度密集的特点,在统筹做好"原始创新、工程创新、应用创新"三类创新的同时,因地制宜发展新质生产力。

一是强化国家战略科技力量,开展"从0到1"的原始创新。充分发挥北京地区高校和科研院所密集的创新优势,高标准建设和运行在京国家实验室和全国重点实验室。瞄准世界科技前沿布局建设新型研发机构,涌现出新一代量子计算云平台、智能脑机接口等一批重大科技成果。加快建设重大科技基础设施群,依托怀柔综合性国家科学中心,打造重大设施平台。发挥新型举国体制优势,围绕科技探索与技术源头供给,聚焦类脑智能、量子信息、核聚变、前沿新材料、深地深海等重点赛道,组织开展重大科学问题研究和前沿技术研发。依托国家实验室、新型研发机构等平台,吸引集聚高层次人才及创新团队。

二是充分发挥多元应用场景优势,开展"从1到100"的工程创新。北京市科学技术委员会、中关村科技园区管理委员会、北京市发展和改革委员会、北京市教育委员会、北京市经济和信息化局、中共北京市委网络安全和信息化委员会办公室等有关部门制定了北京市创新联合体组建工作指引,支持科技领军企业牵头组建创新联合体,协同推进关键核心技术突破。围绕集成电路、人工智能、高端科学仪器等领域,开展专项攻坚行动,探索"企业出题、政府搭台、揭榜挂帅"的新型科研组织机制,着力解决"卡脖子"技术问题,围绕技术熟化与产品转化加快发展新质生产力。整合优化国家工程研究中心等创新载体,开展重大科技成果的工程熟化,让重大科技成果在不同应用场景中就地转化。

三是充分发挥工业门类齐全的产业基础优势,开展"从100到N"的应用创新,遴选部分技术趋于熟化、工艺相对完善、大规模产业化处于"临门一脚"态势的突破点集中发力,积极打造工业机器人、服务机器人、生物制造、3D打印材料等标志性产品,让更多科技成果真正从实验室走向大市场。新一代量子计算云平台、新一代256核区块链专用加速芯片、全球首枚入轨飞行的液氧甲烷运载火箭等一批重大创新成果不断涌现，创新驱动发展的能力与水平加快提升。

17.3.2 产业布局上体现"因地制宜"

基于北京在以科技创新引领现代化产业体系建设方面的优势，在统筹做好"培育壮大新兴产业、布局建设未来产业、改造提升传统产业"中，因地制宜发展新质生产力。

一是把战略性新兴产业作为主阵地。近十年来，北京工业规模加快向战略性新兴产业、高精尖产业转变。在第一批国家级战略性新兴产业集群中，北京有4家，分别是：北京经济技术开发区集成电路产业集群、北京海淀区人工智能产业集群、北京昌平区生物医药产业集群、北京大兴区生物医药产业集群。印发第三轮医药健康协同创新行动计划，发布加快建设具有全球影响力的人工智能创新策源地、促进通用人工智能创新发展等政策。目前，北京形成了新一代信息技术和科技服务业两个万亿级产业集群，以及人工智能、集成电路、医药健康等8个千亿级产业集群。

二是积极培育和促进未来产业发展。未来产业的布局决定了产业的长期发展方向和转型升级质效，未来产业向新兴产业和高回报行业的转变也仅是时间问题[1]。2023年北京发布了《北京市促进未来产业创新发展实施方案》[2]，聚焦未来信息、未来健康、未来制造、未来能源、未来材料、未来空间6大领域，布局20个新领域新赛道，形成体系化布局、多元化创新、全要素保障、集群化发展的产业特点。北京在未来产业培育中没有采用大水漫灌的办法，而是积极探索未来产业先导区建设，加快构建概念验证中心、小试中试基地、应用场景体系、科创资金体系等，不断优化产业发展生态。聚焦人工智能、医药健康、商业航天、低空经济等未来产业，设立8支政府产业投资基金，鼓励更多社会资本参与其中，加强相关未来产业创新创业培育。例如，为促进人工智能技术

---

[1] 张辉，唐琦.因地制宜发展新质生产力的重要原则研究［J］.教学与研究，2024（9）：16-30.
[2] 北京市科委，中关村管委会政务新媒体平台"北京国际科技创新中心".北京市人民政府办公厅关于印发《北京市促进未来产业创新发展实施方案》的通知［EB/OL］.（2023-09-10）.https：//www.beijing.gov.cn/zhengce/gfxwj/202309/t20230908_3255227.html.

发展，北京通过相关政策，持续保障算力供给；全力推动数据要素开源开放，推动成立国家层面数据集工作组，开展安全合规数据集建设；落实国家首个数据基础制度先行先试，出台北京"数据要素20条"，建设国内首个数据基础制度先行区，打造数据流通与安全治理监管沙盒；围绕政务、金融、医疗、产业升级等领域，建立行业大模型应用推进机制，全力推动大模型在各领域的应用试点。

三是对传统产业改造升级予以足够重视。在新质生产力发展中，传统产业是重要阵地，起到基本盘的作用，忽视传统产业会造成产业断档。北京没有将传统产业视为低端产业，而是根据地区资源禀赋和产业发展基础，积极促进数字技术赋能传统产业的高端化、智能化、绿色化转型。北京在首钢老工业区整体搬迁启动后，又开始探索京西老工业区产业转型发展，正在加快打造国家级产业转型发展示范区，力争成为传统工业区转型发展标杆。

17.3.3 企业布局上秉持"因地制宜"

基于北京地区企业规模分布广泛、企业类型多样的特点，在统筹做好"大企业顶天立地、中小企业铺天盖地、不同企业分类施策"中，因地制宜发展新质生产力。

一是支持央企国企在发展新质生产力中起到关键作用。充分发挥央企在科技创新、产业集群建设方面的重要带动作用，加强与央企在数字领域的创新合作，拓展数字应用场景，提高数据要素配置水平，打造具有全球影响力的数字产业集群。积极探索国有企业研发准备金制度，推动完善国有企业财务管理相关制度，为国有企业加大研发投入提供制度保障。支持央企用好"两区"政策，带动更多外资企业、外资项目落户北京。持续优化营商环境，完善"服务包""服务管家"制度，为在京央企发展提供更多便利。

二是鼓励民营企业创新发展。民营企业是发展新质生产力最具创新活力的生力军，为了更好地发挥其科技创新的核心主体作用，北京发布了《关于实施"三大工程"进一步支持和服务高新技术企业发展的若干措施》，从技术、资本、人才、市场和空间等方面支持创新要素向企业集聚；通过支持金融机构开发专项信贷产品、加强与政府引导基金联动、支持登陆北交所等手段，加强对企的融资服务；通过加强紧缺及关键专业人才引进、畅通企业人才招聘渠道、校企联合培养急需产业人才等举措，强化企业人才服务保障。为了加快培育链主企业、骨干企业、初创企业等，北京还通过打造标杆孵化器，促进形成与北京原始创新能力相匹配、与产业发展密切结合的创业孵化体系。

三是面向不同类型企业进行分类施策。提供分层分类的精准支持，梯次化培育领军企业、独角兽企业、高新技术企业、专精特新企业及创新型中小微企业等。例如，支持小米科技等领军企业组建创新联合体，开展联合攻关，打造自主可控、安全高效的产业链供应链。印发《关于进一步培育和服务独角兽企业的若干措施》，为独角兽企业"量身定制"发展支持方案，鼓励其在原始创新和关键核心技术攻关中承担重大任务。推出"筑基扩容""小升规""规升强"三大工程，精准助力高新技术企业发展。发布《北京市优质中小企业梯度培育管理实施细则》，分创新型中小企业、专精特新中小企业、专精特新"小巨人"企业三个层次，分梯次培育一批在细分行业内技术实力强、产品质量好、服务水平优、市场份额高、品牌影响大、发展前景广的中小企业。

17.3.4　空间布局上展现"因地制宜"

在统筹实现"三城一区主平台、各分园有特色、京津冀挑大梁、全球科创有地位"四大愿景中，因地制宜发展新质生产力。

一是加快推进"三城一区"联动发展。2021年以来，北京市高度重视健全"三城一区"统筹联动和融合发展机制，推出了《"三城一区"联动发展协调会议机制》，"三大科学城"分别与"一区"签订战略合作协议，各单位相应建立工作专班或领导小组，初步建立联动发展机制。加快推动"三城"创新成果向"一区"转化落地，2023年"一区"承接"三城"成果转化项目超过270项[①]。

二是促进"一区多园"高质量发展。深化中关村分园管理体制机制改革，注重"一园一方案"，建立分园议事协调机制。提升"一区多园"发展质量，

---

① 北京市科委，中关村管委会政务新媒体平台"北京国际科技创新中心".砥砺奋进创未来［EB/OL］.（2024-02-09）.https://mp.weixin.qq.com/s/W1uaYAklVhbKv1jMF4Qg7A.

打造特色产业基地。中关村示范区企业对北京的经济增长贡献率在30%以上①，已成为经济高质量发展的重要引擎。

三是推动京津冀协同创新发展。加快推进京津冀协同创新共同体建设，牵头成立京津冀国家高新区联盟，加快建设京津冀国家技术创新中心。落实京津冀三地基础研究合作协议，推动三地科技成果转化和科研数据共享。建立京津冀科技创新协同专题工作组机制，围绕重点产业链和先进制造业集群的产业协同开展工作。2023年北京流向津冀技术合同数6758项、成交额784.7亿元，同比2022年分别增长14.9%、109.8%②。

四是进一步深化国际开放合作。"两区"建设提速升级，向全国复制推广改革创新经验。牵头成立"开放科学国际创新联盟"，建设"一带一路"联合实验室，支持外资研发中心在京落地百余家。高水平举办中关村论坛、国际基础科学大会等，支持办好HICOOL全球创业者峰会、世界机器人大会等活动，打造全球科学家科学思想碰撞的平台。

17.3.5 政策布局上坚持"因地制宜"

在统筹谋划和推进国际科技创新中心建设与中关村世界领先科技园区建设中，不断完善政策支持体系，因地制宜发展新质生产力。

一是北京国际科技创新中心建设的政策支持体系日趋完善。自2020年以来，先后印发实施《北京市促进科技成果转化条例》《北京国际科技创新中心建设条例》《北京市知识产权保护条例》《北京市数字经济促进条例》等重要法规。2023年，科学技术部、北京市人民政府等12家单位联合印发《深入贯彻落实习近平总书记重要批示精神 加快推动北京国际科技创新中心建设的工作方案》。2024年，中央科技委印发《关于新时期进一步加强北京国际科技创新中心建设的实施意见》。在相关国家部委支持下，北京连续8年部署实施1757

---

① 北京市科委，中关村管委会政务新媒体平台"北京国际科技创新中心".北京科技创新这十年先行先试，中关村示范区十年建设硕果累累［EB/OL］.（2022–10–09）.https: //mp.weixin.qq.com/s/ot5ybKBX1WZMRMTYVnD4rA.

② 北京市科委，中关村管委会政务新媒体平台"北京国际科技创新中心".以改革促转化，持续疏通科技成果转化难点堵点［EB/OL］.（2024–02–23）.https: //mp.weixin.qq.com/s/rMOrTwYhnkZKhfr4hgWNw.

项科创中心建设年度重点任务，辐射带动工作全局①。出台"基础研究领先行动方案""关键核心技术攻坚战行动计划"等重大举措。扩大科研项目经费"包干制"试点，实施科研经费使用"负面清单"管理制度，试点开展科研诚信承诺制。

二是中关村世界领先园区建设路径更加清晰。工业和信息化部、科学技术部、北京市人民政府联合印发《中关村世界领先科技园区建设方案（2024—2027年）》，明确总体要求和重点任务，部署实施50项重大任务。中关村先行先试改革措施全面落地，国家和市级相关部门配套出台50余项政策，推出科技成果先使用后付费、基础研究税收试点等一系列突破性措施。设立以研发创新为主要特色的中关村综合保税区。设立50亿元的中关村自主创新专项基金。支持建设中关村科创金融改革试验区。发布实施《在中关村国家自主创新示范区及"三城一区"试点工商登记注册"全城通办"实施方案》，在中关村国家自主创新示范区及"三城一区"范围内试点工商登记注册"全城通办"，建立市域一体化工商登记注册服务体系。

经过十年的砥砺奋进，北京科技创新发展取得重要进展和丰硕成果，突出体现在"5个全球前列"和"6个创新跃升"。"5个全球前列"包括：2017年以来稳居"自然指数—科研城市"榜单的全球首位；高被引科学家数量达到411人次，位居全球创新城市首位；在世界知识产权组织发布的《全球百强科技创新集群》以及自然集团、清华大学发布的《国际科技创新中心指数》中，北京均位居全球第三；近几年来北京的研发经费投入强度一直保持在6%以上，位居全球创新城市前列；在研发经费投入中基础研究经费比重16%左右，接近创新先进国家水平。"6个创新跃升"包括：每万人发明专利拥有量增长4倍多，技术合同成交额、每日新设科技型企业、国高新企业、高技术产业增加值、中关村示范区企业总收入这5个指标都实现了翻番②。

上述成就的取得是北京深入领会党的十八大、十九大、二十大精神，积极落实国家创新驱动发展战略，因地制宜发展新质生产力的生动写照。

---

①② 北京市科委、中关村管委会政务新媒体平台"北京国际科技创新中心".一图读懂：北京国际科技创新中心建设进展与成效［EB/OL］.（2024-09-30）.https://mp.weixin.qq.com/s/U9OyjgxbdqQY3_kzPKgiYQ.

17.4 对北京因地制宜发展新质生产力的进一步思考

新质生产力形成于新的发展实践，并展现出对高质量发展的强劲推动力。为此，北京必须进一步全面深化改革，着力打通束缚新质生产力发展的堵点卡点，让各类先进优质生产要素向发展新质生产力涌流。

17.4.1 进一步提升战略科技力量的协同攻关能力

北京地区拥有4家国家实验室、77家全国重点实验室、为数众多的国家科研机构、高水平研究型大学和科技领军企业。由于中央和地方层级的机构在管理规定上有所差异，科研院所、研究型大学、科技企业等机构在体制归属、科研模式、评价导向等方面各有特点，导致这些机构之间的协作不够顺畅，来自其中的科研团队及科研人员在国家战略科技任务协同攻关过程中存在障碍，围绕同一目标攻坚克难的体系化能力不强。为此，应采取以下促进措施。

一方面要加强战略科技力量之间的协同攻关。发挥国家战略科技力量牵引作用，完善教育科技人才协同创新机制，打造高能级协同创新平台。在中央科技委的领导下，以重大科研任务攻关为导向，在资源配置、人才流动与管理、绩效评价等方面创新体制机制，强化战略科学家在研究团队组建、路线选择、进展评价与奖惩等方面的自主权，形成定位合理、优势互补的国家战略科技力量协同机制，提升科技攻关的体系化布局能力、系统化组织水平。另一方面要加强央地协同创新能力。加强北京市创新平台与国家科技创新体系的衔接，推动北京科技创新活动深度融入国家科技创新体系。完善在京国家战略科技力量服务保障机制，健全支持在京全国重点实验室和北京市重点实验室发展政策机制，构建以国家实验室为引领的央地协同创新体系。鼓励国家级科研机构、大学发挥"国家队"的辐射带动作用，与市属高校院所联合开展产学研协同攻关，带动市属机构科研水平提升。

17.4.2 进一步促进科技创新与产业创新深度融合

目前，北京高精尖产业综合实力与首都高质量发展的要求仍然存在差距。

先进制造业核心竞争力不强，领军企业在国家重大战略需求任务中发挥的作用不足；从科技研发到落地转化的创新闭环尚未完全打通，高精尖产业持续发展动能不足；产业数据赋能与智慧提升的潜能尚待挖掘，新产业新业态倍增发展势能释放不够。为此，一要加快培育具有全球资源整合能力的科技领军企业。强化科技领军企业"出题人""阅卷人"作用，鼓励科技领军企业与高校、科研院所共同承接基础研究项目，促进基础研究成果向领军企业转移。在现有创新联合体的基础上，进一步完善机制，持续支持领军企业联合高校院所、上下游企业等建立创新联合体。二要进一步健全科技成果供需对接机制。加快布局建设一批概念验证中心和中试验证平台，完善首台（套）、首批次、首版次应用政策，加大政府采购自主创新产品力度。健全职务科技成果资产单列管理制度，深化职务科技成果赋权改革。加大科技成果转化人才培养力度，健全技术经理人培养、聘用、使用和激励机制。三要加快中关村科创金融改革试验区建设。建立与科技型企业全生命周期融资需求更相适应的多元化接力式金融服务体系，加强对重大科技任务和科技型中小企业的金融支持，完善长期资本投早、投小、投长期、投硬科技的支持政策。探索建立和完善科技保险政策体系，引导鼓励大企业和社会各界出资设立专项基金，鼓励银行、保险、证券等金融机构参与和支持政产学研合作。四要推动数据资源赋能实体经济。把释放数据价值作为北京减量发展条件下持续增长的新动力，以促进数据合规高效流通使用、赋能实体经济为主线，加快数据资源整合共享及开发利用，推进数据要素市场化配置改革，围绕数据开放流动、应用场景示范、核心技术保障、发展模式创新、安全监管治理等重点，充分激活数据要素潜能，健全数据要素市场体系，探索更多的北京模式、北京方案。

17.4.3 进一步优化区域创新空间布局

从北京科技创新的空间分布来看，中关村一区多园发展水平参差不齐，"三城一区"主平台统筹联动与融合发展水平还需提升，京津冀产业协同发展有待进一步推进，具有全球竞争力的开放创新生态尚未全面形成。为此，一要促进中关村一区多园均衡发展。落实《中关村国家自主创新示范区分园三年提升发展行动方案（2023—2025年）》，持续深化"一园一方案"分园体制机制改革，引导各分园主导产业实现差异化发展。加强分园干部队伍建设，提升平台公司运营服务水平，促进特色产业集群发展，提升园区对科技成果落地承接能力和公共服务配套保障能力。二要促进"三城一区"融合发展。促进人才、技术和资金等创新要素在"三城一区"之间无障碍流动，促进优质资源和创新要素的高效融通。完善"三城一区"科技成果联动转移转化机制，加强"三城一区"协同开展科研攻关、人才合作、设施共享，协同布局优质创新资源。三要探索建设京津冀产业协同发展示范区。立足于服务京津冀协同发展的大局，以北京城市副中心建设为统领，着力打造京津冀区域协同发展示范区，以通州区为先导带动京津冀协同发展。支持科技龙头企业在津冀布局产业链、供应链，形成跨区域产业集群，促进京津冀产业联动发展。统筹推进京津冀运河文化带文旅融合发展，打造京津冀大运河文化旅游示范段。在副中心谋划布局生物医药产业，促进新药研发、医疗器械研发、临床、小规模生产、康复、养老等产业发展，辐射带动京津冀协同发展。四要加快融入全球创新网络，营造具有全球竞争力的开放创新生态。在生命科学、人工智能等优势领域主动发起或参与国际大科学计划、国际联合研究项目。支持设立外资研发中心，鼓励其承担科技研发、国际科技合作、重点应用场景示范等项目。进一步推动大科学装置面向全球开放共享，集聚国际知名科学家和团队资源。

17.4.4 进一步完善区域创新政策体系

在北京市委、北京市科学技术委员会领导下，强化政策、机制、资源等方面的协调与统筹，提升全市科技创新战略规划、政策措施等政策一致性。特别是在企业创新、人才建设、国际合作、创新生态等方面，加强政府支持力度，不断创新支持方式，促进区域创新政策体系的适用性和有效性。

一是持续强化企业创新主体地位。鼓励中小企业和民营企业科技创新，支持企业主动牵头或参与国家科技攻关任务。加强企业主导的产学研深度融合，引导企业与高校、科研机构密切合作，面向产业需求共同凝练科技问题、联合开展科研攻关、协同培养科技人才，推动企业主导的产学研融通创新。

二是全面加强人才队伍建设。集聚培养战略科学家、一流科技领军人才和创新团队，着力培养造就卓越工程师、医师科学家、大国工匠、高技能人才。

完善青年创新人才发现、选拔、培养、激励机制，建立以创新能力、质量、实效、贡献为导向的人才评价体系。根据科技创新发展态势，聚焦人工智能、集成电路、智能制造等关键领域，动态调整优化高校学科和专业设置，大力加强"卡脖子"技术和学科交叉复合型人才培养。打通高校、医院、科研院所和企业人才交流通道。完善海外引进人才支持保障机制，形成具有国际竞争力的人才制度体系。

三是进一步强化国际开放合作。深化国家服务业扩大开放综合示范区和中国（北京）自由贸易试验区建设，以制度创新为核心，主动对接国际高标准经贸规则。完善吸引国际组织和国际活动在京落户政策体系，积极引聚国际高端资源要素。依托国家级创新基地、新型研发机构等创新平台，以"大科学装置+大科学任务"等形式吸引全球顶尖科研人才开展科研工作。推动优质企业对接海外科技创新资源，深化拓展与世界先进创新区域合作。

四是更加注重创新生态营造。完善全方位区域创新服务体系，提高创新服务体系的专业化、国际化水平，支持创业孵化器探索未来产业孵育新范式。持续深化科技领域"放管服"改革，扩大科研人员自主权。探索专家实名推荐的非共识项目筛选机制。弘扬中关村文化，构建鼓励创新、宽容失败的良好氛围，建立符合科技创新和成果转化规律的尽职免责制度。持续优化营商环境。

第18章 新质生产力背景下新型区域创新体系：框架体系与构建路径

——以天津市为例

世界科技的竞争本质上是创新体系的竞争，区域创新体系建设正成为国际、国内一个重要的经济政策工具。党的二十大报告强调，要提升国家创新体系整体效能。习近平总书记指出，各地区要立足自身优势，结合产业发展需求，科学合理布局科技创新。区域创新是支撑国家创新发展的重要基础，区域创新体系则是国家创新体系的基础、组成部分和重要支撑。需要根据不同区域的资源特色、产业基础和科技条件，构建富有地方特色的区域创新体系。

20世纪80年代，国家创新系统思想兴起，区域创新体系随后被提出来，并得到学术界的重视和研究。1987年弗里曼提出国家创新系统的思想[1]，1992年库克提出区域创新系统[2]。国内外诸多学者对区域创新体系的概念、结构、创新能力、创新绩效等进行了阐述，国外以库克、纳尔逊、温特、伦德瓦尔等研究为代表，国内以胡志坚、黄鲁成、柳卸林等观点为代表。近年来，学术界提出的一系列新思想[3]，如转化型创新政策、使命导向的创新政策、整合式创新等，反映了现有区域创新系统的一些局限，同时也为其发展带来了新

---

[1] 弗里曼.技术政策与经济绩效：日本国家创新系统的经验[M].张宇轩,译.南京：东南大学出版社,2008.

[2] COOKE P. Regional Innovation Systems: Competitive Regulation in the New Europe[J].Geoforum, 1992, 23（3）：365-382.

[3] 樊春良,樊天.国家创新系统观的产生与发展：思想演进与政策应用[J].科学学与科学技术管理,2020（5）：89-115.

的方向和思路。

区域创新体系框架需要适应实践界的需求，特别是适应发展新质生产力的新要求。新一轮科技革命和产业变革加速演进、国际科技竞争呈现新态势等，人类面临的一系列可持续发展的重大挑战日益紧迫，对区域创新系统发展提出了新的方向和要求。更具有实践导向的是，新质生产力本质上是一种先进生产力，遵循颠覆性创新→"技术—经济"轨道→"技术—经济"范式的基本演进模式①，因此需要建立新的创新体系框架，尤其是区域创新体系的新框架。

目前，区域创新政策措施的目标和设计仍然是基于传统区域创新系统框架，但传统区域创新系统并不能反映目前创新的新形势和对创新系统的新理解。本章的研究目的是通过纳入新的创新范式，进一步完善现有的区域创新系统框架，以便更加有效地制定创新政策，并以天津市为例进行阐释。

18.1　新质生产力、创新范式变革与区域创新体系新框架

当前，新一轮科技革命和产业变革加速演进，科技创新是发展新质生产力的核心要素，区域创新体系具有新的特征，要求建立"三层六链两通"的新框架，以便更好地理解和解释新"技术—经济"范式的发展，进而对区域创新发展提供借鉴。

18.1.1　基本认识

（1）区域创新体系具有更强的"网络交互性"，要把握好知识与网络的关系，以促进知识的流动与扩散为根本，加强各类创新主体互动。创新体系的核心要义是行为主体在互动中形成和提升创新能力。广义上讲，创新是一个社会化的过程，创新的动态演进基于不同参与者的持续互动，创新体系内多元主体、多种要素和创新环境之间的复杂互动和相互作用，不仅推动了知识和技术的开发、扩散及应用，也形成了为互动机制提供资源和规制的制度安排，决定

---

① 刘冬梅，杨洋，李哲.科技创新作为发展新质生产力的核心要素：理论基础、历史规律与现实路径［J］.中国科技论坛，2024（7）：1-7.

了区域创新绩效。新质生产力本质上是一种先进生产力，蕴含了新的科学技术知识，突出表现为新技术的应用和扩散，这就要求区域创新体系建设针对知识密集型和前沿性科技，促进企业、大学、科研机构、政府等不同类型创新主体形成多元共生关系，使得关联与互动更加紧密频繁，促进知识和信息更加快捷高效创造、扩散、选择和应用。

（2）区域创新体系具有更强的"主体多元性"，把握好企业与其他创新主体的关系，构建以企业为主体的技术创新体系，不断提高企业核心竞争力。企业是创新系统中最重要的创新物种[1]，其中处于'能量流'最高端的"创新掠食者"则是维系整个创新系统的关键物种。新质生产力发展必将涌现出一批新质创新主体[2]，是区域创新体系提升整体效能、实现转型升级的结构支撑节点。因此，区域创新体系一方面要让企业成为畅通区域创新体系网络的枢纽，以科技领军企业和生态型企业等作为产学研深度融合的组织核心，另一方面要培育基于数智赋能的科技创新平台、产教融合体、创新联合体以及"超级个体"，实现跨地域、跨主体的横向分布式协同及纵向跨层级的高效整合。

（3）区域创新体系具有更强的"区域本地性"，把握好区域特色与产业集群的关系，要以推动集群创新为核心。波特认为，产业集群是形成区域创新体系的重要模式[3]。产业集群是形成区域创新体系的核心和基础，不能脱离产业集群谈区域创新体系[4]。加快形成新质生产力，要重点培育战略性新兴产业以及未来产业，区域创新体系建设需要实施有利于集群发展的政策，抓住新一轮产业变革的历史机遇，建立企业竞争前的共性技术研发和服务平台，培育学习与合作竞争的集群文化，大力推动多层次、各具特色的产业集群和创新集群发展。

（4）区域创新体系具有更强的"制度变革性"，把握好创新制度与创新能力的关系，要促进能力体系和制度体系的协同发展。区域创新体系是以区域为

---

[1] 李万，常静，王敏杰，等.创新3.0与创新生态系统[J].科学学研究，2014，32（12）：1761-1770.

[2] 陈劲，李根祎.加快形成新质生产力背景下国家创新体系重塑与发展举措[J].创新科技，2024，24（5）：1-9.

[3] 波特.国家竞争优势[M].李明轩，邱如美，译.北京：中信出版社，2012.

[4] 巨文忠，张淑慧，赵成伟.国家创新体系与区域创新体系的区别与联系[J].科技中国，2022（3）：1-4.

主体的经济活动实践的产物，随着科技的发展，各种新的组织、制度、交互方式不断出现，体系内各组成部分之间的关系不断发生变化。硅谷、新竹、中关村等区域都是在抓住新技术革命和产业革命机遇的同时发展出新组织和新制度，区域创新系统与"技术—经济"范式的匹配是其领先于同时代其他区域的根本原因。因此，要实现区域创新体系的有效转型，就必须保持技术与制度的协同演进，营造公平开放的制度环境。

（5）区域创新体系具有更强的"体系重塑性"，把握好顶层设计与自组织演化的关系，要在动态演进中实现全面转型。区域创新体系具有动态自演化趋势，区域创新体系中各主体、要素受到多种因素的影响，除了自身能力的变化，相互作用关系也呈现动态演进的特征。新质生产力由技术革命性突破、生产要素创新性配置、产业深度转型升级而催生，新质生产力的形成与发展是从"技术点"到"产业面"再到整个"经济—社会"体系的重大变革。因此，区域创新体系需要发展出新的、更有效的"知识—技能"互动模式，聚焦主导技术与关键要素的体系化能力建设，提升教育、科技、人才的三位一体能力，实现区域创新体系重塑。

（6）区域创新体系具有更强的"战略使命性"，把握好政府、市场与社会的关系，充分发挥区域政府作用，通过政府行为进行引导和调控。战略价值导向是区域创新体系建设的出发点和前提，现代科技创新早已摆脱了长期以来科技的自然演进状态，国家、区域竞争以及人类发展需求赋予科技创新更多的使命，区域创新体系建设以实现科技创新战略目标为导向。区域创新体系为政府制定创新战略提供了一个启发性的分析框架和政策工具，政府既要通过投入大量资源、制定实施创新政策推动知识和技术的生产、扩散和转化，保证区域创新体系的效率和平衡[①]，又要通过组织动员和调整资源配置，设计新的体制机制和政策工具，塑造"体系化"能力应对战略性挑战。当前国家间的科技竞争（特别是中美科技竞争）日益激烈，因此区域创新体系要以高水平科技自立自强作为使命驱动，打造使命导向型创新组织，集中力量开展关键核心技术攻关，

---

① 贺德方，等.国家创新体系的发展演进分析与若干思考[J].中国科学院院刊，2023，38（2）：241-254.

提升产业链自主可控水平。

18.1.2 主要特征

目前世界经济进入第五次长波的下行阶段,新一轮科技革命和产业变革加速演进,"技术—经济"范式开始发生重大转变,也推动了创新范式变革,出现了颠覆性创新、场景驱动创新、使命导向型创新等诸多新范式。新的创新范式进一步加速技术突破,推动创新活动组织形态和政府创新政策发生重要变化,创新体系从工程化、机械型走向生态化、网络化、协同化、数字化、融合化(见表18-1)。

表18-1 区域创新体系的演化过程

特征	区域创新体系	新型区域创新体系
战略导向	发展导向	战略导向、发展导向、安全导向
创新主体	大学、企业、科研机构、政府、中介等	大学、企业、科研机构、政府、中介等以及生态型机构、社会组织、数字科创平台等
组织边界	产学研协同	政产学研金介用"共生"
创新资源	资金、人才、基础设施等	资金、人才、基础设施等以及数据等要素
运行机制	市场机制、政府干预共同作用	市场、政府以及社会等多元共治
驱动力	技术赶超、经济增长	科技竞争、经济社会可持续发展以及特定挑战
体系结构	相对松散,创新主体间彼此独立、分散化	创新主体多元、创新互动频繁,呈网络化、生态化、平台化
开放性	区域化	区域化、跨区域化与全球化
功能	解决市场失灵	解决市场失灵、系统失灵、演进失灵

(1)场景驱动创新范式。场景驱动创新以场景为载体,以使命或战略为引领,驱动技术、市场等创新要素有机协同整合与多元化应用[①]。目前,科学技术部等部门联合印发了《关于加快场景创新以人工智能高水平应用促进经济高质量发展的指导意见》,上海、北京、合肥、成都等市先后启动了场景计划。场景驱动创新范式根植于市场需求,从强调供给侧政策转向综合推进需求侧、供给侧和环境面政策的协同运用。同时,应用场景建设往往投资大、外部性强,

---

① 尹西明,等.场景驱动的创新:内涵特征、理论逻辑与实践进路[J].科技进步与对策,2022,39(15):1-10.

一般企业无力或者不愿意承担,而政府掌握规模庞大的场景资源,如美国政府在半导体产业的发展中起了关键作用。因此,要求区域创新体系具有更强的主动性,在一些重要的创新领域建立新的战略领导机制,以重大使命为牵引,将应用场景作为一种新型政策工具,形成基于各地实际的战略性新兴市场,推动多主体围绕场景从松散耦合转向紧密耦合,构建共生共创共赢的创新生态系统。

(2)颠覆性创新范式。颠覆性技术创新是"可改变游戏规则"的创新技术,发展新型技术发展模式,具有另辟蹊径改变技术轨道的演化曲线和颠覆现况的变革性效果。当前及未来一段时期,大量颠覆性技术和破坏性创新将在这一阶段孕育发展,如生成式人工智能、量子计算与通信、核聚变、商业航天、生物制造等都在迅速发展,呈现出群体性突破局面。在颠覆性创新演化过程中存在高不确定性和高失败率的问题,政府难以判断技术的发展趋势,难以准确选择应该支持的产业化技术,同时颠覆性技术往往会突破既有法律法规的边界,因此,要求区域创新体系具有更强的多样性,能够制定更加开放灵活的政策,促进技术来源多样性,同时适时推进产业创新政策转型,并根据需要制定新政策新规范。

(3)开放式创新范式。开放式创新打破了传统封闭式创新模式的外围约束,关注企业内外部知识交互,强调开放组织边界,引入外部创新力量。政府、企业、高校和科研院所、科技中介机构、市场用户等在内的广泛创新主体以攻坚重大科技项目、实现知识增值为目标,构建大跨度整合式创新组织,由此衍生出研究联合体、有组织科研、高能级创新联合体、战略联盟、开放创新平台等创新模式。当前,科技创新活动复杂性显著增加,要求区域创新体系具有更强的开放性和协同性,由企业"闭门造车"的个体行为转变为企业牵头、多主体群智共创的群体性集成性行为,发挥创新共同体、产业共同体等在区域创新体系中的组织化作用,构建新的区域创新共治组织形式。

(4)数字科技创新范式。数字创新范式是创新主体利用数字技术和发挥数据资源的赋能效应,并基于价值共识形成彼此依存、共生发展的生态网络,以实现资源互补和开放创新。在数字时代,多元化创新主体能够实现任意数据节点间交互、复杂关系挖掘以及颗粒化场景洞察,数字技术的连通性为组织的跨边界融合提供条件,基于数智赋能的创新平台成为重要主体,推动了数字创新生态系统的涌现，使组织形态发生了边界模糊、组织开放的新变化[①]，也促进了创新生态系统内原有生产要素的优化重组，同时数据这一新的生产要素会增加生产要素新组合、产生新的生产函数。例如，华为、海尔、腾讯等众多中国数字企业纷纷构建服务于自身发展的数字创新生态系统，并将其视为增强竞争优势和提升创新产出的重大战略。因此，要求区域创新体系更加强化数字化和平台化，发挥大型平台型科技企业在创新体系中的主导作用，推动创新资源集聚共享，促进跨时域、跨地域、跨领域创新。

（5）使命导向型创新范式。使命导向型创新是为动员科学、技术和创新而设计的系列政策和监管措施，以在规定的时间范围内解决与社会挑战相关的明确目标。欧盟委员会的研究报告《使命导向研究与创新方案清单》发现，有32个国家正在实施以使命为导向的研究与创新方案。因此，区域创新体系要具有更强的战略性和引领性，重塑战略科技力量和公共研发机构在发展关键技术和新技术方面的重要作用，以使命为导向促进区域创新体系改革。

（6）全链条创新范式。全链条科技创新的过程很长，要完成从科学研究到市场推广的全过程，需要适应从科研文化向市场标准的转变。全链条创新涉及科研与产业，需要研究机构和企业参与，往往还需要政府参与和引导，其目标是形成自主核心技术、技术标准体系，乃至形成新兴产业体系[②]。就现阶段而言，由于全链条科技创新壁垒高、风险大、周期长，尤其涉及前期的基础研究和应用基础研究，因此，要求区域创新体系具有更强的衔接性和贯通性，发挥枢纽型平台和引领性研究机构的重要作用，抓住新兴技术发展为全链条产业创新带来的新机遇，促进企业在新的价值链上重构，深化多元主体联系网络，实现自主技术全链条创新和产业体系化升级。

（7）生态型创新范式。创新生态范式是指一个区间内各种创新群落之间及与创新环境之间通过物质流、能量流、信息流的联结传导，形成共生竞合、动态演化的开放、复杂系统。美国科学院发布《崛起的挑战：美国应对全球经济

---

① 江小涓，宫建霞，李秋甫.数据、数据关系与数字时代的创新范式［J］.中国社会科学，2024（9）：185-203.

② 文亚，王文军，朱春丽，等.全链条科技创新周期初探——以中国科学院物理研究所碳化硅研究为例［J］.中国科学院院刊，2020，35（6）：771-778.

的创新政策》以及《国家与区域创新系统的最佳实践：在 21 世纪的竞争》报告，提出构筑国家竞争力应将创新政策聚焦于创新生态系统。目前，创新资源要素流动加速向创新生态优势区域集聚，如美国硅谷、以色列特拉维夫以及北京中关村、深圳高新区等创新区域。因此，要求区域创新体系更加生态化，构建以市场机制为基础的创新激励环境，加强多元化创新物种培育、促进更多的创新型企业成长。

（8）融合会聚创新范式。融合会聚创新是基于多学科融合来解决重大问题的科研新范式，不同学科和技术领域的交叉和融合会聚带来新的学科和研究领域，以及新的科学突破方向，塑造了全新的研究思路和发展模式，被认为是人类解决重大经济社会问题的新机遇，如工程学、物质科学与生命科学的知识汇聚使生物医学正在经历第三次革命。麻省理工学院的报告指出，会聚是一种新的范式，可以在更广泛领域产生重大进展，从卫生保健到能源、食品、气候和水等[①]。因此，要求区域创新体系具有更强的融合性，更加聚焦国家和区域战略需求和全球重大挑战问题，致力于培养汇聚知识融会贯通的拔尖创新人才，围绕会聚型领域探索教育、科技、人才一体化推进的新模式，为塑造领域性创新优势提供更有效的路径。

（9）深度科技创新范式。面向新兴产业与未来产业的形成具有很强的深度技术创新创业特征，突出表现为高风险和资本密集性，需要更加耐心地长期融资，破解融资方面存在的重大市场失灵。当前，深度科技创新呈现发展新趋势：深度科技领域突破难度加大且更多偏向于技术科学和技性科学领域的突破，高能级、复合化的创新主体成为深度科技创新的关键力量，深度科技创新更加依赖于创新创业投资，深度科技商业化对技术知识基础、创新创业工具和平台的依赖度更高[②]。因此，要求区域创新体系具有长期性和可持续性，加大未来计算、新型能源等深度科学领域支持，促进深度孵化体系建设，深度服务科学家创造、创业家创业、企业家创新、投资家创投联动。

（10）人工智能驱动型范式。智能化科研（AI for Science）成为新的科研范

---

① 刘娜，毛荐其，余光胜. 技术会聚研究探析与展望 [J]. 科研管理，2017，38（12）：20-28.
② 李春成. 基于前沿科技的新质生产力发展路径探析：以深度科技创新为视角 [J]. 创新科技，2024，24（6）：11-19.

式①，为新质生产力的发展注入新动能，人工智能在数学、物理学、化学、生物学、材料学、医学等科学和技术领域的研究中得到广泛应用，并取得重大成果，2019年英国皇家学会发布《科学研究中的人工智能革命》，2023年美国发布《国家人工智能研发战略计划》提出，"推进以数据为中心的知识发现方法"是优先发展事项之一，2023年3月我国启动"人工智能驱动的科学研究"专项部署。因此，要求区域创新体系具有更强的非线性、平台化和分布式等智能化特征，必须把数据基础设施、公共算力平台等基础设施建设放在重要位置，同时大力培养多学科交叉复合型人才，加强科研数据开放共享，推动传统研究模式向"平台模式"转变。

18.1.3 体系架构

在区域创新体系理论发展和客观实践演进的基础上，结合对科技创新发展新范式的认识和新质生产力的新要求，初步设计区域创新体系"三层六链两圈"的架构，整体上表现为多元主体交互、基础设施支撑、开放创新融合、系统高效链接的结构特征（见图18-1）。

18.1.3.1 创新主体要素

创新主体是区域创新体系的关键内核，创新主体、要素相互交织，构成多维度、立体化的区域创新网络，创新主体数量密集度、融合度和多样化是区域创新体系内部合作创新的关键。创新主体是指与知识的生产、扩散、应用有关的机构，包含科研机构、高校、企业、科技服务机构等多元力量主体，值得关注的是，更多新型科技创新组织进入系统，如平台型科技企业、高成长性企业等企业主体，新型研发机构、中试基地等功能平台主体，新型交叉学科等科教主体。要素维度包含人力资源、资金投入、条件资源等多种要素资源，为知识的生产、扩散、应用提供支撑，而数据要素成为提升创新需求适配度和主体协同效能所需的生产要素②。

---

① 王飞跃，缪青海.人工智能驱动的科学研究新范式：从AI4S到智能科学[J].中国科学院院刊，2023，38（4）：536-540.

② 陈劲，尹西明，陈泰伦，等.有组织创新：全面提升国家创新体系整体效能的战略与进路[J].中国软科学，2024（3）：1-14.

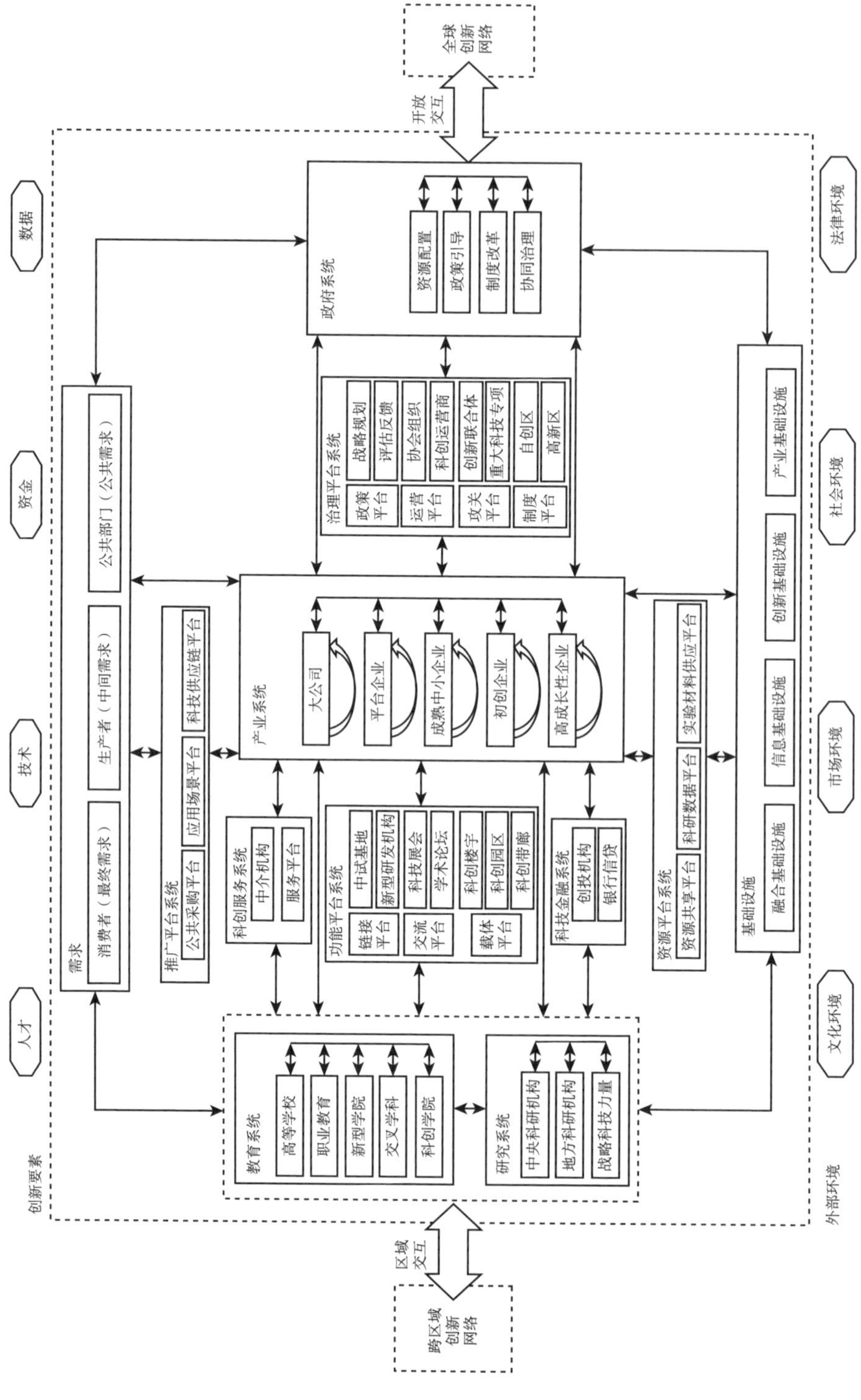

图 18-1 区域创新体系框架结构示意图

18.1.3.2 基础设施与环境支撑要素

良好的科技基础设施和创新环境是推动区域创新的核心资源。底层的基础设施和环境支撑代表创新体系的基础条件和制度保障，强调支撑创新主体发挥功能作用所需的良好生态。环境要素包括公平竞争的市场环境、有效的知识产权保护制度、有利于创新的社会环境和文化环境等，主要依托区域创新政策体系建设，形成涵盖创新各方面的系统政策工具箱。应构建相配套的新型科技基础设施体系，包括以大科学装置为代表的科技创新基础设施，以超算中心、数据中心、产业数据平台为代表的数据基础设施，以公有云、智慧网络、工业互联网平台为代表的信息基础设施等。

18.1.3.3 创新协同开放要素

区域创新体系只有通过与外界生态进行物质和能量交换[①]，才能够维持生态系统长期发展。高水平的开放式协同创新体系是一种边界更加开放、更加模糊的交互网络，区域创新体系之间存在多层次开放互动的空间，各要素可以穿透其体系边界进行互动[②]。创新协同开放圈代表区域创新体系的内外融通，意味着在从全球到地方所有尺度上建立多尺度链接。一是更高水平的全球性科技开放，包括要素开放和制度开放，通过加强对外科技开放合作，实现创新资源和能力的互联互通。二是强化区域协同，积极参与区域创新治理，构建跨区域创新体系，在提升自身创新能力的同时推动各方实现互利共赢。

18.1.3.4 系统链接要素

稠密的创新社会网络是知识扩散和学习的关键，区域内创新主体之间的密切合作能促进区域创新交易费用、边际社会成本减少，加速知识和技术的流动，强化技术创新的动力，增加衍生企业的能力和机会。从更普遍意义上来说，通过某种技术手段或设施，使不同地域、不同主体、不同要素之间互联互通，从而实现更高效率的资源配置[③]。目前协作型协调创新主义成为重要导向，即政府发挥能促型作用，尤其是助推各种协会性、联盟性、互动性组织，在创

---

① 吴金希.创新生态体系的内涵、特征及其政策含义［J］.科学学研究，2014，32（1）：44-51，91.
② 刘建丽.新型区域创新体系：概念廓清与政策含义［J］.经济管理，2014，36（4）：32-40.
③ 江小涓.高度联通社会中的资源重组与服务业增长［J］.经济研究，2017，52（3）：4-17.

新网络的建设上扮演积极的角色[①]，矫正单靠市场治理和社群治理不能完全克服的协调失灵。一个连贯的创新体系必然包括一系列协调性的网络状关系。因此，构建区域创新体系仅培养具有核心竞争力的创新主体显然不够，关键是能否在各创新主体之间搭建起便利、快捷、畅通的创新网络，通过创新平台的网络效应引入指数级变化，使其价值与所引入的资源数量呈非线性关系变化，让创新要素能顺畅地进行聚合、流动、匹配、重组。

系统链接要素代表区域创新体系的内部链接、网络构建、自我反馈和主动调节，本章构建的区域创新体系"六重链接机制"包括服务链接、平台链接、金融链接、制度链接、应用链接、条件链接，建立各类创新链接平台，建立连接通道，使各类创新主体都能参与到区域创新体系的建设之中，以动态调整、螺旋上升的方式推动体系的高效运作和迭代升级。服务链接机制，通过科技服务体系，降低创新交易成本、组织成本，构建市场与政府之间以及各类创新主体之间相互促进的通道。平台链接机制，功能型平台组织是新质生产力背景下区域创新体系的重要链接载体，创新功能平台通过建立开放、共享、协同的服务机制和联通机制，打破传统组织的时空界限，建立"产业技术公地"，构建科技创新和产业创新深度融合的通道和"死亡之谷"之上的"创新桥梁"。金融链接机制，通过科技金融体系，促进不同创新主体间的深化和创新全链条衔接，构建科技资源与金融资源有效对接、创新链与资本链的有机结合通道。制度链接机制，通过治理平台体系，促进不同创新主体的治理合作，形成多元参与、协同高效的区域创新治理格局，构建有效市场、有为政府和有机社会的链接通道。应用链接机制，通过创新应用推广平台，主动创建新兴产业市场，构建科技创新与科技应用的通道。条件链接机制，通过科技资源共享平台，构建科技基础设施与创新主体的通道，为创新体系各个创新主体赋能。

链接机制实现需要服务体系和功能平台支撑，系统链接要素包括6个体系。

（1）科技服务体系，科技创新服务机构是提供研发设计、创业孵化、技术交易、知识产权、科技咨询等专业化服务的科技创新支持系统，包括研究开发机构、技术转移机构、创业孵化机构等中介机构，要建立社会化、专业化、网

---

① 佩蕾丝.技术革命与金融资本：泡沫与黄金时代的动力学[M].田方萌，译.北京：人民大学出版社，2007.

络化、信息化和智能化的创新创业服务体系，培育深度孵化器等新型创新服务组织，探索互联、物联、智能技术驱动下整体性、一站式科技服务平台模式。

（2）科技金融体系，是促进科技创新发展的一系列金融工具、金融制度、金融政策与金融服务的系统性与创新性安排，包括银行业务、证券交易、保险服务、风险投资、抵押贷款、信用担保等多元化的金融服务，构建并实现"科技—产业—金融"体系下的融合创新发展。从历史经验看，科技金融在工业革命和大国崛起中发挥了关键作用，佩蕾丝描述了技术创新与金融资本的基本范式，每次技术革命的成功都必然有金融创新的伴生[①]，所以在区域创新体系新框架中，本章将科技金融体系从科技服务体系之中独立出来，未来需要更高能级的耐心资本、长期资本、天使资本、产业资本等科技金融，形成拥有超前意识、长期思维、专业知识的科创投资者群体。

（3）功能创新平台体系，以提供产业共性技术研发与转化服务为主要功能，以培育和孵化创新企业、构建产业创新生态为目标的非营利新型研发机构，发挥科技功能性平台专业性与灵活性兼具的特点，实现创新要素的有效汇集和资源的优化配置，包括中试基地、新型研发机构等连接平台，学术论坛、科技会展、创新沙龙等交流平台以及科创园区、科创走廊等创新空间平台。

（4）创新治理平台，新型区域创新体系由政府、市场与社会行动者组成，实现市场机制、社群机制和行政机制三者的相互协同，为此区域科技治理体系由战略治理平台、制度治理平台、攻关治理平台等构成，通过流程再造构建整合型的管理系统与管理流程，不断孕育新的适应环境变化的政策措施，加强区域创新体系的预见能力、适应能力和反馈能力，推进区域创新治理体系和治理能力现代化。

（5）科技资源链接平台，科技基础设施是科技创新必不可少的重要物质基础，具有准公共物品属性，其开放共享在区域创新体系中扮演着关键角色，通过建设科技资源条件平台、科技数据共享平台等资源共享平台，提高科技设施使用效率，促进科技高质量产出。

（6）科技创新应用推广平台，用户创新已经成为一个具有高度经济和社会

---

① 顾昕.治理嵌入性与创新政策的多样性：国家—市场—社会关系的再认识[J].公共行政评论，2017，10（6）：6-32，209.

重要性的重大创新模式，用户群体在区域创新体系中发挥着重要作用。同时，应用场景创新能够极大提升创新效率和效能，区域创新体系框架需要将其作为重要参与者。为此，需要针对领先用户等消费者、生产者以及公共部门，搭建场景促进平台、科技供应链平台以及创新产品公共采购平台等，加快新兴技术和创新产品的更新迭代和推广应用，构建技术、需求、场景的良性循环。

"三层六链两通"的区域创新体系整体架构描述总体反映了创新体系内部不同主体、要素的相互作用，区域创新与经济社会发展环境的关系，以及与其他区域协同和全球创新网络的关系。其中，地方政府作为区域创新体系的规划设计者、建设引导者和环境培育者，发挥着战略规划、治理协同、资源配置、政策引导、制度改革等重要作用。

18.2 战略选择与建设路径

完善区域创新体系一直是科技创新战略与政策的重要内容和科技体制机制改革的重点，过去 20 年，区域创新体系取得了长足发展，但也面临着转型挑战，天津市就是其中一个典型代表。

天津市是中国四个直辖市之一，科教资源丰富，全市共有 56 所大学，"双一流"数量居全国第 8 位，中央驻津院所 62 家，取得二氧化碳人工合成淀粉等一批标志性成果，高标准建设天开高教科创园取得显著进展，大型地震模拟设施等重大科技基础设施建设实现突破，获批 17 家全国重点实验室。天津列"自然指数—科研城市"全球第 18 位，全社会研发投入强度居全国第 3 位，综合科技创新水平指数居全国第一梯队，初步形成了具有区域特色的区域创新体系。但是，相对于发展新质生产力和高水平科技自立自强要求，一定程度上存在分散重复、封闭低效的问题，创新主体单打独斗、各自为战的情况依然存在，导致投入产出较低，科技创新效率不高，迫切需要解决"市场失灵""系统失灵"和"转型失灵"等挑战。

面向天津市科技强市战略定位和具有重要影响力的产业创新中心的功能定位，天津市的区域创新体系应更加突出战略性、整体性、协调性、开放性，推动创新主体实现跨部门、跨区域、跨层次联动交互，进一步优化创新体系结构功能，实现区域创新体系由低组织性、分散化、封闭性、低能级、独立化向强组织性、网络化、开放式、高能级、融合化转型，促进各类创新主体紧密合作、创新要素有序流动、创新生态持续优化，提升体系化能力和重点突破能力，增强创新体系整体效能。

18.2.1 战略选择

科技创新必须服务于综合发展目标，紧扣区域宏观发展战略与规划，形成与中长期综合发展目标相适应的科技发展战略[①]。天津建设科技强市是科技强国战略下的必然选择和战略使命，通过建设新型区域创新体系，努力把天津建成具有重要影响力、以产业科技创新为特色的科技强市和产业创新中心，成为科技强国建设的重要支撑。

18.2.1.1 区域创新体系的发展愿景与战略定位

从天津发展愿景角度来看，天津科技应定位为"国内领先的创新型城市"。未来经济发展将由要素驱动、效率驱动转向创新驱动，天津人均GDP接近2万美元，已进入后工业化阶段，环境容量制约加强，要素成本增加，传统发展动能减弱，创新必须成为第一发展动力，创新创业型经济成为主要经济形态，成为国内领先的创新型城市是必然选择，天津要构建新型区域创新体系，实现经济结构向中高端转型。

从京津冀协同发展战略角度来看，天津科技应定位为"京津冀协同创新的核心引擎"，联合打造京津冀自主创新重要源头和原始创新主要策源地。根据国际经验，科技创新中心包括科学中心和产业创新中心，是一个大区域概念，不可能由一个城市承担，如硅谷圣何塞—旧金山、东京—横滨、马萨诸塞州波士顿—剑桥等。硅谷周边有奥克兰和旧金山等城市群，东部128公路周边有波士顿、纽约和费城等大都市为支撑。京津冀应建立"多中心、网络化"的跨区域创新体系，天津建设成为"京津冀协同创新的核心动力单元"，共同形成"京

---

① 王溯，任真，胡智慧.科技发展战略视角下的日本国家创新体系[J].中国科技论坛，2021（4）：180–188.

津雄创新金三角"新格局。

从国家战略角度来看，天津科技应定位为建成"具有国际影响力的产业创新中心"。习近平总书记在天津考察时提出"要坚持科技创新和产业创新一起抓"。要按照国家对天津的定位，加快建设"先进制造研发基地"，发挥制造业优势，构建产业科技创新体系，率先建设产业创新中心带动的现代产业体系，使高新产业和新兴产业成为主导产业，在未来的科技革命和产业变革中占据一席之地，努力在重点领域实现由"跟跑者"向"并跑者""领跑者"的转变。

从创新全球化角度来看，建设具有全球竞争力的开放创新生态，天津科技应定位为"国际性的创新节点"。集聚全球创新要素对于创新中心建设具有重要作用，开放是天津的一大优势，也是天津的一个定位，作为国内跨国公司地区总部和功能性机构最多的城市之一，进一步加快落实改革开放先行区定位功能，充分发挥自创区、自贸区优势，实行开放创新战略，集聚全球高端人才、知识、技术、资本等各类创新要素，成为全球创新网络的重要节点和新一轮科技革命和产业变革的重要参与者和贡献者。

18.2.1.2　区域创新体系的构建策略

推动天津科技创新体系实现"制度型创新、体系化创新、原始性创新、产业型创新和协同性创新"，进而实现战略性、引领式发展，努力实现区域创新体系的"五个转变"。

（1）坚持改革引领，实施"教—科—人"体制重构战略，推动制度型创新，向现代科技创新治理体系和创新制度转变。要从管理思维向治理思维转变，更加重视教育、科技、人才一体化体制机制建设，谋划建设滨海新区等科创改革先行区，提出一批可复制、可推广的"天津经验"，有效激发创新活力和动力。

（2）坚持龙头带动，实施区域创新体系重塑战略，推动体系型创新，推动天津区域创新体系"再组织化"，强化单元创新能力向强化系统创新能力并重转变，打造"天津特色"的创新体系，突出不同主体间的有机联系和共生共荣，搭建"技术桥"，有效增强创新体系的系统能力，强化政产学研金介用以及大中小企业的融通，培育"创新友好"的市场环境、政策环境、服务环境、文化环境。

（3）坚持原创驱动，实施"非对称"赶超战略，推动原始型创新，向更加注重原始性创新转变。国际经验表明，人均GDP超过1万美元之后，后发国家和地区将步入从以模仿创新为主到以原始创新为主的战略性转变阶段。聚焦天津有基础、有优势、有资源的重点领域，坚持应用开发和知识创新并重，打造一批战略科技力量，有效增强科技高质量供给能力，成为科技革命和产业变革的重要参与者。

（4）坚持开放协同，实施区域协同创新战略，推动协同型创新，把北京的科技创新和天津的产业创新更好地结合起来，对内协同与对外开放相结合，推动科技合作由政府为主向政府与市场共同推动转变，由浅层次合作向深层次合作转变，向深度利用国内外科技资源转变，有效服务于战略需求。

（5）坚持产业导向，实施产业创新枢纽重组战略，推动产业型创新，建设产业科技创新平台体系，向加强科技创新和产业创新深度融合转变，突出构建以先进制造业为骨干的现代化产业体系这个重点，有效增强产业创新能力，贯通研发、原型、小试中试、市场、产业化等全过程产业体系，"串珠成链"，推动原创性成果转化为原创性产业，培育"合成生物谷"等引领型产业创新中心，发展新质生产力。

18.2.2 提升"六连接度"的区域创新体系构建路径

天津区域创新体系部署要聚焦"六连接度"，搭建区域创新体系的链接网络，建设更具有区域特色、更具有紧密网络的区域创新体系。

18.2.2.1 提升科技创新和产业创新"连接度"，建设新型科创平台

核心机构对于整个区域创新体系的发展起到关键作用，担当平台建设者和体系主导者的角色。通过功能枢纽性创新平台的搭建，建设"创新公地"[①]，构建核心机构带动、平台机构链接的创新体系，突出"大协同、大贯通"。

（1）建立"技术桥"，贯通知识创新和技术创新。一是积极探索建立"总枢纽"式天津产业技术研究总院，定位为面向先进制造业、面向前瞻性应用技术的非营利性科技研究与服务机构，形成"1+N"产研院格局，建设新时期天

---

① 陈劲，李佳雪.创新公地：后熊彼特创新范式的新探索［J］.科学学与科学技术管理，2022，43（8）：3-18.

津市产业技术创新体系。二是建设"旗舰型"新型研发机构。建设一批集"研发、转化、孵化、服务、产业、资本"等于一体的"旗舰型"新型研发机构，成为高校院所和企业之间的"技术之桥"。三是建设中试基地集聚区。在生物医药、绿色石化等产业集群建设开放共享的中试基地，破解"死亡之谷"难题。四是建设新型人才培养平台。建立交叉研究中心等新型平台，推动人才跨学科跨单位跨领域协同，以任务导向配置"固定+流动"的人才体系网络，大力开展"有组织科研"，实现教育科技人才良性循环。

（2）建设创新交流平台，提升创新创业活跃度。创新社区带来更高频、更开放、更舒适的交流沟通，利用公共空间举办创业路演、学术交流活动、展览展示、创新论坛等，形成相互学习的社群效应。一是建立国际学术交流平台，组织高端人才和创新项目对接，探索以才引才、以智聚智、以商招商。二是推进系列化品牌，举办一批标志性活动。形成"大会+大赛"组合拳模式，打造品牌产业大会，提供高端交流展示平台；组织产业创新创业大赛，推动优质项目落地。

（3）建设新型科创空间平台。大城市的区域创新体系一般都经历了从创新资源的集聚到创新资源的扩散和溢出的发展路径，需要首先建立区域创新的核心极和策源地。一是推动天开高教科创园建设全国领先、国际一流的科创园区，发挥"总枢纽"功能使命，充分发挥天开园在科创中的关键核心、桥梁纽带作用，提升创新创业的"高度、黏度、热度和浓度"，优化"一核两翼多点"布局，建设高能级的"核爆点"和新质生产力发展的创新增长极。二是建设专业化的创新集群，培育"名片性"产业集群。推动未来产业"无中生有"、新兴产业"优中培精"、传统产业"产业焕新"，打造生物制造谷、氢能小镇等百亿级专业园区，建设信创谷、海工谷等千亿级集群，建设南港化工新材料园等世界级先进制造业集群。三是谋划建设"津滨科创走廊"。

18.2.2.2 提升科技基础设施"连接度"，推动创新主体与基础设施联通

以应用需求为导向，坚持"适度超前、整体布局、场景牵引、集约共享"建设，建立在线共享平台等数字化手段和高效的开放共享机制[1]，推进科技基础

---

[1] 宋大成，等.新时期重大科技基础设施建设理论与实践[J].中国科学院院刊，2024，39（3）：447–458.

设施更大范围地共建、共用、共治。

（1）搭建科技资源共享平台。一是探索建设智能化"科技大脑"，实现数据开放共享、仪器设备集成统筹、资源协同利用。二是打造大仪网"升级版"，出台地方性法规，推动使用财政资金购买的仪器设备"应入尽入"，鼓励使用非财政资金购买的仪器设备"可入即入"。

（2）建设新型基础设施群。按照"在用一批、在建一批、谋划一批"的总体格局，积极开展重大科技基础设施储备项目前期研究工作，在国家支持下规划布局谋划建设合成生物学等一批重大科技基础设施和重要科技设施平台。

18.2.2.3 提升体系制度"连接度"，建设科技创新治理平台

增进市场活力、激活社会动力、提升政府能力，让多元利益相关者有充分的渠道参与其中，形成多元化、数字化、参与式、互动式和网络式创新治理的新格局[1]，加强政府各个层面的政策协调和制度创新，推动区域创新治理体系的改革。

（1）建立联合攻关平台。一是实施一批新型重大科技专项，围绕有基础、有优势、有潜力、能突破的战略必争之地探索新型举国体制的"天津路径"，采取"全链条部署、一体化实施"的核心技术攻关模式。二是建设高能级创新联合体，打造具有"天津特色的海河实验室"模式，在组织机构、管理体制、运作机制等方面探索创新。

（2）建立制度创新平台。一是探索建立一批"科技特区"，围绕全市科技创新重点领域和重点环节，探索一批科技创新的新体制、新机制、新模式、新路径，如建立人才特区、科研院所特区、基础研究特区等。二是高标准建设国家自主创新示范区"升级版"，探索"双自联动"发展路径，大胆改革和先行先试。三是实施新兴产业集群营商环境集成改革示范，围绕市场准入、科技投融资、项目建设等开展整体性改革，建立重点产业全生命周期服务体系，系统性破解新兴产业发展难题。

（3）建立新型科创运营平台。一是建立新型创新组织平台，在生物制造、

---

[1] 郭铁成.近年来国外创新治理实践及启示[J].中国科技论坛，2017（8）：185-192；樊春良.国家科技治理体系的理论构架与政策蕴含[J].科学学与科学技术管理，2022，43（3）：3-23；吴金希，孙蕊，马蕾.科技治理体系现代化：概念、特征与挑战[J].科学学与科学技术管理，2015，36（8）：3-9.

绿色石化、脑机接口等前沿和优势领域通过实体化、公益性的功能型平台提供"最大公约数"服务，贯通研发、原型、小试中试、市场、产业化等全过程产业体系。二是提升专业科技运营机构能力，提升天开集团等专业化运营能力，建成高水平的科技集成服务商，并引入专业化市场化运营机构。

18.2.2.4 提升体系供需"连接度"，建设技术、场景、应用循环

用户创新和场景驱动创新成为超越传统创新的新范式[①]，新兴技术的应用场景具有多样性、规模性、演进性、协同性、不确定性等特征[②]，需要把握创新范式变革机遇，以区域市场、丰富应用场景为牵引，建立新型创新推广平台，加大场景示范力度，主动创建市场、积极拓展市场，加速科技创新和科技应用闭环，带动技术和产业升级。一是建设创新产品场景应用平台。建立新经济应用场景集成目录，支持人工智能、工业互联网等赋能新技术在智慧城市、智慧工厂、智慧交通等方面场景应用，推动建设重点区域成为"创新试验田"，成为全国乃至全球新技术新产品率先推广高地。二是建设创新产品采购平台，政府当好创新产品"用户"，落实创新产品采购制度。三是建立科创供应链平台，推动更多企业纳入区域供应链，加快成链成群。

18.2.2.5 提升体系服务"连接度"，培育新型科技创新组织者

要培育一批服务专业化、发展规模化、运行规范化、组织网络化的科技中介组织，重点以数字科技创新赋能科技服务，建设数字化、智能化、集成化的科技服务平台，满足区域创新体系能级跃升的需求。

（1）搭建新型科创服务平台，提升科技服务链接效能。一是打造综合科技服务平台，让企业"足不出户"即可享受高质量服务。二是引育一批平台型和集成式科创服务商，探索"服务换股权"等形式，为企业提供一站式的贴身服务。三是引育新型孵化载体，打造市场化专业化的硬科技创业深度孵化平台，鼓励探索"科学家+工程师""师生共创"等新一代创业孵化模式，形成"天津

---

① 陈劲.加强推动场景驱动的企业增长[J].清华管理评论，2021，11（6）：1；方晓霞，李晓华.颠覆性创新、场景驱动与新质生产力发展[J].改革，2024，362（4）：31-40.

② 尹西明，苏雅欣，陈泰伦，等.场景驱动型人工智能创新生态系统：逻辑与进路[J].中国科技论坛，2024（6）：35-45.

系"创业群体。

（2）建立新型金融平台，促进"科技—产业—金融"良性循环。一是打造地方性金融数据及征信服务基础设施平台，融合应用公共数据和商业数据，并利用 AI 构造潜力科创企业评估模型，为初创型科技企业"画像"。二是建设天津科创基金群，完善国有创投决策运行、考核评价、容错免责和监督管理等机制。三是探索建立产业资本（CVC）创新中心，支持链主企业开展 CVC，盘活更多产业资本。

18.2.2.6 提升体系跨区域"连接度"，建设跨区域科技创新体系

要根据不同领域、不同发展阶段的实际情况来发挥市场和政府的作用[①]，推动京津冀区域"平台共建、技术共研、资源共享、成果共用、园区共育、教育共培、产业共抓"，协力打造我国自主创新的重要源头和原始创新的主要策源地、引领全国高质量发展的动力源。

（1）建设战略性协同创新平台。一是谋划建设"京津冀科创走廊"，沿京津冀发展轴强化轴向集聚，推动沿线科技园区、功能区、产业平台统筹联动、辐射带动，形成创新型产业集聚和成果转化的重要廊道。二是探索打造京津冀协同创新微中心。按照少而精、小而美原则，谋划建设静海健康科创城等京津冀科创微中心，形成设施完备、特色鲜明、产城融合、创新发展的非首都功能集中承接地。

（2）构建更具效能的跨区域科技创新体系。一是共建京津冀科创基金系，发挥北京国家级金融科技示范区以及天津金融创新运营示范区等平台作用，打造京津冀科技成果转化基金"升级版"、颠覆性技术创新计划基金等。二是共建科技战略力量体系，共建京津冀大设施联盟，共建高水平实验室体系。三是共同建立京津冀协同创新计划体系，深化京津冀基础研究联合攻关，谋划设立京津冀联合攻关专项，实施京津冀跨区域产学研协同计划，建设京津冀产学研协作新模式。

---

① 李哲，杨晶，朱丽楠.美国国家创新体系的演化历程、特点及启示［J］.全球科技经济瞭望，2020，35（12）：7-11；李春成.完善区域创新主体多元共治机制的六个着力点［J］.科技中国，2020（2）：52-54.

第19章 京津冀科技资源协同助推河北省新质生产力发展

19.1 引 言

习近平总书记强调,整合科技创新资源,引领发展战略性新兴产业和未来产业是促进新质生产力形成的关键条件。2024年7月,党的二十届三中全会审议通过《中共中央关于进一步全面深化改革、推进中国式现代化的决定》,将因地制宜发展新质生产力的辩证思维贯穿其间。作为推动高质量发展的内在要求和重要着力点,发展以科技创新为引擎的新质生产力已肩负起时代赋予的重任,适时登上了历史发展的主舞台。各省份新质生产力的推进路径在结合自身基础资源特色的基础上,展现出多样化的策略与亮点,同时共同遵循优势科技资源整合的核心逻辑主线。

作为新时代第一个区域协调发展的国家战略,京津冀协同发展战略实施10年来不断向纵深推进,协同创新动能优势强劲,持续激发高质量发展活力。2023年5月,习近平总书记在河北考察,并主持召开深入推进京津冀协同发展座谈会,强调推动京津冀协同发展不断迈上新台阶,努力使京津冀成为中国式现代化建设的先行区、示范区,为京津冀协同发展指明了方向。与北京市和天津市相比,河北省的科技资源聚集度较低,如何找准在协同大局中的定位坐标,利用京津冀地区科技资源协同动能,逐步把发展落差的势能变成培育新质生产力的动能,是京津冀协同发展在下一阶段达到新高度亟须回答和解决的重要问题。因此,河北省如何借势京津冀科技资源协同,发挥最大效能提升自身新质生产力发展,成为当下亟须回答的重要问题。

针对上述问题，本章进行了以下针对性探讨。首先阐明新质生产力的基本特征，在此基础上论述整合科技资源成为加快形成新质生产力关键途径的必然性，为研究明确现实背景、理论方向和实践意义。其次阐述城市群科技资源协同助推内部参与单元加快形成新质生产力的深层逻辑，从协同理论映射到京津冀协同创新发展实际，再次聚焦到河北省科技资源利用的现实情境，解析其科技资源协同方式和影响机制。最后构建河北省依托京津冀科技资源协同，加快形成新质生产力的实践进路，为京津冀协同培育发展新质生产力、打造新时代创新驱动高质量发展高地提供政策启示。

19.2　整合科技资源是加快形成新质生产力的关键

新质生产力作为体现新发展理念的先进生产力质态，是科技现代化推动下的生产力现代化跃升，是马克思主义生产力理论中国化发展的创新成果[1]。区别于传统生产力，新质生产力的基本特征集中体现在要素特性、结构承载和价值旨归三个维度。首先，新质生产力以具有传统有形要素所不具备的非竞争性、部分排他性、低成本复制、外部性、即时性等诸多技术经济特征的数据要素为核心生产要素，可以倍增其他传统生产要素的价值效用[2]。新质生产力摆脱了要素驱动的传统扩张模式，运用数字要素与数智技术对劳动者、劳动资料和劳动对象进行赋能优化和改造升级，为马克思主义生产力要素理论增添了数字时代独特的新解释与深度[3]。其次，新质生产力由现代化产业体系承载。结构主义发展理论主张经济发展的先决条件是产业结构高级化，即生产要素从劳均产出低的部门向高附加值部门流动[4]。新型要素优化组合形成的现代化产业体系以战略

---

[1] 任保平.生产力现代化转型形成新质生产力的逻辑［J］.经济研究，2024，59（3）：12-19.

[2] 蔡跃洲，马文君.数据要素对高质量发展影响与数据流动制约［J］.数量经济技术经济研究，2021，38（3）：64-83.

[3] 孙孟子，刘志阳.中国共产党生产力理论的百年建构和逻辑演进［J］.外国经济与管理，2024，46（9）：121-133；李子彪，王萌，王思惟.新质生产力驱动区域高质量发展：机制与路径［J］.财会月刊，2024，45（21）：103-109.

[4] 祝瑜晗，程彩娟，徐蔼婷.经济集聚下的专利"含金量"与产业结构优化——基于276个城市的实证研究［J］.统计研究，2023，40（12）：62-76.

性新兴产业和高技术产业为引领,以产业链供应链现代化为方向,深度融合并引领未来产业、新兴产业的蓬勃兴起,共同塑造了新时代情境下适应中国式现代化需要的产业承载结构。最后,新质生产力以实现高质量发展为价值旨归。具体而言,创新发展是新质生产力的核心动力,科技创新推进生产力的基本要素质态跃升至更高级、更先进的层次。协调发展是新质生产力的关键机制,新质生产力中的先进信息技术有效弥合区域和城乡因资源禀赋差异的发展不均衡问题,致力于推动社会生产力水平的整体跃升。绿色发展是新质生产力的鲜明底色,新质生产力蕴含的"数绿"融合特质,精准契合了数字时代生态文明建设的融合集成目标,彰显了先进生产力演进的崭新方向。开放发展是新质生产力的环境条件,发展新质生产力要从顺应全球化转向引领全球化,强化利用全球高质量资源要素的整合与配置效能。共享发展是新质生产力的必然结果,新质生产力坚持以人民为中心的价值取向,扎实推动共同富裕提质增效。

作为深刻影响国家和地区经济发展的战略性资源,科技资源通常称为"第一资源",是指一切直接或经过开发后间接为科技活动提供价值的人力、财力、物力、数据、制度等科技要素投入的总和[1]。因此,科技资源对科技创新具有基础性支撑作用,其积累、配置以及利用效率深刻影响着生产力跃升进程。首先,科技资源为创新活动提供物质基础。特定区域的机会空间是产生突破性创新的先决条件,创新创业活动在很大程度上依赖于区域资源的供给,这些资源不仅限于人力资本,更涵盖了诸如大学、研究机构、职业教育与培训设施、孵化器以及技术转移中心等多元化的支持机构所释放的基础资源[2]。科技资源的丰富性体现在庞大的资金投入、尖端的实验器材、丰富的数据积累以及高水平的人才团队上,这些要素共同影响着创新活动的规模、深度与广度。其次,科技资源的优化配置能够显著提升创新效率。通过合理的制度安排和政策引导,促进科技资源在不同主体、不同领域之间的自由流动与高效配置,可以激发创新

---

[1] 范斐,等.环境约束下区域科技资源配置效率的空间溢出效应研究[J].中国软科学,2016(4):71-80;韩爱华,高子桓,张虎.我国科技资源配置的动态网络效率及空间优化研究[J].统计研究,2023,40(7):17-32.

[2] GRILLITSCH M, SOTARAUTA M. Trinity of change agency, regional development paths and opportunity spaces[J]. Progress in Human Geography, 2020, 44(4):704-723.

活力，加速科技成果的转化与应用。最后，科技资源的持续积累与更新是推动生产力不断跃升的重要动力。通过优化科技供给、资源融通、技术交易及评价激励等机制，区域能够在各类创新资源深度融合的基础上，充分激发各级科协组织、地方政府、高校、研究机构及企业等多元创新主体的活力，有效搭建科学家与企业家之间的桥梁，将技术、人才、资金等核心创新要素精准导入地方产业[①]。这种持续的积累与更新过程，有效促进了科技资源向现实生产力的高效转化。因此，以实现高质量发展为价值旨归，引导、整合各类先进科技优势资源向现代化产业体系汇聚，成为培育新质生产力的关键。

当前，各省份集中优势科技资源，因地制宜培育新质生产力，共同将高端产业集群、未来产业布局作为发力点，但是各自所依的战略政策、区位优势却有所不同。因而，创新能力、发展潜力不同的省份如何找准培育新质生产力的借力点，因势而动，最大化释放自身科技资源效能，成为各省走好新质生产力驱动高质量发展之路的关键。

19.3 京津冀科技资源协同加快河北省培育新质生产力的三重逻辑

当前，河北省仍面临大部分产业处于产业链低端、产品附加值低，集群创新能力相对不足、龙头企业的带动协同作用较弱，战略性新兴产业仍处于起步发展阶段的现实困境。对于河北省而言，紧抓京津冀协同发展的重大战略契机无疑是加快发展新质生产力的重要途径，需要以科技资源协同借势，找到自身在协同创新网络中的定位和培育新质生产力的着力点。因此，本章基于理论、历史和现实逻辑视角进行层层剖析，从协同理论视角出发，梳理京津冀科技资源协同发展的阶段性特征，聚焦河北省在京津冀科技资源协同作用下发展新质生产力的现实情境，旨在挖掘京津冀科技资源协同的未来方向和河北省顺势而为培育新质生产力的支点路径，具体逻辑过程如图19-1所示。

---

① 韩凤芹，马婉宁，陈亚平.科技经济融合机制与路径：基于扎根理论的"科创中国"多案例分析[J].科技进步与对策，2024，41（22）：48-58.

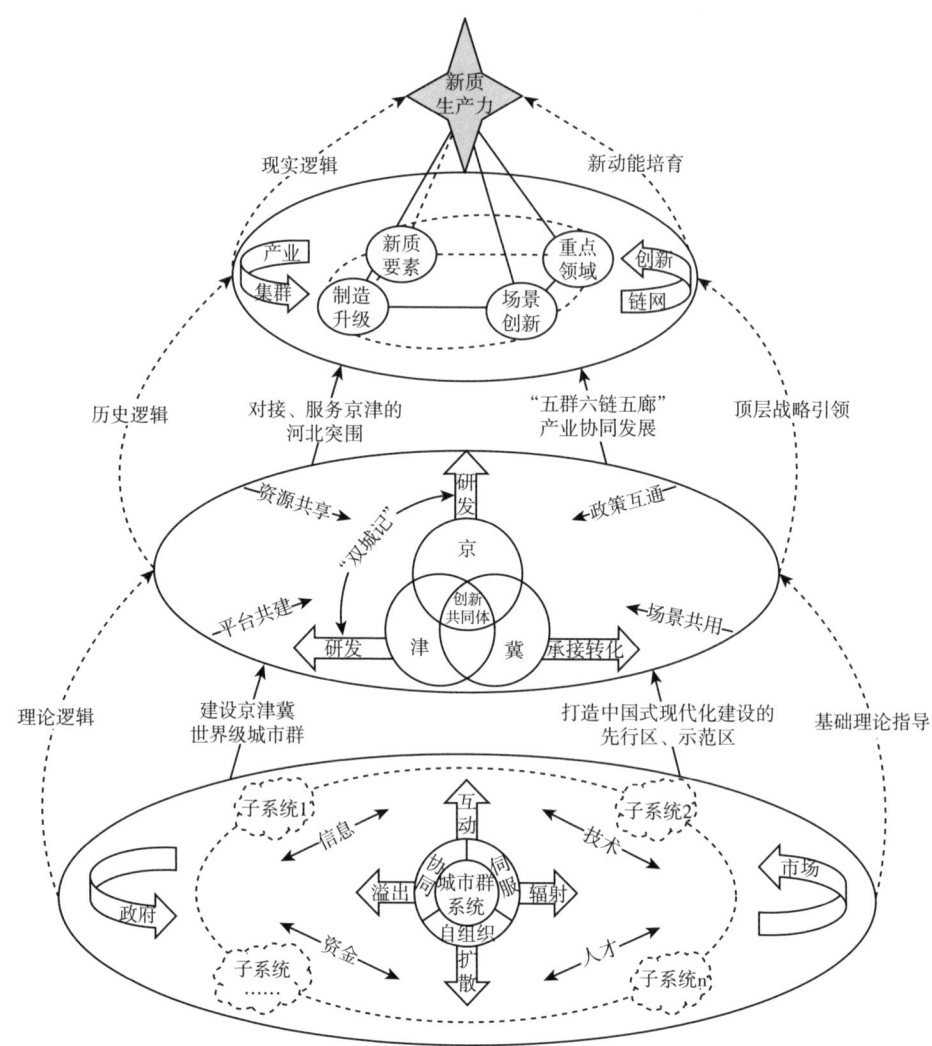

图19-1 京津冀科技资源协同培育河北省新质生产力的三重逻辑

19.3.1 理论逻辑：城市群科技资源协同的作用效应

科技资源在区域层面的相关研究，主要集中在科技资源配置及其效率和时空演进、整合与共享模式等，少有研究关注城市群的科技资源统筹协调机制问题，特别是科技资源协同。人口、能源、资本、信息等要素在城市空间中不断流动，通过分化与整合形成新的秩序，因而城市具有复杂系统的典型结构特征^①。科技资源协同根植于协同理论的系统非平衡思想，该理论主张将一个开放的复杂系统划分为多个相互关联的子系统，当这些子系统与外界环境进行信息与能量交互时，系统会自发运用内部协同效应、伺服原理及自组织机制，从而在时间、空间及功能三个维度达到一种平衡有序的结构和状态[②]。协同理论作为关于非平衡系统的自组织理论，成为自组织系统研究的有力工具，尤其是为区域城市协同发展的相关研究提供了新理论、新方法和新手段。区域协同创新是学者广泛探究的热点问题之一，其核心在于通过创新要素在不同区域创新主体间的无障碍流动，实现不同区域创新资源的整合，弥合单一区域已有创新水平和所需创新水平之间的差距，从而产生"1+1>2"的系统协同效应，为实现区域协调发展提供内生动力[③]。这种跨区域协同创新模式深入探讨了不同区域之间创新资源要素流动与整合的过程机制及其成效，本章的研究范畴则进一步拓展，将焦点放在城市群对科技活动所依赖的基础要素集合的协同上，因而更具理论价值和实践意义。

在协同理论视角下，城市群发展环境中的各城市子系统间的科技资源相互交织，呈现出复杂的非线性关系。这些城市子系统科技资源间的互动与协作展现出一种协同的规律性，共同塑造着城市群有序非平衡的整体发展态势，有力地推进了新质生产力发展。城市群科技资源协同推进新质生产力的作用效应主要体现于协同、伺服和自组织效应三个方面。首先，当城市群系统受到外来能量的作用或物质聚集达到临界点时，各内部城市子系统会凭借其独特的科技资源禀赋相互补充，以弥补彼此的短板，实现科技资源要素的重新组合。这一过程激发了系统的质变，促使协同效应产生，使得系统从无序状态转变为有序状态，进而引发共振的集体效应，使城市群在混沌状态中孕育出稳定结构，不仅显著提升了城市群的整体竞争力，同时也为关键核心技术的攻关突破、未来产业体系的培育和形成提供了有力的支撑。其次，伺服效应在城市群在从无序状

---

① SHI Y, ZHAI G, XU L, et al. Assessment methods of urban system resilience: from the perspective of complex adaptive system theory [J]. Cities, 2021, 112: 103141.

② 周文斌.我国建设世界重要人才中心的生态保障战略研究[J].经济管理，2024，46（4）：29-48.

③ 吴卫红，冯兴奎，张爱美，等.跨区域协同创新系统绩效测度与优化研究[J].科研管理，2022，43（7）：29-36.

态过渡到有序状态的过程中得以体现。此时，城市群内部子系统遵循快变量服从慢变量的原则，通常会出现关键的序参量主导子系统的行为，进而引领整个系统的演进方向[①]。反映在科技资源的层面，则具体表现为关键科技资源变量在城市群演进与发展过程中所起到的核心驱动作用，这些关键科技资源通过知识溢出、技术转移和人才流动等机制，不断向城市群的内部子系统渗透与辐射，有效促进了整个城市群科技创新能力的提升。最后，城市群科技资源系统在没有外部干涉扰动的情况下，其内部城市子系统能够遵循特定规律，将科技资源有效链接，动态演化成一种相对有序和稳定的协同共同体结构，形成更具韧性的有机生命体，使城市群在整体上向更加有序、和谐的状态持续演进。

19.3.2 历史逻辑：京津冀科技资源协同的阶段性演进

京津冀地区作为中国的"首都经济圈"，成为带动中国经济发展的三大增长极之一，是中国发展新质生产力的前沿阵地，同时也是中国参与全球竞争中占有重要战略地位的空间单元。在长期实践中，京津冀科技资源协同呈现"分步协同，有序演进"的阶段性特征，不仅为地区整体高质量发展注入强大动力，为河北省提供乘势而上的战略发展机遇，同时也为其他城市群协同创新提供了可借鉴的经验。

基础建设与资源整合阶段：科技项目合作初探。1986年，在天津市的倡导下，环渤海地区15个城市共同发起成立了环渤海地区市长联席会，拉开了京津冀三地主动合作的序幕。2004年2月，国家发展和改革委员会在廊坊召开京津冀区域经济发展战略研讨会，达成"廊坊共识"，提出尽快建立京津冀省市长高层定期联席会议制度。其后，在政府引导作用下，又陆续达成多项规划，将合作机制从构想推向实践。2011年，将"京津冀区域经济一体化""首都经济圈"写入国家"十二五"规划纲要草案，标志着京津冀经济合作提上议事日程。此后，京津、京冀、津冀之间进一步签署了多项合作框架协议，就加强科技研发合作和成果转化合作等方面达成共识，推动三地在基础设施、生态、产

---

① 方创琳.京津冀城市群协同发展的理论基础与规律性分析[J].地理科学进展，2017，36（1）：15-24.

业、公共服务等多领域展开合作实践。该时期京津冀三地开始着手于基础设施的互联互通，为后续的科技资源协同打下坚实基础。同时，三地政府和相关机构对各自拥有的科技资源进行了全面梳理和评估，通过政策引导和市场机制，推动科技资源的初步整合，为区域内的科研机构、高校和企业之间的合作创造了条件。但是，此时的京津冀科技资源协同网络链条较为稀疏，地区战略规划尚未形成体系，协作机制的正式性和规范性有待提高，创新对产业发展的促进作用尚待挖掘。

合作机制与平台建设阶段：战略规划顶层设计。2014年2月，习近平总书记在北京主持召开座谈会，专题听取京津冀协同发展工作汇报，强调北京、天津、河北三地要打破"一亩三分地"的思维定式，将京津冀协同发展上升为重大国家战略。2014年8月，三地科技部门就建立京津冀协同创新发展长效合作机制达成共识，签订了《京津冀协同创新发展战略研究和基础研究合作框架协议》，重点聚焦科技创新一体化、生态建设、产业协同发展等方面，着力优化京津冀科技协同创新发展的"软环境"。2015年4月，中共中央政治局审议通过《京津冀协同发展规划纲要》，提出"推动形成京津冀协同创新共同体"，意味着京津冀地区科技资源共享已被纳入体系化、全局性设计中。此后，以该蓝图为指引，京津冀三地相继制定了多项科技专项规划，并签署了多项框架协议。同时，建立了多项合作机制和平台，使京津冀科技资源协同进入全面实施、加快推进的新阶段。2020年6月，科学技术部批复成立中国第一个综合类国家技术创新中心——京津冀国家技术创新中心，旨在建设成为具有国际影响力的颠覆性技术策源中心、高精尖产业培育中心和创新型人才培养中心，打造新质生产力的策源地。此阶段在国家重大战略的引领下，京津冀三地合作创立了多个技术联盟和创新平台，协同创新机制逐渐完善，创新资源流动区域顺畅。因而，三地协同联动促进了更多科技成果的快速转化和产业化，科技资源得到更加有效的配置和利用。

协同创新与产业升级阶段："五群六链五廊"产业协同发展。基于前两个阶段的成果，京津冀地区在科技资源协同方面更加重视协同创新与产业协作，精确锁定科技发展的最新趋势和未来产业的发展方向，旨在加快产出适配新质生产力发展的前沿技术，实现高水平科技自立自强。2023年11月，京津冀产业链供应链大会在北京召开,会议发布了"五群六链五廊"的京津冀产业协同发展新图景,旨在聚焦不同地域的核心发展领域,促进三地创新链、产业链、供应链日益融合,为当前及今后一段时间的京津冀科技协同发展提供明确指引。其中,"五群"是指集成电路、网络安全、生物医药、电力装备、安全应急装备这5个产业集群;"六链"是指氢能、生物医药、网络安全和工业互联网、高端工业母机、新能源和智能网联汽车、机器人这6个产业链;"五廊"是指京津新一代信息技术、京保石新能源装备、京唐秦机器人、京张承绿色算力和绿色能源、京雄空天信息这5个产业廊道。2024年3月,京津冀协同发展科技创新协同专题工作组2024年工作会召开,会议审议通过了系列工作计划方案,进一步统筹推动三地科技创新协同工作,持续不断拓展科技创新合作的广度和深度。在此阶段,京津冀三地围绕重点产业和关键领域展开协同创新,以"五群六链五廊"蓝图激发各类产业主体开放场景的机会,促进资本、人才、技术、信息等各类科技资源汇聚、配置、共享,显著提升区域协同创新效能,为全国经济高质量发展注入京津冀独有的科技创新活力与动能。

19.3.3　现实逻辑:河北省借力京津科技资源构筑新质发展动能

近年来,河北省结合疏解目标和自身发展基础,通过承接并转化来自京津的优质科技资源,重点发展具有独特优势和战略价值的关键技术、新兴领域与产业集群,致力于从不同方向打通对接京津、服务京津的产业廊道,推动河北产业体系嵌入京津创新体系,取得了以下突破性进展。

坚持协同关键区域引领,雄安新区汇聚新质要素。作为北京非首都功能疏解集中承载地,雄安新区是推动京津冀协同发展的关键区域和枢纽城市,其谋划与发展是解决京津冀城市群内等级规模断层、创新实力差距问题的重要决策,是河北在对接、服务京津的过程中加快发展自己的重要抓手。近年来,雄安新区积极依托高校,与疏散的中央企业、科研机构、事业单位等建立创新联动机制,北京已有多所高校确立在雄安分设校区,推动北京优质高等教育资源的外溢,促进形成"以才育才"正循环,加速推进教育科技人才一体化发展。此外,中国(河北)自由贸易试验区雄安片区充分发挥改革开放试验田作用,以制度创新为核心,以平台建设和项目招引为抓手,聚焦加工贸易、跨境电商等自贸区、综保区特色业态，打造全产业链的配套服务，推动新区外向型经济高质量发展。2024年1月，雄安新区召开2024年工作会议，提出重点做到"八个加快集聚、八个着力打造"，强调加快集聚"功能""项目""创新"等科技资源要素，为河北省提升先进要素供给能力，更好地承接京津项目落地提供指引。

开展重点领域联合攻关，区域化链式创新动能增强。当前，面对新一轮科技革命和产业变革机遇，京津冀地区正以"高精尖"产业集群为突破点加速培育发展新质生产力。为了紧抓本轮科技革命机遇，破解承接京津高创新产出在本地转化效能较低的困境，河北省聚焦京津冀重点领域的研发共性问题，与京津联合攻克技术难题，以期在京津冀协同创新共同体完整链条中培育自身优势科技力量，加快弥合创新发展差距。2023年10月揭牌成立的京津冀国家技术创新中心河北中心以分设机构的形式，为河北省创新专项提供平台的品牌优势，助力其在电子信息等关键领域与京津共塑创新动能。此外，在京津冀"六链"产业协同实践中，由河北省牵头的新能源和智能网联汽车、机器人产业保持较快增长，链式效应进一步强化。其中，保定市智能网联新能源汽车产业蓬勃发展，2023年长城汽车在全球销售新能源汽车26.2万辆，同比增长98.74%，取得历史最好成绩。机器人产业的快速发展让背靠钢铁产业的唐山市拥有新的经济增长点，唐山百川面向京津冀人工智能与机器人领域设立"共享工厂"，以现代化非标产品共享制造模式吸引京津冀研发团队和初创企业签约落户，为当地流入更多优质科技资源。

传统制造企业数字化转型，促进企业柔性链接京津资源。河北是传统制造业大省，在推动传统产业转型、产业链条向高端制造延伸的进程中曾面临重重挑战，以数字化管控手段介入企业全流程管理，利于链接企业内外部资源，降低企业生产能耗，促进企业商业模式创新，是紧跟京津企业先行步伐、适应复杂市场环境变化的重要手段。2022年5月，河北省发布"十万企业上云"行动计划，以深化新一代信息技术与制造业融合为主线，旨在促进产业链上下游高效对接、业务协同和资源优化配置，有效利用、挖掘海量数据资源潜能。根据河北省工信厅发布的数据，截至2023年11月底，河北全省上云企业累计超9万家，企业工业设备上云率21.2%，全省企业上云率连续两年全国第一。数字技术赋能河北省千行百业，钢铁领域数智创新率先领航，河钢数字作为河钢集团数字化转型的中坚利器，得益于自主研发的 WeShyper（威赛博）工业互联网平台，成功入选首批中国工业数据治理"领跑者"企业名单，同时在践行"双碳"行动方面为钢铁行业绿色低碳发展树立了典范。

先进算力加速发展，推动释放京津冀丰富场景优势。作为人工智能技术的重要"底座"，算力为产业数字化转型提供了强劲动力。得益于河北省积极承接北京数据资源、算法训练与建模等生产性服务业的转移疏解，廊坊、张家口、石家庄和承德大力发展大数据产业集群和先进算力，一批算力重点项目形成集聚效应。根据中国信息通信研究院发布的《中国综合算力指数（2024年）》，河北省综合算力指数跃居全国榜首，较上年提升3个名次，彰显了其在算力发展方面的强劲实力。河北省协同京津，优化算力基础设施布局，以算力优势挖掘京津冀广阔场景机会，推动面向区域发展的综合集成应用场景、产业发展、未来新赛道、新基建、城市治理及社会服务的创新应用场景生成落地。2024年7月9日，京津冀先进算力创新应用场景路演对接活动在河北省廊坊市举办，采取"路演推介＋精准对接＋实地参观"方式进行，促进算力需求单位与河北省算力技术供给单位对接，共同搭建京津冀场景共建共享平台。

19.4 河北省依托京津冀科技资源协同加快培育新质生产力的实践进路

19.4.1 打造战略支点城市，构筑场景创新"雄安样板"

场景创新作为新型创新范式，向上承接科技需求与发展的现实问题，向下对接创新主体核心诉求，成为新质生产关系的承载体。由河北省科技厅征集、设计和遴选出多项创新应用场景，通过"以赛招商"的方式已促进多项新技术和先进解决方案成功落地，但其迭代创新和可复制、可推广的"熟化"过程有待推进。因此，亟须以雄安新区这座"未来之城"为突破口，凭借其在高端人才引进、资金支持、用地指标、成果认定等方面的制度优势，打造场景创新从"场景需求匹配—建立资源链接—场景迭代创新"的一体式场景创新全过程"试验场"，不仅面向京津，也向全国其他城市释放场景创新高地强大的"磁吸效应"。

19.4.2 推动增量多点崛起，培育跨界融合的未来业态

在坚持破立结合的原则上，探索"增量崛起"和"存量变革"并举的产业转型升级路径。在面向前沿项目进行重点突破的同时，也要关注不同地级市的生产性服务业和特色消费领域的经济增长空间。基于京津冀各具特色的现实场景，通过海量数据收集与智能技术分析，挖掘文旅、餐饮、康养等传统消费领域的新兴消费需求，鼓励企业打破固有思维、模糊要素边界，渗透重组不同行业资源，让创新资源在更大创意空间内流动。行业巨头、链主企业可以与相关领域的中小型企业进行横纵向跨界融合，共同探索新业态形式与内容，先发组成产业集群，占据新赛道细分市场。

19.4.3 搭建共享制造平台，探索助企帮扶新模式

京津冀地区在产业基础、资源分配、创新能力、公共服务等方面存在一定的差距，因而其产业链存在轻微同质化现象，各地利益诉求不一，以往建立的对接机制在落地时面临不同程度的制约。因而，需在围绕"五群六链五廊"的产业协同发展新图景基础上，支持由各地"六链"龙头企业、专精特新"小巨人"企业等为主导企业，牵头建设共享制造平台，探索"政府引导、大企业搭台、小企业登场"模式，吸纳众多初创企业、中小企业利用主导企业在技术、产线的资源优势。聚焦创新环节中游的共享机制，不仅能充分释放主导企业产能，还能帮扶中小企业节约成本、提升工艺质量、加速产品交付，从而形成大小企业共同获益的良性循环。

19.4.4 发展耐心资本，建立现代科技金融台账系统

催生新质生产力的科技创新活动往往面临较大的不确定性和风险性，需要政府积极引导耐心资本不断加大供给，鼓励发展和引入这种具有低流动性、高

风险承受能力、战略定力更足的长线资本[①]。河北省要积极利用京津冀地区的新三板市场和北京证券交易所等资本平台优势,引导包括企业家、风险资本家、多边发展银行等耐心资本供给主体投早、投小、投硬科技,丰富创业投资基金产品类型,建立创业投资与创新创业项目对接机制,切实解决资金周期与项目收益周期的矛盾。同时,关注高成长性科技企业各阶段的资金需求,建立现代科技金融台账管理系统,通过该系统引导企业和资本进行利益诉求的对接,助力科技企业在不同成长时段及时匹配最适配的金融支持,为其提供全链条全生命周期金融服务。

---

① 温磊,李思飞.耐心资本对企业新质生产力的影响[J].中国流通经济,2024,38(10):86-97.

第20章 湖北探索以"用"为导向发展新质生产力的案例研究

20.1 引 言

马克思主义的基本观点认为，生产力是社会制度变迁与人类社会发展的决定性力量。新质生产力是由技术革命性突破、生产要素创新性配置、产业深度转型升级而催生的当代先进生产力[1]，代表生产力的革新和未来发展方向。新质生产力不仅是推动经济增长的新动力，更是社会前进的关键支柱。2024年3月，习近平总书记在参加第十四届全国人民代表大会第二次会议江苏代表团全体会议时提出："要牢牢把握高质量发展这个首要任务，因地制宜发展新质生产力。"因地制宜发展新质生产力与马克思主义生产力理论的内涵相吻合，强调在特定地域条件下精准把握新质生产力的成长轨迹，以满足高质量发展的全方位需求。这不仅符合我国目前的发展态势，同时也为推进高质量发展构筑了坚实的理论基石[2]。我国幅员辽阔、地形复杂、人口众多，各地自然条件、资源禀赋差异较大，社会经济发展水平和产业发展基础各不相同，发展新质生产力的重点难点不尽相同。因此要求我们在推动新质生产力发展过程中，必须紧密结合各地实际情况，制定和实施差异化发展战略[3]。

---

[1] 刘冬梅，等.新质生产力与科技创新[J].中国科技论坛，2024，40（3）：1-5.

[2] 蒋永穆，冯奕佳.因地制宜发展新质生产力的理论逻辑、现实表现与路径选择[J/OL].重庆大学学报（社会科学版），（2024-07-03）[2024-10-25].http: //kns.cnki.net/kcms/detail/50.1023.C.20240703.1636.005.html.

[3] 徐腾达，彭俊超.发展新质生产力如何"因地制宜"——我国省域新质生产力发展模式研究[J].当代经济管理，2024，46（9）：58-66.

习近平总书记考察湖北期间对湖北科技创新作出重要指示，要求湖北推动科技创新和经济社会发展深度融合，塑造更多依靠创新驱动、更多发挥先发优势的引领型发展，寄予湖北服务高水平科技自立自强的殷切期望。从理论逻辑看，科技创新是发展新质生产力的核心要素，培育壮大新质生产力，需要打通科技强到产业强、经济强的通道。湖北锚定建设全国构建新发展格局先行区的目标定位，着力建设中部地区崛起重要战略支点，进一步促进创新链、产业链、人才链、资金链、政策链深度融合，塑造更多发展新动能新优势。从发展实际看，湖北是科教大省，是首批国家创新型省份，获批建设武汉具有全国影响力的科技创新中心，在国家创新体系布局中处于重要位置。然而，作为全国重要的智力密集区之一，2023 年湖北 GDP 总量仅居全国第七，丰富的科创优势未能高效转化为产业优势，科技创新和产业发展深度融合不足，科技创新成果难以及时有效应用到具体产业项目上。

为了破解科创领域存在的供需对接不畅、资源聚合不够、企业对长周期基础研究投入意愿低、政府投入风险管控难度大等问题，湖北省以"用"为导向，聚力破解创新链和产业链之间长期存在的结构性矛盾，大力推进以"用"为导向的科技创新供应链平台建设，推动科技创新与经济社会发展深度融合。建设科创供应链平台，是应用互联网技术、供应链思维创新生产要素配置方式，通过生产方式变革培育和发展新质生产力，解决新质生产力发展过程中最关键最核心的技术、资金、人才和应用场景的再组织、提质效问题。通过上中下游要素资源紧密连接、以点带面、串珠成链的创新组织方式，让更多科技成果走出实验室、走向生产线，培育和发展形成新质生产力。

20.2　创新链产业链深度融合的理论与实践探索

20.2.1　理论基础：三螺旋模型与创新生态系统

科技创新虽然具有不确定性和复杂性，但在大量创新实践和理论研究过程中，人们发现科技创新并非完全无序，而是遵循某些普遍性规律和模式。从科技创新理论的脉络发展看,科技创新的核心在于构建多方协作的动态网络,包括政府、企业、学界等多种主体。

Etzkowitz 等[①]提出三螺旋模型,描述了大学、工业和政府三者通过协同合作推动知识创新和经济增长的过程。在三螺旋模型中,政府通过政策调控和财政激励,企业提供市场需求反馈和技术开发支持,大学则承担知识创新和技术转移的角色。三者通过互动、反馈、演化动态机制形成创新系统,使科技成果从实验室逐步走向市场,实现科研成果产业化。该模型不仅适用于传统科技领域创新,也在数字化、智能化新兴产业发展中展现出较强的适应性。三螺旋模型给出促进科技创新的新路径:一是创建产学研合作平台和联盟;二是大学和政府共同支持科技型创业企业发展;三是通过政策和资金引导大学和产业研究方向;四是建立知识产权分配机制,激励各方积极参与产学研创新。

创新生态系统理论将创新视为一个由多方参与的动态过程,强调在创新过程中不同主体之间的互动和协同[②]。一个健康的创新生态系统包括多个核心要素:创新者(如企业和研究机构)、资源提供者(如投资者和政府)、市场(消费者和客户)、基础设施(技术平台和政策框架)等。这些要素通过网络化互动,共同支持创新的产生、扩散和应用。在创新生态系统中,各主体(如企业、投资者、消费者、科研机构等)相互依存,通过信息交流、资源共享、需求反馈形成一个互动网络。企业创新离不开投资者的资金支持和市场的需求反馈,而科研机构则为基础研究和技术突破提供支撑。创新生态系统的开放性使得新要素能够不断融入,为创新提供持续不断的动力和资源。

三螺旋模型为政府、产业和学界三方合作提供了清晰的框架,政府通过政策支持引导基金配套,鼓励企业与高校院所进行深度合作,从而形成政策、市场和科研资源的良性循环;创新生态系统理论的应用进一步确保创新过程中多方主体的健康互动。

---

① ETZKOWITZ H, LEYDESDORFF L. The dynamics of innovation: from National Systems and "Mode 2" to a Triple Helix of university–industry–government relations [J]. Research Policy, 2000, 29: 109-123.

② MOORE J F. The death of competition: leadership & strategy in the age of business Ecosystems [M]. New York: Harper Paperbacks, 1996.

20.2.2 实践探索：浙江、深圳及香港模式

我国产学研协同创新研究始于 20 世纪 90 年代，1992 年国家经贸委、教育部和中科院联合组织实施了"产学研联合开发工程"。近年来，我国理论工作者逐渐认识到国家自主创新能力提升并非企业、大学和科研机构各创新主体能力要素的简单叠加，需要各类互补性要素之间的协同及其整合[①]。目前，各地根据自身发展特色，不断探索新型创新合作模式。

（1）浙江省"北斗七星"科技创新发展模式探索。浙江省清华长三角研究院在与企业合作过程中观察到，企业在转型升级中需要金融资本的注入，以实现创新要素的有效集聚与有机整合。基于此需求，长三角研究院在传统产学研模式的基础上，进一步构建涵盖产业、大学、科研、金融、科技中介、市场应用的"北斗七星"（政产学研金介用）发展模式。该模式以"研"为起点、以"用"为成果展现，与政府合作建立重点科研实验室和地方创新平台，明确地方产业需求导向，设有 5 个院属研究所，并将自主创新成果有效转化为长三角经济增益的实际项目。研究院在长三角地区设立大量高新技术企业孵化平台和成果转化基地，并在海外建设离岸创新孵化器，为高新技术企业发展提供了有力支撑。这些孵化平台和基地孵化出大量以高科技为核心、以实际产能落地为目标的创新型企业，推动长三角高新技术产业迅速发展。同时，通过衍生"中心+公司+基金""一院一园一基金"等产业化模式，实现"创新链—产业链—资本链"联动互通，促进科技成果产业化转化。为了加快融入长三角科技创新生态圈，研究院推出"长三角云上科创服务平台"，以云端方式整合全球智力资源和长三角地区创新力量，打破智力资源与创新要素的地域限制，实现生产要素自由流动，深度对接产业需求，推动产业转型升级。浙江省的创新发展模式突破了行政区划限制，充分调动各方资源的积极性，以多元化方式高效介入科技与经济融合。由此，浙江省充分激发区域内创新活力，为构建长三角区域创新共同体、推进区域高质量一体化发展作出重要贡献。

（2）深圳市市场导向的科技经济模式探索。深圳市作为国家设立的经济特

---

① 何郁冰.产学研协同创新的理论模式 [J].科学学研究，2012，30（2）：165–174.

区，肩负着推动市场经济体制改革的使命，其40年发展历程见证了市场化进程的不断深化。首先，深圳市成功实现创新活动从科研到经济的有效转变。熊彼特[①]认为，创新本质上是一种经济活动。深圳市的科研活动并未独立于经济体系之外，而是紧密融入其中，因此资源配置和政策设计均围绕市场主体展开，企业作为创新主体的地位尤为突出，这种以市场化为导向的发展路径使深圳有效解决了科技与经济"两张皮"的问题。其次，深圳高度重视制度创新的重要性，将其置于技术实现之上。20世纪末，深圳拥有一支稳定的技术管理队伍，通过问题导向的方式持续为高科技产业发展提供政策设计及体制机制创新方案。例如，1987年深圳市发布了《深圳市人民政府关于鼓励科技人员兴办民间科技企业的暂行规定》，并创办了高交会，以技术交易、产品展示及创业投资综合平台为形式，革新了传统技术市场模式，为深圳高科技产业资源整合和发展提供了重要支撑[②]。最后，深圳明确了需求导向的创新路径。由于深圳没有传统的科研体系存在，使得创新自然而然地作为企业的经济活动在市场驱动和需求导向下进行，这一特点使深圳沿着更加贴合市场需求的创新路径不断前行。

（3）香港"产学研1+计划"。香港"产学研1+计划"于2023年10月正式推出，旨在释放本地高校科研成果的转化和商业化潜力，促进政府、企业、大学与科研界的多方合作，致力于构建更加紧密的创新生态系统。该计划向香港特区8所公立研究型大学提供资助，支持具备潜力的大学研发团队实现科研成果的转化、落地及商业化，并在大约5年内分两个阶段完成项目。第一阶段计划在3年内完成科研成果的转化落地，第二阶段则在项目的剩余时间内推动其商业化。与内地常见的产学研模式相比，香港的"产学研1+计划"具有以下独特之处。首先，计划注重科研成果逐步从理论走向市场的转化过程。与内地产学研模式偏重基础研究和应用研究不同，香港特区的计划更侧重成果的商业化应用，将项目进展明确划分为"落地"和"转化"两个阶段，并为此设定具体的时间期限。其次，该计划的资助模式突出社会资本的深度参与。"产学

---

① 熊彼特.经济发展理论［M］.郭武军，吕阳，等，译.北京：华夏出版社，2015.
② 周路明.解读深圳创新的路径［N］.中国科学报，2019-09-12（第6版）.

研1+计划"明确规定业界赞助为必要条件,在第一阶段政府与社会资本的投资比例为2∶1,第二阶段则调整为1∶1。通过这种配对资助模式,香港特区更注重吸引业界的参与,以进一步推动科研成果的市场化。最后,该计划在知识产权分配上具有更强的激励导向。在项目期间研发产生的知识产权,大学团队的发明者可获得不少于70%的收益分配,从而为科研人员提供了更加显著的激励,有助于加强项目参与人员的创新动力。

20.3 湖北以"用"为导向发展新质生产力

20.3.1 理论模型

浙江省"北斗七星"模式和深圳市市场化导向路径体现了不同地区在创新驱动发展上的差异化选择。浙江省通过整合各方资源,形成包含金融、科技中介、市场应用等多层次的创新体系。深圳市则更加强调市场导向,以需求驱动创新,聚焦科技与经济的深度融合。然而,许多地区由于科研系统行政化较强,与市场化企业衔接不畅,导致科技成果转化效率较低。过去,湖北省产学研合作主要以企业、高校和科研院所联合技术开发为主,通过技术服务、共建科技园和人才成果转化基地等各种形式共同推动。政府在产学研合作过程中充当引导角色,通过政策引导财政激励等措施,促进各类创新资源向科技一线聚集,推动企业成为技术创新和成果转移转化的主体[①]。然而,从成果转化率和技术合同成交额等指标对比看,湖北省与发达省市还存在一定差距,存在成果转化不畅等问题。一是科技成果供给针对性不强。科技成果供给方主要是高校院所,需求方主要是企业,科技成果无法精准满足湖北产业发展实际需求。二是转化过程中中介服务不足。高校院所负责成果转化服务的机构专业度较低,省内科技成果转化中介服务机构较少,发挥作用不足,导致科技成果转化不畅。三是促进成果转化的深度不够。省级层面虽然积极开展联百校转千果、科技成

---

① 黄祥国,江婷,向闹,等.湖北省产学研合作现状、问题与对策分析[J].科技创业月刊,2017,30(22):86-88.

果转化轻骑兵行动等各类成果转化活动,但市县结合实际推进成果转化的措施不多,大多停留在举办对接活动上,高校院所、企业等创新主体间深度务实合作关系有待加强。

上述理论和实践经验为湖北省创新发展提供了多角度参考,然而,湖北省的独特区位、资源禀赋和发展需求决定其创新模式需在借鉴中加以适配,从而构建符合本地实际的发展路径,创造适宜湖北省的创新驱动发展模式。湖北省在实践探索中将技术创新作为经济活动加以管理,从应用端发力推动科技创新发展,通过深挖企业、场景以及产业多维需求,构建以"用"为导向的科创供应链体系。依托于研究开发体系、金融支持体系、政府服务体系以及服务促进体系的持续改良与协同运作,致力于优化现有创新架构,推动新质生产力加速发展,以达到促进传统产业转型升级、加快新兴产业培育壮大以及加强未来产业孵化的目的。湖北省在开展以"用"为导向的创新实践中借鉴三螺旋模型和创新生态系统理论,推动产学研结合、构建多主体协作的创新生态系统。通过政策引导和资金扶持,搭建产学研合作平台,优化高校、科研机构、企业协同创新机制,提高科技成果转化效率。通过多元主体协同合作,加速创新要素集聚,形成全方位、多层次的科技创新支持体系,探索构建以"用"为导向发展新质生产力的理论框架(见图20-1)。

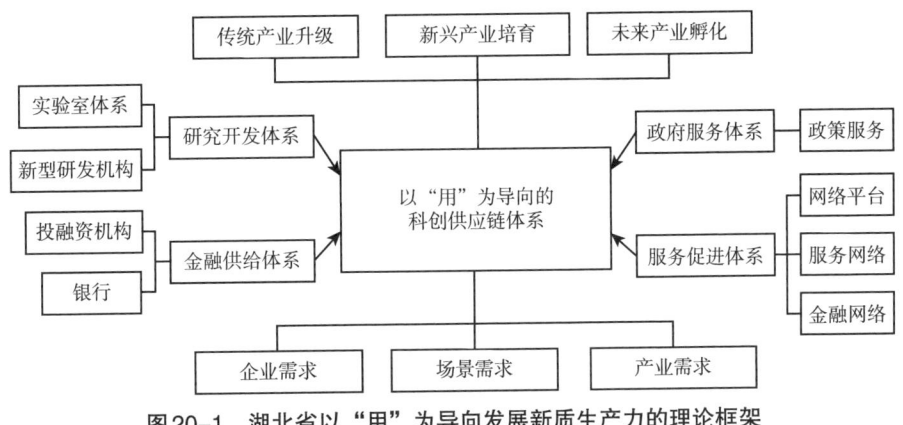

图20-1　湖北省以"用"为导向发展新质生产力的理论框架

(1)聚焦三大需求。以"用"为导向是一种以用户实际应用为核心的理念,要求产品或服务的设计与改进应紧密围绕用户的具体需求。在企业需求方面,通过深入了解企业经营和发展需求，以"用"为导向帮助企业提供定制化解决方案，从而提升企业效率和竞争力。在场景需求方面，以"用"为导向关注用户在特定使用场景下的需求，确保产品或服务能够在实际应用中解决问题，提高用户体验。在产业需求方面，以"用"为导向促进产业链上下游协同，通过满足产业整体需求，带动整个产业升级与发展。

（2）集成四大体系。以"用"为导向的理念要求在产品和服务开发过程中，需深入研究并依托于四大系统——研究开发系统、金融供给系统、政府服务系统和服务促进系统，确保能够精准对接用户需求，为用户提供全方位、高效能支持，从而在提升用户体验的同时促进整个产业链协同发展。研究开发系统通过实验室体系以及新型研发机构创新，从源头上推动技术创新和产品升级，为生产力注入新活力；金融供给系统基于各大投融资机构以及银行等，为创新主体提供更加完善的金融服务保障，以降低创新风险；政府服务系统通过对现有政策的调整优化，使其更适应新质生产力的发展特点，加强政策引导和市场监管，创造有利于生产力发展的环境；服务促进系统旨在通过"线上平台＋线下运营＋金融支持"的方式，优化服务流程和提高服务质量，加速新技术应用和市场接受度，从而全面提升生产力质量和效率。

（3）实现三大功能。以"用"为导向的策略核心在于通过紧贴市场需求的应用研究，加速创新发展步伐。在这一过程中，企业能够精准识别和响应市场动态变化，推动传统产业技术革新与流程优化，实现产业结构转型升级。同时，这种导向能促进新兴产业快速成长，通过满足新兴市场的特定需求，催生出一批具有潜力的新业态。此外，以"用"为导向还强化了对未来产业的前瞻性孵化，确保对技术前沿的持续探索与布局，为产业长远发展奠定坚实的科技基础。

20.3.2 实践探索

为了深度破解湖北省在科技创新活动中存在的问题，本章基于湖北以"用"为导向发展新质生产力的理论框架，构建了科创供应链平台建设模型（见图20-2），建设以"用"为导向的科创供应链平台。运用互联网思维，借鉴供应链运作模式，重点聚焦产业一线技术、人才、金融、场景需求，搭建"三网一包"服务体系,形成以项目为依托的政企风险共担机制,构建有效市场与"有为政府"相结合、政产学研用协同联动的科技创新供应链体系,增强企业科技创新主体地位,激发科技服务机构活力,提升科技成果转化效能,重构科技和产业创新生态。

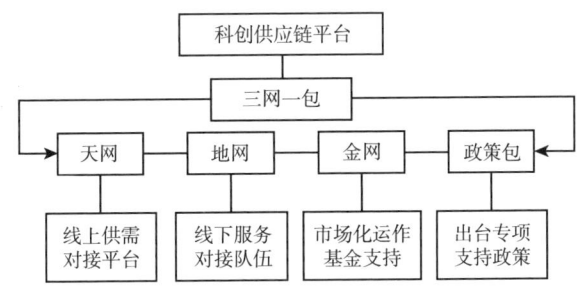

图20-2 科创供应链平台建设模型

(1)以互联网思维搭建线上平台。"天网"平台以互联网为依托,搭建一个线上供需对接平台,旨在为企业及高校院所提供一站式线上对接服务。汇聚了全省17个地市州平台、企业、人才、成果、政策、场景和金融7类科创要素资源,打通政务平台、国家知识产权运营服务平台,对接湖北技术交易所、万方数据、深圳清研兰亭、深圳企知道等科创数据,建立聚"目录库、储备库、实施库"于一体的科技创新"资源池"。"天网"平台利用AI+科创大模型、五大产业智脑,基于超大科创数据底座,开发科创数据人工智能大模型,实现科技创新资源的精准匹配。平台能为需求方、供给方、服务方提供零距离、零门槛、零成本、零障碍信息服务,可帮助用户快速找技术、找资金、找人才、找场景。

(2)以网格化方式建立线下体系。"地网"体系即线下的服务对接队伍,分布在全省各市州,是供需对接的核心。其主要依托现有各类中介服务机构、行业产业协会,通过线下沟通对接,了解企业"真需求",促成线下对接。"地网"体系试点在光谷,扩面至市州,延伸到湾区,布点至北欧。目前,湖北省形成1天线上确认需求、5天线下深度对接、15天给出方案的"1515"工作机制,在大湾区(深圳)、比利时均建有离岸中心,开辟了湖北省科技创新开放合作新通道。

（3）以市场化模式建立金融网络。"金网"保障是在技术对接完成后发挥产业基金杠杆效应，建立"政企共投、风险共担"对赌机制，突出企业主体地位，聚焦成果转化，对于部分在配套政策支持后的成熟期项目，采用市场化运作方式给予基金支持，持续为企业技术转化应用提供资金保障。通过借鉴粤港澳大湾区的发展理念，建立链主企业投资产业链上下游项目，政府国有基金自动跟投支持项目产业化机制。目前，湖北省设立总规模1亿元的"湖北省力合概念验证种子投资基金"，投早、投小、投长期、投硬科技；设立总规模20亿元的"湖北长江力合科技创新供应链投资基金"，接力投资优势产业、新兴特色产业领域早中期项目，以及以光电子信息产业为主导的战略性新兴产业；设立总规模3亿元的"离岸产业风险基金"，支持离岸中心建设，牵引外地优质项目落地湖北。

（4）以政策赋能，完善配套政策体系。"政策包"是在学习香港特区"产学研1+"计划的基础上，围绕科研资金、人才发展、场景示范、平台建设、离岸中心建设，出台专项支持政策，提供精准服务供给。目前，湖北省各地市均出台专项政策支持科创供应链发展。省级层面出台《湖北省科技创新容错免责事项清单（试行）》，鼓励科技创新及其管理人员担当作为、勇于创新；武汉市出台8项42条专项支持举措，助力初创、成长、成熟期不同阶段企业开展关键核心技术研发，形成技术研发、概念验证、中试熟化、项目孵化、产业化的全链条政策支持体系；宜昌市学习借鉴东湖高新区试点做法，出台科创供应链专项科研激励资金管理办法；黄冈市出台"1+N"政策，设立专项科研激励资金，支持科技创新供应链发展。

20.3.3 建设成效

科创供应链平台作为市场化主体，国有企业和民营企业共同参与、分工合作，充分尊重市场资源配置规则，初步实现政府意志与市场创新机制的有机融合，为新质生产力发展提供了有益探索。经过一年多的实践探索，在科技创新和产业创新融合发展方面初步实现4个新目标。一是新的政企共创关系。以"用"为导向，由企业提出创新需求、市场化配置资源，政府政策引导，推动由企业创新风险自担向"企业创新、政府激励""企业投入、政府共担风险"转变，促进企业敢创新、真创新、能创新。二是新的创新组织模式。平台联通企业、机构、院所、政府等各方创新主体，融合各方创新资源，汇集各方创新需求，构建以需定供、高效撮合、多方合作的创新组织平台，极大程度上提升了创新效能。三是新的四链融合方式。平台重点解决企业技术、人才、金融、场景四类创新需求，以技术突破为牵引、以人才和金融关键要素为支撑、以场景应用促进产业化为抓手，推进创新链、产业链、资金链、人才链真正实现深度融合。四是新质生产关系。平台是一种注入新理念、应用新技术的生产要素创新性配置模式，构建上下游紧密合作、以点带面、串珠成链的创新联合体，促进"产学研用"融通，形成新质生产关系，加速培育形成新质生产力。在平台的牵引带动作用下，2023年全省技术合同成交额增长了59.8%，总量达到4860亿元，位列全国第三；高新技术企业达到2.5万家、科技型中小企业增至3.5万家，均实现了两年翻倍；科技成果就地转化率从2022年的58%提高到65%。

20.4 案例启示

湖北省以"用"为导向发展新质生产力的实践探索，为其因地制宜发展新质生产力提供了一种有效路径，也为各地提供了一种经验模式。科技创新如何服务支撑因地制宜发展新质生产力涉及多个要素，是一项系统工程。基于湖北实践，笔者认为，科技创新应重点锚定以"用"为导向的科技创新组织、科技服务促进、科技金融护航和政策协同保障4个体系建设。

20.4.1 强化以"用"为导向的科技创新组织体系

科技创新是催生新产业、新模式、新动能的重要引擎，发展新质生产力需要加强科技创新，尤其是原创性、颠覆性科技创新。但是，新技术突破并不是盲目的，而是以应用场景为前提的有组织、有目的的创新，突出"以需定研""问题导向"，按照经济活动来组织技术创新活动，培育引领支撑新质生产力发展的新动能。一是科学设计全链条技术攻关指南。围绕"国家所需、产业所困、未来所向"，聚焦需求制定重点领域关键核心技术清单，明确主攻方向、重点环节和突破口。根据技术方向从基础研究、应用基础研究、技术攻关、成果转化进行全链条项目设计、目标设计，强化攻关方向的应用导向。二是强化企业科技创新主体地位。进一步强化企业作为出题人、答题人和阅卷人的地位，推动更多任务由企业提出、由企业完成、由企业转化。支持企业参与基础前沿研究，聚焦企业发展重大需求中的关键科学问题，前瞻性部署基础研究。支持企业聚焦事关国家安全、产业核心竞争力、民生福祉的重大战略任务，牵头组建体系化、任务型创新联合体，承担重大技术攻关任务。三是构建产业链上下游协作创新机制。探索构建"政产学研用"协同发展体系，按领域打造创新共同体、利益共同体、发展共同体，共同合作解决重点产业领域关键核心技术攻关及转化需求。推动龙头企业与产业链、供应链配套中小企业组建创新联合体，以重点产业发展重大需求为牵引，联合开展重点产业关键核心技术攻关。四是建立跨区域开放创新协同机制。以开放包容的心态，秉承"不求所有，但求所用"，积极对接省外、国外科研团队的科技创新应用场景需求，吸引创新团队落地开展应用性开发，形成基于应用场景驱动的跨区域协同创新模式。

20.4.2　建立高水平科技服务促进体系

科技创新服务涉及技术研发、技术识别、技术评估、成果转移转化、创业孵化、科技咨询、知识产权等多个环节，是推动科技创新与产业创新深度融合、实现科技创新转化为现实生产力的重要载体，更是新质生产力发展的"加速器"，因此需打造以研发服务为代表的高素质、高质量的科技服务促进体系。一是搭建科技创新线上服务平台。引导国内外各类科技服务机构上链，加快国内外高端科技创新服务资源集聚发展。积极拥抱数字化、智能化转型趋势，通过 AI 智能匹配等新技术提高科技服务机构对企业创新需求的响应速度，围绕科技创新需求方、供给方提供更加便捷、智能的精准服务。二是建立线下专业化服务体系。探索组建科技创新服务机构联盟，分区域建立线下服务节点，分企业建立线下服务驿站，构建"面—线—点"层层深入的三级科技创新服务网络。三是建立市场化研发服务体系。科创供应链平台的持续运行需要市场化的研发型企业作为支撑，庞大的创新需求需对应庞大的供给方，大规模研发型企业才能高效满足供需对接响应需求，高质量研发型企业才能解决各种科技创新难题。因此，应建立吸引省内外科技机构（团队）集聚的新机制，形成研发型企业集聚生态。四是提升科技服务机构的专业能力。支持服务机构专注自身优势领域，精耕细作，打造拳头服务产品，提升专业化服务水平。鼓励服务机构面向新质生产力发展过程中涌现的新模式、新产业和新场景，及时优化调整服务内容和服务模式，提升因地制宜开展服务的专业能力。推动服务机构加快数智化转型升级，积极利用数字化、智能化工具方法，提高服务精准化、智能化水平。五是优化科技服务机构治理机制。规范各类科技服务机构考评与激励机制，强调以"用"评成效，将科技服务机构服务企业成效作为重要考评指标，着力突出服务传统产业升级、新兴产业壮大、未来产业孵化的成效，探索将服务成效突出的科技服务机构纳入湖北省科技奖奖励范畴。

20.4.3 构建全链条科技金融护航体系

发展新质生产力的核心要素是科技创新，需要持续投入大量资金，迫切需要构建面向科技创新的全生命周期科技金融护航体系，引导更多金融资源用于促进科技创新、发展新质生产力。一是优化科技创新资金来源供给结构。充分发挥政府引导基金的政策导向作用，重点投向天使投资、科技成果转化等市场失灵领域和政府鼓励发展的重点产业领域，侧重在科技创新和成果转化关键环节上加大投资。依托国资母基金资本雄厚优势，聚焦中后期、成熟期，重点支持新兴产业发展壮大。二是搭建科技金融服务平台。依托科技创新供应链平台搭建金融服务功能，面向科技企业、产业园区、孵化器等主体，形成与银行、政府投资基金、国企投资基金、融资担保等金融资源精准匹配的科技金融生态。推动科技企业政务数据、公共信用信息数据统一归集，实行常态化储备、动态化管理，实现金融资源聚合和金融服务快速对接。三是开发适配科创企业特点的专业化、多元化金融产品。面向初创期科技企业，重点开发风险分担与补偿类贷款，探索"贷款+外部直投"新模式，提升初创企业的"首贷成功率"，引导资金投早投小。面向成长期科技企业，聚焦企业扩大生产需求，重点发展供应链金融，依托产业链核心科技型企业，加大产业链上下游中小微科技型企业信贷支持。面向成熟期科技企业，帮助科技型企业优化融资结构，鼓励通过并购贷款支持企业市场化兼并重组。

20.4.4 健全一体化政府协同创新制度

发展新质生产力迫切需要全面深化改革，形成有利于新质生产力发展的生产关系。制度创新能够打破体制机制障碍，释放创新潜能，激发创新活力，为新质生产力发展提供强有力的制度保障。一是完善跨部门协商合作机制。推动科技创新与经济社会各领域深度融合，聚焦细分产业领域，完善科技与工信等产业主管部门的科技创新会商合作机制，共同组织实施产业科技攻关任务，协同解决产业发展面临的重大科学问题和关键技术问题。二是完善跨要素联动融通机制。强化科技与教育、人社、金融、国土等部门的联动，加快推动适应新质生产力发展的科技体制机制改革，解决制约科技创新的人才、资金、土地等关键要素问题，打通束缚新质生产力发展的堵点和卡点。三是完善区域分工协作机制。促进区域协同创新，共同推动新质生产力发展，以规划为统领，强化省市县科技创新统筹布局、协调发展，通过省、市、县三级联动，共同推动共性关键技术和工程化技术研究以及科技成果应用示范和产业化，为新质生产力培育提供全领域创新保障。四是挖掘政府主导的应用场景需求。发挥政府在应用场景建设中的主体作用，通过主动谋划设计面向新技术的应用场景，释放带动新技术落地转化的强大动能。

20.5 结　语

2024年11月，习近平总书记在湖北考察时深入武汉产业创新发展研究院调研，观看科技创新供应链平台成功案例展示和科技创新成果，强调实现高水平科技自立自强、发展新质生产力，对科技创新和产业创新融合提出了更为迫切的需求。

湖北通过构建以"用"为导向的科技创新供应链平台，为科技创新与产业链深度融合提供了一种操作范例，为因地制宜培育和发展新质生产力提供了有效路径。这一模式强调科技创新与经济社会发展的紧密结合，突出了"以需定研"和"问题导向"的创新理念,通过强化研究开发系统、拓展金融供给、优化服务促进和健全政府服务,促进技术、人才、金融、场景等创新要素的集聚与高效配置,解决科技成果转化不畅问题,为新质生产力的培育和发展提供有力支撑。同时,该模式还体现了市场与政府的有效结合,通过政府引导和市场机制,激发科技创新主体的活力,加速科技成果的产业化进程。

  本章在充分总结三螺旋模型和创新生态系统理论的基础上,以湖北构建以"用"为导向的科技创新供应链平台为探索性案例,深入剖析以该平台为载体推动创新链、产业链深度融合,培育和发展新质生产力的路径。未来,以"用"为导向发展新质生产力可以围绕以下 4 个方面展开:进一步探讨该模式的普适性与差异性;基于平台实际运行成效,进一步研究平台运行机制的优化与创新路径;企业是以"用"为导向发展新质生产力的关键,需要进一步深入分析企业在平台运行过程中的"瓶颈",研究设计针对性的激励机制;持续开展平台在促进创新链和产业链深度融合过程中的长期效果与影响评估,以期为政策制定与模式推广提供更多的科学依据。